東アジアの
多文化共生

過去／現在との対話からみる
共生社会の理念と実態

権 寧俊［編著］

明石書店

まえがき

1．多文化主義の拡大と多文化主義政策の課題

　2016年10月27日、総務省は2015年の日本総人口国勢調査の確定結果について1920年の調査開始以来過去最多の減少に転じたと発表した[1]。2015年10月1日現在、日本国内に住む日本人の人口は1億2428万3901人で、前回の2010年の調査から107万4953人（0.9%）減った。他方で、外国人（外国籍居住者）人口は5年前から10万4000人増え、過去最多の223万2000人となった。国籍別では中国人が71万4000人で最も多く、その次に韓国・朝鮮人の49万1000人、フィリピン人22万9000人と続いた。2050年には、今はまだ日本の人口の半分弱であるフィリピンやベトナムなどのアジア諸国の人口は日本の人口を超えると予測されている（木本書店編集部 2015: 18）。一方で、日本国内における在留外国人人口は年々増加し、2016年6月現在、230万7388人となった。これは1995年からの20年間で約6割増加したことになる[2]。

　このような自国民人口の減少と外国人人口の増加は日本だけの問題ではない。欧米諸国や多くのOECD諸国においても同様の現象が起こっている。これは、世界がグローバル化するなかで少子高齢化が進行し、同時に国際的な人口移動が進んで、先進国への定住を求める人々が増えているからである。しかし、国際移住者（外国籍移住者を指す）の定住が増えると、文化の多様化、文化の変容、人種的・民族的差別などの問題が発生する。また、移住者の増加による文化の多様性が拡大するとともに、支配集団の伝統文化に対する同化の強要よりも、文化の多様性を許容する多文化主義が生まれている。そして、多くの文化が居住者によって共用され変化されていく文化変容（acculturation）の大切さが強調されるようになった。他方で、増加した国際移住者は既存社会から「他者」として周縁化され、政治・経済・社会・教育等の分野において様々な差別を受けることにもなった。そこで、国際移住者

が増加して社会変容が起こると、移住者を既存社会に編入しようとする多様な政策が実行されるようになった。その政策は、大別すると差別的排除政策、同化主義政策、多文化主義政策に分けられる（イ・ヨンキュン 2014）。

差別的排除（difference exclusion）政策は、受入れ国・地域の立場から国際移住者を３Ｄ（Dirty, Danger, Difficult）職種のような特定労働分野だけで受け入れ、自国民と同等な福祉および国籍・選挙権付与などの社会的・政治的権利から排除する政策である。日本・韓国・ドイツ・フランス・アメリカなどの各国が、程度の差はあっても、この政策を採ってきた。この政策には差別と偏見が伴っているため国際移住者との葛藤が続いている。

同化主義（assimilationism）政策は、受入れ国が国際移住者に対して言語・文化・生活習慣などの「同化プログラム」を通して既存文化に吸収・同化させ、「国民」の一員として定着するように支援する政策である。この政策では、基本的に国際移住者の受入れは容認されるが、そのための主要な条件は既存の主流文化に融合し、同化することである。それゆえに、国際移住者が自己の文化を保有する権利は認められない。そこで、国際移住者の文化的アイデンティティの問題や定住先のホスト＝主流社会との葛藤が常に生じる。このモデルとしては、公民権運動による公民権法（1964）や投票権法（1965）を獲得した 1960 年代半ばまでのアメリカ社会や「共和主義」的同化政策が実施された 1970 年代までのフランス社会がある（キム・ハクテ 2015）。

多文化主義（multiculturalism）政策は、国際移住者の文化的アイデンティティを認定し受容しながら、受入れ国の主流社会と相互に共存・共生することを目標とする政策である。また、国際移住者が単に自分の文化的アイデンティティを維持するだけではなく、多様な文化に対する相互の理解と尊重、対話と信頼を実現し、既存の主流文化との交流を通して融合をはかろうとするものである。カナダ、オーストラリアの政策が代表的な事例である。

欧米諸国でも、20 世紀の半ばまでは主として同化主義政策を採っていた。しかし、国家・民族という「想像の共同体」ともいうべき国民国家の統一が未完成に終わり、1960 年代には大量の労働者が移住して社会が多民族化した。

その結果として、1971 年にはカナダが初めて多文化主義を移民政策として採択した。カナダ社会で多文化主義を生みだす最大の契機となったのは、

1960年に行われたケベック州におけるフランス系カナダ人による分離独立運動であった。これは、非暴力の「静かな革命」であった。この運動はイギリス系とフランス系との公用語問題に対する対立と葛藤によって始まったが、カナダ連邦政府はこの問題を解決する過程でイギリス系文化とフランス系文化の共存と二言語の公用語政策を実施する政策を採った（キム・ハンジョン 2006）。その後、多文化主義は多言語主義や多文化教育という言葉や概念を背景に、1980年代になるとオーストラリア、アメリカ、ヨーロッパの諸国に拡大していった。

　欧米社会で多文化主義が拡大した背景には以下のような要因があった。①先進国における低出産率と高齢化が移住労働者を必要としたこと。② 1960年代の人権運動の高まりによって、受入れ国の主流社会の人々と少数のエスニック・グループの権利意識が高揚したこと。③民主主義の政治制度の確立。④冷戦の終結によって地政学的安全保障が確保され、それによって少数のエスニック・グループに対する抑圧や統制が不要になったこと。⑤自由民主主義に対する広範な合意と支持が形成されたこと（ユン・インジン 2008）。

　以上のように、欧米社会では自由民主主義を基礎に文化的相対主義（interculturalism）を容認する多文化主義政策が推進されてきた。しかし、その過程で主流社会のイデオロギーや伝統が文化的少数者を新たに「差別」する現象が生じ、それがまた批判されることになった。その例として、ヨーロッパで多文化主義政策のロールモデルになっているオランダの多文化主義政策の問題点を検討する。オランダは伝統的移民国家ではなかったが、1970年代から外国人労働者が増加した。そして、1970年代後半から多文化主義政策を始めた。その政策の一環として、国際移住者の法的地位の確保、差別禁止法の採択、国籍取得手続の簡素化、地方選挙権の付与、二重国籍の容認など、国際移住者の権利を重視し始めた。また、労働者とその家族を対象とする出身国の言語と文化教育も行った。これは国際移住者の子女が本国に帰ることを想定して行われたものであった。さらに出身国の教育と宗教団体による学校設立も許可された。しかし、これはムスリム移住者とオランダ人を区別する隔離政策の側面を帯びていた（Kymlicka 2008; Lenard 2012）。すなわち、オランダの多文化主義政策は、国際移住者に対する保護政策であったように

見える。しかし、実際にはそれはオランダ人と国際移住者とを分離して主流社会の文化と価値を守ろうとする政治的社会的意図をもっていた。

このような政策は、2001年9月のアメリカ同時多発テロ事件以降、欧米諸国で広がっている。とりわけ、ムスリム文化に対する偏見や差別は世界的に広まっており、各国の多文化主義政策に大きな打撃を与えている。イギリスでは、2005年7月にムスリムによる自爆テロが発生し、保守的政治勢力が多文化主義政策の放棄を宣言する契機になった（Phillips 2007）。多文化主義政策を積極的に推進しているカナダやオーストラリアでも、文化摩擦が起こっている。たとえば、ムスリム女性に市民権を与えるためにヒジャブ（Hijab；髪を隠すためにすっぽりと頭に巻く布）着用を否認する措置をとっているが、これはムスリム女性に対する差別となっている。カナダでは、選挙に参加するためにはヒジャブの着用は禁じられており、オーストラリアにも同様の規定がある。フランスでは、市民権審査の際にヒジャブやブルカ（顔全体を覆う衣装）の着用を禁止している（Lenard 2012）。このような法的措置は各国の多文化主義政策に対する大きな挑戦となっている。

本書では、そうした問題意識に基づいて「多文化共生」の理解を深めるとともに、東アジア地域における多文化共生社会実現の可能性について考察する。

2.「多文化共生」の定義

現在、日本や韓国など東アジア諸国においても「多文化主義現象」が社会的課題として登場しつつある。人口減少と労働力の不足、「国際化」に対する意識変化、政治的経済的な国際競争力の強化などの代案として、「多文化共生」が各国中央政府や地方政府、経済界、教育界、言論界などさまざまな部門における関心事になっている。多くの市民も「21世紀グローバル社会の実現」のための課題として認識しつつあり、外国人の人権確保や「共生」を模索しつつある。その意味で、「多文化共生」は東アジア諸国ばかりか世界各国における共通の課題である。

「多文化共生」は日本政府においては、「国籍や民族などの異なる人々が、

互いの文化的な違いを認め合い、対等な関係を築こうとしながら、地域社会の構成員として共に生きていくこと」（総務省 2006: 5）と定義されている。日本で「共生」という言葉が使われ始めたのは、1970 年代の在日朝鮮人の生存権に関する権利回復運動の展開のなかであった。こののち、在日朝鮮人を対象とする施策に取り組む地方自治体が現れた。1980 年代には「共生」に対する市民意識が育成された。1990 年代初めには、市民団体の地域活動を通して「多文化共生」という言葉が生まれた。初めて「多文化共生」が日本に現れたのは、1993 年 1 月に川崎市で開催された「開発教育国際フォーラム」においてであった[3]。1995 年 1 月に起きた阪神・淡路大震災では、被災外国人支援活動をボランティア団体などが積極的に進めたことによって「多文化共生」の言葉が広まった。同年 1 月 22 日、大阪市の市民団体が「外国人地震情報センター」（現、多文化共生センター大阪）を発足させて「多文化共生」概念を提唱した。その後、京都、広島、兵庫、東京など全国において「多文化共生センター」が設置されるようになった。これらの「多文化共生センター」は、国籍・言語・文化や性などのちがいを認め、尊重しあう「多文化共生社会」の実現をめざして活動している。

　このように日本における「多文化共生」は、90 年代までは地方自治体と民間市民団体とによって活動が担われた。阪神・淡路大震災の 10 年後にあたる 2005 年には、国政レベルでも検討が始まった。すなわち 2005 年 6 月、総務省において「多文化共生の推進に関する研究会」が設置され、地方自治体が地域における「多文化共生」を推進するうえでの課題と今後必要な取組みについて検討を行うようになった。しかし、「多文化共生」政策を担当する部署はまだ決まっていない。そのために、本来は国と地方自治体が連携して取り組むべきものが、日本ではほとんど地方自治体に委ねられたままなのである。また、少子化に伴う日本人労働力不足のために、日本社会は外国人労働力に大きく依存している。

　外国人の受入れが増加した結果として、日本社会の「多文化」化が進行している。このように日本も「多文化」化の潮流の中にある。それゆえに、「多文化共生」への認識を促す政府の基本政策が必要である。さらには、日本人自身も「多文化共生政策が社会にもたらす豊かさ」を自覚しなければな

らない。「多文化共生」を推進するためには、日本人住民も外国人住民もともに「地域社会を支える主体である」という認識をもつことが大切である。

本書では、東アジア諸国の「多文化共生」の背景を概観し、その実施状況を分析する。さらに、日本の「多文化共生社会」に向けての市民意識の向上と「多文化共生」への理解を深めるための視点・思考を提起する。収録される研究の視座は、文化人類学、文学、歴史学、国際法など多様である。学問的あるいは学際的な視点から、日本を含む東アジア諸国の多文化共生社会に向けての問題提起をしたい、と考えている。

3. 本書の構成および内容

本書はⅡ部に分かれる。

第Ⅰ部の「多文化共生をめぐる過去／現在との対話」では、韓国人、中国人、残留邦人とその家族、中国・フィリピンの少数民族などさまざまな民族を取り上げる。「多文化共生」とは何かをフィールドワークや文学世界を通じて考察する。それによって、「多文化共生社会」の実現に向けていまを生きる私たちが得るべきものを提示しようとする。

第1章「日本植民地時代の韓国人留学生」（波田野節子）では、二つの文化が「共生」するのではなく、宗主国の文化が一方的に植民地の人々に「強制」されていた時代、「多文化共生」の理念とは正反対の思考が人々の心を支配していた植民地時代を、李光洙やその友人が書いた資料を通して再現している。現代の私たちが持つべき「多文化共生」の理念の大切さを浮き上がらせると同時に、過去の植民体験を私たちがどのように現代に役立てることができるのかを提起している。

第2章「在日朝鮮人の文化表象と多文化共生の倫理」（小谷一明）は、多文化共生という日本語が1990年代以降、行政主導で使用されるようになったが、「グローバル化」といった言葉ほどには未だに社会には浸透していないと指摘する。さらに、日本語がどのように受け止められてきたのか、「共生」という言葉がどのような文化認識かつ時代状況のもとで登場してきたのかを、在日朝鮮人の文化表象を主に扱いながら考察している。特に、金達寿の古代

史研究、深沢夏衣が取り組んだ文化的多様性の承認を求めた編集・執筆活動、そして梁英姫の日朝間を往還する映画製作活動を取り上げる。20世紀後半以降の「共生」に向けた実践とそこから見えてくる課題を探り、これを通して多文化共生を推進していくうえでどのような文化認識および実践が求められているのか、共生の未来はどのように築かれていくべきなのかを論じている。

　第3章「遅子建の小説にみる多文化共生」（後藤岩奈）は、中国黒龍江省出身の女性作家遅子建の3編の作品である、「北極村童話」『偽満洲国』『アルグン川の右岸』を取り上げ、「多文化共生」の意味について提起している。これらの作品には、黒龍江省に存在する様々な民族とその文化、風俗習慣、宗教などが描かれている。「北極村童話」では、家族に見捨てられたと考えている少女と、周囲から「ソ連さん」と呼ばれる老婆との交流、『偽満洲国』では、漢族の男女とオロチョン族との交流、女優李香蘭（山口淑子）に憧れる女性たち、仏教の生死観に惹かれて僧侶となる青年、日本人開拓団員とその「配給妻」となった満族の娘、『アルグン川の右岸』では、90歳になるエヴェンキ族の老婆の語る儀礼、信仰、風俗習慣、家畜などが描かれている。それらの様相、その交錯から「多文化共生」の意味を模索している。

　第4章「地方・地域から考える多文化共生社会」（木佐木哲朗）では、グローカルな時代に異なる文化を担った人々が、対立や紛争を避けながらどのようにして共生社会を創生・発展させていくべきかを、フィールドワークを重視する文化人類学的アプローチで検討している。特に、新潟における中国帰国者家族との共生や、フィリピン・北部ルソンの山岳少数民族居住地域での共生や自治のあり方を考察している。これらを通して、多文化共生社会を形成するには、他者を知り対話しようとする意思と、個別性を大事にしながら排他性を帯びない自律的な精神の涵養が望まれ、それぞれが共同体の内外で重層したアイデンティティをもつことも必要だと筆者は主張している。

　第Ⅱ部の「多文化共生社会の実態と課題」では、現在の東アジア諸国における「多文化共生社会」の実現では、どのような問題が存在するのか、それをどのように解決したらよいのか、その課題は何かを論じている。外国人の人権問題、差別問題、労働者問題、地方参政権問題、国籍問題、民族アイデ

ンティティ問題などを中心に取り上げる。

第5章「多文化共生社会と外国人の権利」（堀江薫）では、まず外国籍の住民に対する入居拒否等の事例を基礎として法的論点を示す。その後、外国人の権利や憲法学上の外国人の人権享有主体の問題について考察する。その結果、現在の通説・判例では権利の性質上日本国民に限られる人権を除いて外国人も人権を享有できるとされていることを明らかにしている。さらに、憲法の人権規定の私人間効力の問題について論じながら、私的領域における国籍や人種差別の不法行為認定に困難があるという見地から、立法政策により人種差別を禁止するための法律や条例を制定する必要性について私見を述べている。

第6章「玄界灘をはさんで『EUの卵』が創れないか」（田中宏）は、在日外国人の地方参政権問題について論じている。世界の状況を見ると、欧州連合（EU）域内においては、外国人に地方参政権を相互に認める条約を結んで、基本的には開放している。EU加盟国の中には、オランダ、スウェーデンなどのように、EU加盟国に限らず広く外国人に地方参政権を認めている国もあり、そこに在住する日本人は地方参政権を行使できる。現に、在韓日本人は、衆参両院の国政選挙では駐韓日本大使館などで投票し、地方選挙では韓国の居住地で投票できるようになっている。他方で在日韓国人は、国会議員および大統領選挙では駐日韓国大使館などで投票するが、日本の地方選挙では依然として投票することができない。筆者はこの「非対称」を是正することが必ずや多文化共生社会の実現につながる、と主張している。

第7章「韓国『多文化政策』の実態と課題」（権寧俊）は、韓国における多文化政策の実態とその問題点について考察する。在韓外国人の現状と現韓国政府が行っている外国人政策の管理体制について考察し、外国人に対する労働政策について外国人研修制度、外国人雇用許可制、「在外同胞法」と特例雇用許可制に分けて分析している。また、結婚移住女性とその家族の支援政策、社会統合教育問題、兵役問題、参政権問題などを取り上げ、現在の韓国における多文化社会の実態について明らかにしている。特に、長い歴史の間に韓国社会で形成された単一民族主義、血統主義、家父長主義に基づく国家主導型の多文化社会が形成されてきたことを明らかにする。また、韓国は

EUが行ってきたような多文化主義政策を採ってはいないと分析する。韓国社会では、むしろ外国人移住者の定住化を防止しながら、単一民族主義、血統主義などを基本理念として国外からの結婚移住女性を受け入れている。彼女たちの居住の現実にみられるように、非常に偏狭な韓国型多文化主義社会が出現していると指摘し、今後の課題を提起している。

第8章「華僑社会からみる多文化共生社会」（王恩美）では、日本と韓国の華僑を通して日韓両国の多文化共生社会の実態とその課題を提起している。筆者は日本と韓国における華僑は、日本・韓国・中華民国・中華人民共和国といった東アジア国民国家の狭間で生きているため、どの国家からも「真の国民」として認められなかったと主張している。日本と韓国が目指している多文化共生社会を作っていくためには、彼らの過去・歴史を顧み、国家の発想から抜け出し、国家のあり方を考え直す必要があると分析している。そして、「境界者」となった華僑の苦痛と苦悩を理解することから始めなければならないという。その苦痛と苦悩を分かち合う「共苦」の感覚を育てることが多文化共生社会の実現に向けての第一歩であると主張している。

以上のように、本書は東アジア地域における多文化共生社会の実現に向けた「過去／現在との対話」、「実態と課題」を描く。特に、日本・韓国・中国を中心に考察を進めている。しかし、多文化共生の課題は広範であり、残された課題も少なくない。今後もさらに研究を深めていきたい。最後に、本書が「多文化共生社会」についての理解を深めるために、また、東アジア地域の多文化共生社会実現に向けた問題提起の書として、多くの方々に読んでいただければ幸いに思う。

編者　権　寧俊

注

1　2015年10月1日現在、外国人を含む総人口は1億2709万4745人であり、前回の2010年の調査から96万2607人（0.8％）減った（『朝日新聞』2016年10月17日）。
2　日本は海外移民の受入れの数は欧米諸国と比べ非常に少ないが、それでも在留

外国人（旧登録外国人）数の推移を見ると、1995 年末の 136 万人から 2015 年末の223 万人へと 20 年間で 6 割増加していた。

3　1993 年 1 月 12 日付『毎日新聞』が川崎市で開催された「開発教育国際フォーラム」の広報のために「多文化共生」を主とする記事を掲載したのが始まりである。

【参考文献】

総務省（2006）『多文化共生の推進に関する研究会報告書』2006 年 3 月

木本書店編集部（2015）『世界統計白書』（2015-2016 年版）、木本書店

김한종（2006）「다문화사회의 역사교육——캐나다 BC 주의 경우」『역사교육연구』(4),
　　2006 년 12 월（キム・ハンジョン「多文化社会の歴史教育——カナダ BC 州を中心
　　に」『歴史教育研究』4、2006 年 12 月）

윤인진（2008）「한국적 다문화주의의 전개와 특성 - 국가와 시민사회의 관계를 중심으
　　로」『한국사회학』42(2), 2008 년 4 월（ユン・インジン「韓国的多文化主義の展開
　　と特性——国家と市民社会の関係を中心に」『韓国社会学』42 (2)、2008 年 4 月）

이용균（2014）「서구의 이주자 정책에 대한 비판적 접근과 시사점——동화, 디문화주
　　의, 사회통합 정책을 중심으로」『한국지역지리학회지』20(1), 한국지역지리학회,
　　2014 년（イ・ヨンキュン「欧米の移住者政策に対する批判的接近と示唆点——同
　　化、多文化主義、社会統合政策を中心に」『韓国地域地理学会誌』20(1)、2014 年）

김학태（2015）「다문화사회의 사회통합을 위한 법정책 연구——한국과 EU 의 사회통
　　합 모델을 중심으로」『유럽헌법연구』제 18 호, 2015 년 8 월（キム・ハクテ「多文
　　化社会の社会統合のための法政策研究——韓国と EU の社会統合モデルを中心に」
　　『ヨーロッパ憲法研究』第 18 号、2015 年 8 月）

Phillips, A. (2007) *Multiculturalism without Culture*, Princeton University Press, Princeton.

Kymlicka, W. (2008) "Multiculturalism:Success,Failure, and the Future," Migration Policy
　　Institute.

Lenard, P. (2012) "The Reports of Multiculturalism's Death are Greatly Exaggerated,"
　　Politics, 32(3), 185-196.

東アジアの多文化共生　**目次**

まえがき ………………………………………………………………………… 3

第Ⅰ部　多文化共生をめぐる過去／現在との対話

第1章　日本植民地時代の韓国人留学生
――多文化共生のために生かす「植民体験」――　波田野節子

………………………………………………………………………… 21

Ⅰ．グローバリゼーションと「多文化共生社会」………………………… 21

Ⅱ．韓国からの留学生 ……………………………………………………… 22

　1．帝国と植民地　22

　2．李光洙の留学　23

　3．明治と大正――4つの事例　25

　　（1）『中学世界』のインタビュー　25／（2）「外地」の二等車　26／

　　（3）『内鮮一体随想録』　28／（4）洪命憙の回想　30

Ⅲ．学徒出陣のころ ………………………………………………………… 32

　1．もう一つの「わだつみのこえ」　33

　2．李光洙が見た学生たち　34

Ⅳ．多文化共生社会のための「植民体験」………………………………… 37

第2章　在日朝鮮人の文化表象と多文化共生の倫理
小谷一明

………………………………………………………………………… 41

はじめに …………………………………………………………………… 41

Ⅰ．「はざま」に浮かぶ交流史――金達寿による共生の実践 …………… 43

Ⅱ．文化の内なる多様性――深沢夏衣と都市の物語 …………………… 45

Ⅲ．「はざま」を越える文化実践――梁英姫の「ディア」ピョンヤン …… 50

おわりに …………………………………………………………………… 53

第3章　遅子建の小説にみる多文化共生
後藤岩奈
·················· 59

はじめに ··· 59
Ⅰ．遅子建について ······································· 60
Ⅱ．「北極村童話」 ······································· 60
　1．作品について　60
　2．作品の内容要約　61
　3．作品からみられるもの　64
Ⅲ．『偽満洲国』 ··· 65
　1．作品について　65
　2．作品からの引用、紹介　65
　　（1）元馬賊の胡二とオロチョン族　65／（2）楊昭と仏教　69／（3）李
　　香蘭　71／（4）開拓団員鈴木正保と張秀花　74
　3．作品からみられること　75
Ⅳ．『アルグン川の右岸』 ································· 77
　1．作品について　77
　2．作品からの引用紹介　77
　　（1）住居について　77／（2）トナカイについて　78／（3）火の神につ
　　いて　79／（4）「神降ろし」について　80／（5）雨季の雷神について　80
　　／（6）マルー神について　81／（7）新しいシャーマンになる儀式　82／
　　（8）熊の肉を食べるときに、熊の骨を捨ててはならない、という掟　83
　　／（9）学校について　83／（10）医者について　84
　3．作品からみられること　85
まとめ ··· 86

第4章　地方・地域から考える多文化共生社会
── 文化人類学的アプローチ ──
木佐木哲朗
·················· 88

はじめに ··· 88
Ⅰ．新潟における中国帰国者家族との共生 ················· 89
Ⅱ．フィリピン・北部ルソンの山岳少数民族地域の自治と共生 ······· 97
結びにかえて ··· 103

第Ⅱ部　多文化共生社会の実態と課題

第5章　多文化共生社会と外国人の権利
堀江　薫
.... 111

はじめに 111

Ⅰ．多文化共生の意義と課題 112
　1．文化の意義・性質　112
　2．多文化共生の意義と課題　114
　　（1）多文化共生の意義　114／（2）多文化共生社会実現のための指針・
　　計画の策定および具体的施策実施のための体制整備等の課題　115

Ⅱ．入居拒否に関する事例と法的論点 116
　1．行政調査による入居拒否の実態の例　116
　2．入居拒否に関する判例について　117
　　（1）入居拒否に関する事案①　117／（2）入居拒否に関する事案②　118
　　／（3）法的論点　120

Ⅲ．外国人の権利、人権、人権の私人間効力 123
　1．外国人の権利、人権の意義、外国人の人権享有主体性について　123
　　（1）外国人の権利——私権、不法行為との関連　123／（2）人権の意義・
　　内容、外国人の人権享有主体性　124
　2．憲法人権規定の私人間効力について　127
　　（1）人権規定の私人間効力とは何か　127／（2）私人間効力と裁判
　　例　130

結びにかえて——今後の課題 132

第6章　玄界灘をはさんで「EUの卵」が創れないか
　　——在留外国人の地方参政権付与をめぐって——　田中　宏
.... 139

はじめに 139

Ⅰ．在日コリアンの差別撤廃運動の中から 140

Ⅱ．70年代に遡る参政権を求める声 143

Ⅲ．日韓またがる「課題」に 145

Ⅳ．日本における賛否両論の検証 147

Ⅴ．韓国では実現した外国人地方参政権付与 ································ 150

おわりに ··· 156

第7章　韓国「多文化政策」の実態と課題　　　　権　寧俊

··· 159

はじめに ··· 159

Ⅰ．在韓外国人の現状と「多文化政策」の実態 ·························· 160

　1．韓国に住む外国人の概要　160

　2．多文化政策の管理体制　162

　　（1）「在韓外国人政策」　162／（2）多文化家族政策　163／（3）外国人
　　労働政策　163

Ⅱ．外国人労働者政策について ·· 164

　1．外国人研修制度　164

　2．外国人雇用許可制　166

　3．「在外同胞法」と朝鮮族　168

　4．外国人労働者の定住問題　171

Ⅲ．国際結婚移住者への支援政策 ··· 172

　1．国際結婚移住者に対する出入国管理政策　172

　2．法律による「社会統合」のための支援事業　174

Ⅳ．韓国の多文化政策の問題と課題 ·· 178

　1．韓国政府主導の韓国語および韓国文化教育事業　178

　2．「兵役法」による多文化政策　180

　3．「公職選挙法」と参政権問題　182

おわりに ··· 184

第8章　華僑社会からみる多文化共生社会
　　　　——日本と韓国の華僑社会を中心に——　　　　王　恩美

··· 191

はじめに ··· 191

Ⅰ．日本と韓国の華僑社会 ··· 193

　1．日本の華僑社会　193

　2．韓国の華僑社会　195

Ⅱ．「境界者」となった日本と韓国の華僑 ‥‥‥‥‥‥‥‥‥‥‥‥ 196
　　1．「境界者」である日本華僑　197
　　2．「境界者」である韓国華僑　201
Ⅲ．「境界者」と多文化共生社会への模索 ‥‥‥‥‥‥‥‥‥‥‥‥ 206
　　1．「境界者」と国民国家　206
　　2．「境界者」の苦痛と苦悩　209
　　3．「共苦」と多文化共生社会　215

おわりに ‥‥‥‥‥‥‥‥‥‥‥‥‥‥‥‥‥‥‥‥‥‥‥‥‥‥‥‥ 217

あとがき ‥‥‥‥‥‥‥‥‥‥‥‥‥‥‥‥‥‥‥‥‥‥‥‥‥‥‥‥ 225

第*I*部
多文化共生をめぐる過去／現在との対話

第1章

日本植民地時代の韓国人留学生
──多文化共生のために生かす「植民体験」──

波田野節子

I．グローバリゼーションと「多文化共生社会」

　私たちはグローバリゼーション（Globalization）の時代を生きている。20世紀後半、交通と通信の手段が発達して、モノもヒトもカネも国境を越えて大量かつスピーディに移動するようになると、私たちの生きる環境は全地球（Globe）の規模に拡大した。人々は、あるいは戦争と迫害を逃れ、あるいはより良い生活を求めて、他の地域へと大量に移動している。日本は移民や難民の受入れに消極的だが、それでも外国人労働者の数は日々増大し、異なる言葉と文化をもつ人間たちが私たちと同じ地域で暮らすことは、ありふれた風景になった。いわゆる「多文化社会」が、日本にも出現したのである。そこでは文化の違いがひき起こすかもしれない摩擦を防止し、平和に共存・共生していくための作法が必要になる。それが「多文化共生」の理念である。総務省は2006年3月に出した「多文化共生の推進に関する研究会報告書」で「多文化共生」を次のように定義している（行分けと番号は引用者による）。

　　①国籍や民族などの異なる人々が、

　　②互いの文化的な違いを認め合い、

　　③対等な関係を築こうとしながら、

　　④地域社会の構成員として共に生きていくこと。

第Ⅰ部　多文化共生をめぐる過去／現在との対話

　特に重要なのは③の「対等な関係」である。これは「多文化共生社会」が「差別」のない人権社会であることを示している。

　東アジアにおける「多文化共生」について各分野の研究者がそれぞれの視点から論じる本書において、私に与えられたテーマは、それを韓国が植民地だった時代の留学生と関連づけて論じることである。グローバリゼーションが始まった世紀である 20 世紀の前半、正確には 1910 年から 45 年までの 35 年間、韓国は日本の植民地であり、その時代の人々は「多文化共生」とはまったく違う考え方に支配されていた。それはどんな考え方だったのか。

　本章では、「多文化共生」の理念とは正反対の思考が人々の心を支配していた時代を、李光洙という作家と韓国からの留学生[1]という存在を通してよみがえらせる。李光洙は韓国で最初の近代小説とされる『無情』（1917 年）の作者で、「韓国近代文学の父」と呼ばれている作家である。彼自身、明治と大正時代に日本で学んだ留学生だった。有名な作家となった彼は、昭和の戦中期に東京に来て留学生たちを兵役志願させるための勧誘演説を行い、そのために戦後、対日協力者として裁かれる身となった。

　李光洙という作家が生きた時代は、文化が「共生」するのではなく、宗主国の文化が一方的に植民地の人々に対して「強制」された時代である。その時代を見つめることで、現代の私たちがもつべき「多文化共生社会」の理念の大切さを浮き上がらせ、同時に、この過去の経験を私たちがどのように現代に役立てることができるのかを考えてみたい。

Ⅱ．韓国からの留学生

1．帝国と植民地

　グローバルならぬローカルな「多文化共生」を日本人が初めて経験したのは、明治維新後の東京でのことだった。200 年以上も身分制度と藩の壁に閉じ込められていた人々が、移動と職業の自由を得て、新しい首都に流れこんだのである。東京では異なる地方の方言と文化をもつ人々の雑居状態が続いたが、やがて方言は山の手の中流の言葉である標準語に駆逐され、文化もし

だいに均質化されていった。

　日本人が列島の外の異文化と本格的に遭遇したのは、植民地をもってか
らである。日清戦争の勝利により1895年に清から台湾の割譲を受け、日露
戦争後の1910年に大韓帝国を併合して、日本は二つの植民地をもつ「帝国」
となった。「内地」と呼ばれる宗主国日本と「外地」と呼ばれる台湾と朝鮮
（1930年代にはそこに「満洲」が加わる）のあいだで人々の移動が始まり、その
両方の地域で「多文化社会」が生まれた。しかし植民地時代の「多文化社
会」は、現在の「多文化共生社会」とはまったく様相を異にするものだった。
こころみに、先に見た総務省の定義に合わせて植民地における多文化状況を
定義づけてみると、以下のようになる。

　　①国籍は同じだが違う民族（帝国と植民地）の人々が、

　　②帝国の文化しか認めない状態で、

　　③対等な関係を築こうという意思のないまま、

　　④同じ地域社会の構成員として生きること。

　こうしてみると、同じなのは④だけである。互いの文化を尊重する精神が
「多文化共生」の理念だが、植民地で行われたのはその反対に帝国が自分た
ちの文化を押しつける「単文化の強制」だった。台湾と朝鮮では現地の人々
を日本語と日本文化に同化させる政策がとられ、1930年代後半から始まっ
た「皇民化政策」によって、それは極限まで推し進められた。同化の究極の
形として、植民地の若者は日本の天皇のために死ぬことを名誉と考えるよう
教育されるに至る。

２．李光洙の留学

　韓国から日本への最初の留学生は、1881年に日本の学校で学んだ３人の
若者で[2]、その後多くの留学生が彼らに続いた。この留学計画は、近代化を
主張していた開化派のリーダー金玉均によって推進されたものだったが、彼
らが1884年のクーデターに失敗したため中断した。10年後、日清戦争中に
成立した開化派内閣も大量の留学生を派遣するが、２年後に内閣が倒れると
途絶えてしまう。このように韓国からの日本留学は常に国の近代化を目指す

第Ⅰ部　多文化共生をめぐる過去／現在との対話

勢力によって、国内の政権争いと結びつきながら実施された。

　日露戦争が起きると、韓国には日本の後ろ盾で開化派内閣ができる。また
もや日本への留学生派遣が決まり、1904 年 10 月には、高級官僚の子弟のな
かから選ばれた 50 名の皇室特派留学生たちが日本に向かった。その 1 年後、
日露戦争に勝利した日本は韓国から外交権を奪って保護国にし、1910 年に
は日韓併合によって完全な植民地にする。このころから日本国内ではアジア
を劣等視する風潮が急速に広がり、韓国から来た留学生たちは、以前の留学
生が経験しなかった日本人の差別感情に苦しめられることになった。

　李光洙は、日清戦争が始まる 2 年前の 1892 年に、朝鮮半島北部の農村の
貧家で生まれた。10 歳のとき、コレラで両親を失い、そのために彼の人生
は急変する。東学（のちに天道教と改称）という新興宗教の教徒に拾われて伝
令となった彼は、文明開化の必要を唱えていた教主が作った留学制度によっ
て日本に留学したのである。この時代に外国で学ぶことができるのは裕福
な名門の子弟に限られており、貧しい天道教留学生たちは異色の存在だった。
1905（明治 38）年夏、開通してまもない京釜線に乗り李光洙は仲間と一緒に
東京にやってきた。

　東京では、天道教留学生と皇室特派留学生のほかにも多くの私費留学生が
学んでいた。日韓併合の直前にその数は 1000 名に近づいている。このころ
の日本には、韓国だけでなく他のアジア地域からも沢山の留学生がやってき
た。近代化を達成して清とロシアに勝利した日本にアジアの人々は目をみは
り、一種の日本留学ブームが起きていた。特に科挙が廃止されたばかりの中
国からは、科挙の代用品として、また近代化を学ぶ速成教育を求めて、1 万
名もの留学生が押しよせた。日清戦争当時に科挙が廃止されていた韓国でも、
日本が朝鮮半島で勢力を強めるにつれて、裕福な家庭の子弟が私費で日本に
留学するようになった。

　李光洙は 1906（明治 39）年の春、神田の大成中学に入学するが、このころ
同じ下宿に洪 命 憙（1888～1968）という名門両班（貴族）の嫡男がやってき
た。彼は 1904 年の皇室特派留学に応募しようとして祖父に反対され、父親
の配慮で私費留学してきたのである。政府の官僚だった父親は、これからの
社会で出世するには留学して新学問をする必要があると考えたのだろう。息

24

子に「法律をやれ」と言ったという。ところが洪命憙は、大成中学に編入したあと文学に耽溺して本ばかり読んでいた。

　一方、大成中学に入学した李光洙は、天道教の内紛のために学費が中断して1学期で帰国したが、幸いなことに官費留学生となって再び日本に来ることができた（波田野 2013a: 19）。明治学院中学に編入した彼は文学に夢中になり、ついに創作を始める。洪命憙と李光洙は違う中学に通いながら文学を通して親しく交わり、ともに1910（明治43）年の春に卒業した。このあと洪命憙は再び日本の土を踏むことはなかったが、李光洙は1915（大正4）年に再留学して早稲田大学で学ぶ。そして留学中の1917年、韓国で最初の近代長編となる『無情』を発表する。

3．明治と大正──4つの事例

　それでは、李光洙と洪命憙が過ごした明治末から大正時代の日本の雰囲気はどんなものだったのだろうか。ここでは李光洙に関わる資料3点と、洪命憙が書いた資料1つを紹介する。偶然だが李光洙に関わる資料はすべて日本語で書かれたものである。

（1）『中学世界』のインタビュー

　まず紹介するのは、中学生の李光洙が日本人同級生に受け入れられない寂しさを、ある雑誌のインタビューで語った資料である。1910年1月のある晩、『中学世界』という雑誌の記者が、明治学院の近くの韓国人留学生たちの下宿を訪問した。明治学院の学校誌に小説[3]を発表して話題になった優等生「李寶鏡君」（李光洙の幼名。中学在籍時はこの名前だった）を、「優等生訪問記」という特集記事で紹介するためである。勉強方法など様々なことを尋ねたあと、「日本の学生に対する要求と云う様な事は？」と質問した記者に対し、李光洙は、「今少し打解けてもらいたいです。それはどうしても国家というような観念があるからでも有りましょうが、あまりに私達に対する態度が冷淡じゃあるまいかと思います」と答えた。そう語る彼の姿を『中学世界』の記者は次のように描いている。

第Ⅰ部　多文化共生をめぐる過去／現在との対話

　　こうして学院に来ていれば、先生はじめ生徒はもちろん、校舎、樹木、
　道の 礫 までも懐かしい気がするのに、心を語る友がないようでは悲し
　くなるではないか、と李君はじっとランプを見つめた。

（『中学世界』1910: 68-69）

　幼くして孤児になった李光洙は、人の情にとても敏感な少年だった[4]。そ
れだけに異国で周囲の日本人たちから差別され、疎外されることに耐えがた
い思いをしたのだろう。特に前年10月に起きた安重根の伊藤博文射殺事件
のあと、日本では韓国人に対する悪感情が高まり、学校では韓国人留学生
への殴打事件まで起きていた。回想録『我が告白』(1948) のなかで李光洙は、
このころの学内の雰囲気について、「我々は彼らを怨み、彼らは我々を憎み
蔑視した」(李光洙 1962: 192)[5] と書いている。こんななかで李光洙は 1910年3
月に明治学院を卒業して故郷にもどり、教師になる。そして8月に日韓併合
を迎えたのだった。

（2）「外地」の二等車
　2番目の資料は、併合から8年目の1918年4月に李光洙が日本語新聞『京
城日報』に書いた「車中雑感」という随筆である。このころ朝鮮総督府は、
武断統治と呼ばれる強権的な統治を行い、朝鮮人に言論や集会の自由を与え
ていなかった。総督府の機関紙として日本語の『京城日報』と朝鮮語の『毎
日申報』があり、当時はこの『毎日申報』が唯一の朝鮮語新聞であった。早
稲田大学に留学していた李光洙は、1917年に『毎日申報』に長編『無情』を
連載して一躍有名になり、そのあとも日本語と朝鮮語の両方で紀行文や論説
を書いた。「車中雑感」は、1918年の春に一時帰国したとき、車中で見た日
本人たちの様子を描いたものである。このなかで李光洙は、「内地人」すな
わち朝鮮半島に定住している在朝日本人たちが朝鮮人に対して示す偏見と侮
蔑的な態度を、強い言葉で批判している。
　「余はいまや帰郷の途、京釜線の二等室にあり」と書きだした李光洙は、
ここで耳にする「内地人」の朝鮮人評について述べる。一等室に乗るような

第1章　日本植民地時代の韓国人留学生

上流の者は人前で他人の悪口は慎むし、朝鮮人が多い三等室では「内地人」も大きな顔はできない。だが、二等室では「内地人」の遠慮会釈のない朝鮮人評がとびかう。それらはしばしば、新参の「内地人」が発する朝鮮についての質問に旧来の「内地人」が答えるという形式を取るが、その内容たるや、実に聞くに堪えないものだと李光洙は嘆く。その例として、彼は便所に関する会話を挙げている。

「鮮人は便所を有せりや」と問う新参者に向かって、旧来者は、「否。ヨボは便所らしき便所を有せず。彼奴等には衛生思想欠如したればなり」と答える。「ヨボ」という朝鮮語は、親しい人に呼びかける「ねえ！」くらいの意味だが、朝鮮人の会話に頻出するため、日本人が朝鮮人の侮蔑的な呼称として使うようになったものである。

旧来者の話の内容には誤りが多く、そのうえ新参者の興味を引こうとして大げさに話すので、それが口から口へと伝わるうちに、ついには真実であるかのように定着してしまうと言って李光洙は憤然と抗議し、どうか日本人は「大国民」の度量をもち、「同胞」の短所を笑い草とせずに同情の眼をもって接してほしいと訴えている。

それにしても李光洙は「ヨボ」という呼称がよほど腹に据えかねたのだろう。次のような怒りの言葉で結んでいる。

> ヨボは朝鮮人の代名詞なる、甚だ聞き苦しき称呼なり。敬称の「さん」を付けて「ヨボさん」と呼ばるればとて有難きものにもあらず。呼ぶ方は面白半分ならんも、呼ばるる方は腸の煮えくり返る思いす。
>
> （『京城日報』1918 年 4 月 12 日）[6]

この当時、朝鮮人の筆によるこれほど率直で辛辣な日本人批判が新聞に載ったことに、まず驚かざるをえない。ここにはおそらく社内の担当者の支持があったことが想像される。「外地」における「内地人」の優越感と差別意識は深刻で、朝鮮総督府の行政担当者さえ、植民地経営の支障になるといって憂慮するほどだった。日本人のなかには「内地」で食いつめて朝鮮半島に渡った者も多く、そうしたいわゆる「負け組」の人々のなかには、故国

27

第Ⅰ部　多文化共生をめぐる過去／現在との対話

で不遇であった分、朝鮮人に対する特権的立場に固執する傾向が強かった。『京城日報』の担当者もこうした状況を苦々しく思って、日本人に読ませるために、あえてこの文章を載せたのではないかと思われる。この随筆は朝鮮語新聞である『毎日申報』には載っていない。朝鮮人には見せられない危険な文章だからだ。

　この「車中雑感」には、抑えていた日本への怒りがあふれている。翌1919年、朝鮮人の不満が爆発して3・1運動が起きると李光洙は上海に亡命し、臨時政府の新聞で日本を激しく批判した。しかし、やがて彼は意見の分裂をくりかえす臨時政府に失望し、故国で自分なりの独立運動を続けることを決意して帰国することになる。

　帰国後の彼は朝鮮総督の了解を得て修養団体を作り、穏健な実力養成運動を行った。しかし、そんな穏健な団体さえも日中戦争が始まる1937年には治安維持法の対象となり、李光洙は逮捕されて、ついに対日協力の道を歩むことになる。

（3）『内鮮一体随想録』
　3つ目の資料は、すでに朝鮮語の新聞が廃止され、学校でも朝鮮語の授業が完全に姿を消した1941年のものである。前年に創氏改名して「香山光郎」と名乗っていた李光洙は協和会という団体に依頼され、講演を行った。協和会とは、日本にいる朝鮮人労働者を監督し、彼らに愛国心を植えつける活動をしていた御用団体である。協和会はこの講演の内容を『内鮮一体随想録』というタイトルの冊子にして配布した[7]。「内鮮一体」とは「内地」と「朝鮮」が差別なく一体になることを意味し、1930年代後半から朝鮮総督府のスローガンになっていた言葉である。

　講演のなかで李光洙は、日本で学んでいる留学生たちに向かって、日本のことを勉強して日本人に引けを取らぬ日本人になれと激励している。そして留学時代の自分が「偏狭な民族感情」に捉われて「内地人」と交わらなかったことをいまでは反省していると語るのだが、ここでチラリと日本人への不満を漏らしている。

しかし、ここで少し邪推させて頂きたい。内地の同窓たちも、私を
さして大事にしてくれたとはいえない。彼等がもっと私を大事にして
くれたら、もっと家庭にも呼んでくれ、私の下宿にも訪ねて来てくれ
たら、私はもっと早く日本精神を体得し、内鮮一体に目醒めたかもし
れぬ。

(香山 1941: 15)

「内地」で一般の朝鮮人が「内地人」と接触するのは、学生なら先生、一
般なら警察官か官吏か商人に限られていて、どれも良い印象を残すものでは
ない、しかし自分には一つの美しい思い出がある、と李光洙は言う。「私は
ただ一回内地の友人の家庭に泊めて貰ったことがあるが、その暖かい、美し
い日本家庭の印象は、私の魂に深く深く刻み込まれて今だに忘れられない」。
そして李光洙は、「今日在京二万の学生にこの体験を持たせたいと思う」と
して、「家庭の床の間の前でこそ、内地人は、その本然の親切や美しい情味
をあらわすのである」から、自分にしてくれたように、どうか留学生たちを
家庭に招いてやってくれと、切々と日本人に呼びかけている。

1910 年代に 5 年間東京に留学した金東仁という有名な作家がいるが、彼
は、ほとんどの韓国人留学生は東京に 5、6 年いながら、日本の家庭を知る
機会をもつことはないと書いている（金治弘 1984: 27; 波田野 2013a: 215）。これ
が当時の一般的な状況だった。メトロポリタンの文化にあこがれて「内地」
にやって来た多くの留学生が出会うのは、水と油のように決して交わろうと
しない「内地人」の冷たさだった。通算すれば 9 年も留学していた李光洙自
身、日本の家庭に泊まったのはたった 1 度であり、それすら当時としては
きわめて例外的だったのである。

『内鮮一体随想録』は、李光洙が朝鮮人に向かって日本人になれと呼びか
けた本として韓国で悪名が高い。しかし、よく読んでみれば、李光洙は日本
語で日本人に向かって、朝鮮人を差別せずに愛してくれと呼びかけているの
である。李光洙は、朝鮮総督府が朝鮮人を戦争に動員するために使ったス
ローガンである「内鮮一体」を逆手にとり、「一体」になるには差別をやめ
よと訴えたのだ。

第Ⅰ部　多文化共生をめぐる過去／現在との対話

（4）洪命憙の回想

　次に、李光洙の友人だった洪命憙が中学時代を回想した文章を紹介する。併合が近づいた 1910 年の初め、洪命憙は「卒業なんかして何になる」と言って、卒業試験も受けずに帰国してしまった[8]。このころ東京にいた韓国人留学生たちは祖国の独立が危機に瀕していることを感知し、極度の緊張感に捉われていた。洪命憙もほとんど神経衰弱のような状態だったらしい。ところが帰国した洪命憙をさらに大きな衝撃が襲う。「日韓併合に関する条約」が発効した 1910 年 8 月 29 日の夜、父親が「死んでも親日をするな」（「親日」は対日協力の意味）という遺書を残して首を吊ったのである。その後の洪命憙は殉国した父の遺志を守って生きることになる。

　それから 20 年近くたった 1929 年、洪命憙はある雑誌に連載した回想記のなかで、留学時に経験した嫌な思い出を語っている[9]。まず驚いたのは、東京への案内役として同行してきた日本人の態度が玄界灘を渡る船のなかで豹変したことだった。それまで両班の坊ちゃんに仕える態度だったのが、いきなり「きみ」とか「洪くん」などと横柄に呼びはじめたという。そのうえ「船のなかでも旅館でも、誰かれかまわず掴まえては、韓国がどうだ、韓国人がどうだと、あることないこと我々の悪口を話すので、聞いていて恥ずかしく……（後略）」という洪命憙の回想は、李光洙の「車中雑感」に出てくる「内地人」たちの会話を思い起こさせる。

　神田の大成中学に入学した洪命憙は、読書にふけって真面目に学校に行かなかったが、それにもかかわらず成績が抜群だったことが、周囲の人々から反感を買った。

　　　試験の成績がいつも奇跡的だったために才子秀才などと賞讃されたが、その賞讃は、馬鹿にされたような不快感をもたらすものだったから、有難くもなかった。
　　　有難くない賞讃どころか、学校ではかなり憎まれた。あるアホな英語教師は授業のとき、おまえら、あの韓国人に敗けるとは日本男児の恥だと、学生に勉学させるために私への憎悪を煽り立てたし、ひねくれ者の歴史主任の教師にいたっては、誰かさんは将来の韓国の総理大

30

臣だな、などと韓国を軽蔑する口調で言ったので、意地悪な学生は私を侮辱するために〈総理〉というあだ名で呼んだりした。

（洪命憙 1929: 29; 姜玲珠 1996: 30）

　20世紀の初め、日清・日露の戦いに勝利して国勢が上昇したことで、日本人のあいだには、周囲のアジアの国々に対する優越感が急速に高まった。それを支えたのは、当時は常識とみなされていた「社会進化論」である。ダーウィンの生物進化論を人間社会に恣意的に適用した「社会進化論」は、生存競争で打ち勝った者が劣敗した者を支配することは自然の理であるとして、帝国主義を正当化するバックボーンになっていた。

　例えば1903年に起きた「人類館事件」に、この通念は象徴的に現われている。大阪で開かれた勧業博覧会で、民間業者が、朝鮮、中国、アイヌ、台湾、琉球、インド、ジャワの生きた人間を見本にして生活風俗を展示する「人類館」を設けようとし、中国留学生らの猛烈な抗議により撤回した事件である。すべての民族が同じような過程をたどって進化していくと考える社会進化論からすれば、「人類館」は、先に進化した「優等人種」が進化の遅れた「劣等人種」の風俗を見世物にするという意味合いをもつ。それが留学生たちの怒りを呼び起こしたのだ。しかしながら、このときの彼らの怒りは、じつは自分たちが他の「劣等人種」と一緒にされたことへの怒りにすぎず、枠組みそのものを否定するものではなかった。

　洪命憙が神田の大成中学で経験したようなことは、当時は日本のどの学校でも見られた光景だった。1905年の秋、魯迅が仙台の医学専門学校の学年試験に及第したとき、彼の学友たちは、魯迅の講義ノートを添削してくれた教師が問題を漏らしたのではないかと疑った。この事件をのちに「藤野先生」という短編のなかで描いた魯迅は、皮肉るように書いている。

　　中国は弱国である。したがって中国人は当然、低能児である。点数が六十点以上あるのは自分の力ではない。彼らがこう疑ったのも無理はなかった。

（魯迅 1985: 248）

第Ⅰ部　多文化共生をめぐる過去／現在との対話

　仙台でも東京でも、日本人学生たちが取った態度の背後にあるのは、中国とロシアに戦勝した驕りと、彼らを空気のように取り巻いていた社会進化論的な通念であった。

　日本人は、自分たちをアジアでは例外的な存在であるとみなし、西洋人と並ぶ「優等人種」だと考えていたが、実際には、西洋人の目に映った日本人は「中等人種」でしかなかった（波田野 2013b 参照）。人種の三角形の頂点に「優等人種」の西洋人、最底辺に「未開人種」がいて、その中間に諸民族が序列化されて並ぶという差別的な思考の枠組みのなかで世界の人々は生きており、それに基づく差別感情が日本のすみずみまで行きわたったのがこの時代だった。それは戦後まで続き、人権思想の普及にもかかわらず現在も残存している。それゆえ「多文化共生」の理念とその教育は、この差別感情を再び発現させないためにも重要なのである。

　洪命憙の回想録は、彼が 1929 年に逮捕されたために中断している。このころ朝鮮半島では社会運動が非常な高まりを見せ、そのなかで洪命憙は活発に政治運動を行うほか、白丁と呼ばれる被差別階層の出身者を主人公にした歴史小説『林巨正』を連載した[10]。こうした生き方が、彼の回想の歯にキヌを着せない語り口に反映したのであろう。

　ところが 3 年後に彼が監獄から出てきたとき、日本はすでに満洲事変を起こし、1945 年の敗戦まで続く「15 年戦争」の長い道のりを歩きはじめていた。これを見て政治運動を断念した洪命憙は『林巨正』の執筆に専念し、それも難しくなると筆を折って田舎に蟄居したまま、長い沈黙の時間を過ごす。植民統治が終わったあと彼は北朝鮮に渡り、1948 年に朝鮮民主主義人民共和国が樹立されると副首相になった。

Ⅲ．学徒出陣のころ

　前節では、李光洙と洪命憙に関わる 4 つの資料を通して、韓国が植民地になる前後——1900 年代後半から 1910 年代——の留学生たちを取り巻いていた日本の雰囲気を見た。本節では、植民統治も終わりに近づいた 1943 年に

李光洙が見た留学生たちの姿を見る。

1. もう一つの「わだつみのこえ」

　併合前に 1000 名に達しようとしていた朝鮮からの留学生の数は、併合後に朝鮮総督府が取った抑制策のために半減するが、1920 年代に規制が緩和されると増えはじめ、関東大震災（1923 年）で一時的に激減したものの、あとは増加の一途をたどった。総督府は朝鮮人の高等教育に消極的だったので学校が不足したうえ、入学試験にも日本人子弟との間に歴然とした差別があったからだ。1930 年に 5000 名ほどだった留学生の数は 10 年後の 1940 年に 2 万名を超え、2 年後の 1943 年には 3 万名を突破する（波田野 2009: 21-26; 金範洙 2006: 151-165）。

　この 1943 年 10 月に「学徒出陣」が始まる。戦争の敗色が濃くなって兵力が不足するなか、日本政府は、それまで徴兵を猶予していた大学と予科と専門学校の学生たちも出征させることを決定した。1943 年 10 月 21 日に明治神宮外苑競技場で行われた「学徒出陣壮行会」で雨中行進する学生たちの姿は、いまでも 10 月になるとテレビで放映される。このとき入隊した学生の数は 11 万人から 13 万人前後と推定されている（わだつみ会 1995: 32; 安田 1967: 109-112）。

　敗戦後、戦没学生たちの手紙や日記を集めた『きけ わだつみのこえ』という本が出版されて、多くの人々に感銘を与えた。筆者も高校生のときにこの本を読んで感動した一人である。しかし、植民地の学生たちが雨中の行進には加わらずに別のルートで出陣したことは、『朝鮮人学徒出陣——もう一つのわだつみのこえ』（姜徳相 1997）という本を読むまで知らなかった。このとき朝鮮と台湾ではまだ徴兵制が施行されていなかったので、政府は彼らを「志願」という形をとって戦場に送ることにしたのである。朝鮮でこれに該当した若者は、日本に留学していた約 2700 名の留学生と、朝鮮で学んでいた約 1000 名の学生だった。

　皇民化教育の成果を過大評価していた朝鮮総督府では、最初は朝鮮人学生が進んで志願するだろうと楽観していたらしい。ところが、受付が開始され

第Ⅰ部　多文化共生をめぐる過去／現在との対話

ると志願者の数はひどく少なかった。朝鮮の若者には、日本人の戦争で死ぬ
意義がどうしても見出せなかったのである。あわてた朝鮮総督府は方針を転
換して「志願」を実質的な強制にした。その結果、朝鮮半島にいる該当者
は朝鮮総督府の強要によってほぼ全員が志願させられたが、威力の及ばない
「内地」では志願者数が伸びなかった。そこで総督府は、名士たちを勧誘団
として派遣し、留学生を説得させることにした。李光洙はこのとき勧誘団の
中心として日本に行き、病をおして学生たちに志願を勧誘した。「志願」に
応じない学生は、受付期間が終わったあとは退学か休学処分になって、徴用
動員、あるいは前線送り、悪くすれば思想不穏として監獄行きになる。それ
くらいなら最初から「志願」したほうがむしろ学生の利益になるというのが
李光洙の判断だった。

２．李光洙が見た学生たち

　日本の植民統治が終わって３年後に書いた回顧録『わが告白』で、李光洙
はこのときに見た学生たちの姿を回想している。

　　　ある夜遅く、３人の大学生が私の旅館を訪ねてきた。私は熱を出し
　　て寝ていた。そのうちの１人が、
　　　「僕たちが出征して死んだら、必ず我が民族にとって利益になるので
　　すね」と口を開いた。私は聞きかえした。
　　　「出征しまいと思えば、そうできるのですか」
　　　彼らは溜息をつき、うなだれてしまった。
　　　つづいて別の１人が、
　　　「僕たちが出征して血を流したら、先生がその仇を取ってくれるので
　　すか」と言った。これは実に重大な質問だった。私は答えた。
　　　「君たちが血を流したあとでも日本が我々の民族に報いなければ、私
　　は血を流して戦うだろう」
　　　答えながら私は、若者たちの仇をとるために血を流している自分を
　　想像した。

第1章　日本植民地時代の韓国人留学生

「僕たちが血を流して少しでも弟たちの役に立つなら、思い残すことはありません」

そう言って彼らは行ってしまった。
(李光洙 1962: 272)

見知らぬ青年が2人入ってきて深々と朝鮮式のお辞儀をした。私はあわてて身を起こして答礼をした。ところが彼らはお辞儀をして座ったきり、ひと言も話さずに涙を流すだけだった。そうやって30分ほどしてから再び立ち上がり、お辞儀をして出ていってしまった。彼らが誰なのか、またどうして床が濡れるほど落涙するのか、私は聞こうとしなかった。聞くまでもないことだった。私の心も彼らの心も同じなのだから。
(同 : 272)

学生のなかには李光洙が講演会で勧誘するのは強制されてのことで、彼の本心は別にあると考えて確かめにきた者もいた。

ある晩、留学生への講演が終わると、「こっそり会いたいと言っている人たちがいる」というので行ってみると、小さな和室に女学生が7、8名座っていた。お茶とお菓子が出たが、彼女たちは何も言わず、私も黙ってお茶ばかり飲んでいた。多分30分ほどたってから（実際にはそれより短い時間だったかもしれないが、私にはそれほど長く思われた）、1人が言った。

「先生の講演をお聴きしました。このとおり私たちしかいない場所です。何かほかに話すことがあるのではないですか」

私は千斤の錘で胸を押しつぶされるような気がした。

「ほかに話すことはありません」

「それでも、何かあるような気がするのですけれど」

私は言った。

「話さなくても、お互いにわかるでしょう。話すことはつまらないことです」

「私たちはどうすればいいのですか」と誰かがもどかしそうに尋ね、

35

第Ⅰ部　多文化共生をめぐる過去/現在との対話

私は答えた。

「私は自分の娘に、しっかりと勉強をしなさいと言っています。民族の生命は永遠です。いろんな時期があるのです。しっかりと勉強をしてください」

彼らが私の言葉をどう受け取ったのかは知らない。しかし私は、ひと言ひと言に心を込めて話をした。

（同：272-273）

東京から京城に戻った李光洙を、ある寒い朝、7、8人の青年が家まで訪ねてきた。京城帝大から数日間の合宿訓練を終えて出征していく学徒兵たちだった。

「僕たちは出征します。しかし何を目的にして出征したらいいのですか。それをお聞きしようと、駅に行く途中でやってきました」

私は言った。

「まず、君たちの考えを聞かせてくれたまえ」

「僕たちが出征すれば、僕たちの弟や姉たちが差別のない教育を受けることができると思って出征します。総督がそう約束しましたから」

1人がこう言った。このころの学生にとって一番胸の痛むことが入学差別だった。それで小磯総督は兵志願する者たちにそう約束したのであった。もう1人の学生が言った。

「僕たちが出征せずに反抗すれば、我々の同胞がもっと圧迫されるから行くのです。もし僕が逃げたり反抗したら、僕の家は滅びてしまうでしょう。家族はたいへんなことになります」。

（同：274）

日本の学生たちもそうだったが、朝鮮の学生たちも、戦場に赴くために自分を納得させる理由を必死に探し求めていた。そして彼らの多くは、日本人学生たちとは違って「内地人」との差別をなくすためという理由で自分を納得させたのである。このとき、人々は日本が戦争に敗けるとは想像もせず、朝鮮はこの先もずっと植民地であり続けると思っていた。だからこそ、差別から抜け出すには日本に協力するしかないと、李光洙も彼らも考えたのだ。

最近、韓国の新聞『朝鮮日報』に、このとき立命館大学の学生として京都で李光洙の勧誘講演を聞いたという人物のインタビュー記事が載った。それによると李光洙は、「君たちが犠牲になって功を立ててくれてこそ、我が民族は差別を受けずに生きていける。朝鮮民族のために戦争に行ってくれ」と言い、その言葉には苦悩が感じられたという。すでに90歳を越えているこの人物は、あのときは日本が戦争で負けるとは誰も考えていなかったと語り、文学者としての李光洙の再評価を訴えた[11]。

　この勧誘講演から2年もたたずに日本は降伏し、韓国は解放された。1948年に大韓民国政府が成立すると、対日協力者を罰するために反民族行為処罰法が制定され、李光洙は逮捕されて法廷に立った[12]。韓国近代文学の父といわれ、民族を愛する小説を書き続けて大衆に敬愛されてきた作家が「民族反逆者」となったことは、韓国の人々の心に深い傷として残ることになった。

IV. 多文化共生社会のための「植民体験」

　日本と韓国が「帝国」と「植民地」という関係におかれていた1世紀前、そこには現在とはまったく違った世界が広がっていた。それは民族と文化と言葉を異にする人々が同じ地域に暮らしながら、一方が他方を支配し、自分の文化と言葉に同化することを強制し、ついには命まで要求するに至るという歪んだ世界だった。「多文化共生社会」とはまさに対極の世界である。

　力による植民地支配が生みだしたこの不幸な体験を、私たちはせめて教訓として生かすべきではないか。戦争の記憶が薄れていくことを危ぶんで「戦争体験」を語りつごうと訴える人は多いし、それはもちろん行うべきである。しかし、ひどい目に遭った記憶だけではなく、前の世代が支配者だったときの「植民体験」の記憶も継承し、検証して、なんらかの形で役立てていくべきではないだろうか。植民地にされた側でだけ体験が語りつがれ、した側では忘れているという現状には問題がある。

　それでは、私たちは自分たちの前の世代の「植民体験」を、どんな形で生かすことができるだろうか。多文化社会で共生していくための能力、つまり

第Ⅰ部　多文化共生をめぐる過去／現在との対話

異質な文化に会ったときに反発せずに受け入れ、それを理解する能力を養うための訓練、すなわち異文化間教育のために役立たせることができる。

　未知の文化に出会ったとき、それがあまりに異質だと感じると、私たちは不適合を起こして忌避や偏見に陥ることがある。よそもの嫌い（xénophobie）や人種差別（racism）に結びつく危険性さえあるそうした事態を避けるために、過去の事例を学ぶことは非常に有益である[13]。「私」という存在は、内部にいくつもの文化とアイデンティティをあわせもち、新しい経験によって自らを作りだしていく存在である。生まれた国、時代、性別、世代、出身地、経済的な階級、そうしたものによって規定される様々なアイデンティティが、「私」という存在を複合的に構築している。その「私」は、異質なものと初めて出会ったとき、ある部分は拒否し、ある部分は取りこみ、そうやってこれまでの自分と折り合わせながら新しい「私」を作りだしていく。だから、前の世代の経験を学んで検証する行為は、あらかじめ異質な文化との出会いに対して備えさせ、「私」のアイデンティティを豊かにすることにつながるのである。

　例えば李光洙が聞いた、1918年春の京釜線の二等室で交わされた「内地人」の新参者と旧来者の会話を思い起こしてみよう。朝鮮に来て、初めて見る文化をどう受け入れていいか戸惑っている新参者に対して、旧来者は「よぼよぼ」という日本語を連想させる「ヨボ」という侮蔑的な呼称を教えることで、朝鮮人をステレオタイプに閉じこめさせ、「衛生観念欠如」という「偏見」を与えることで、自分たちの文化の優位性を保障して「新参者」を安心させてやった。こうして新参者は、現実の朝鮮人と向き合おうとせずに、「よそもの嫌い」と「人種差別」に陥ることになる。

　だがじつは、このとき朝鮮人の側にも日本人に対する同じような現象が起きていたのである。1世紀前の帝国と植民地の人々は、同じ空間にいながら決して真に出会うことができなかった。なぜなら彼らのあいだには、人間が真に出会うために必要不可欠な「平等な関係」がなかったからだ。

　現代の私たちは過去の事例を学ぶことにより、これからの「多文化共生社会」で生きていくための能力を養うことができる。帝国と植民地に生きた私たちの前の世代が体験した不幸な歴史は、マイノリティの人権が守られ、そ

れによってマジョリティも人間としての尊厳を保つことができる「多文化共生社会」を作っていくために、少しでも役立てるべきであろう。

注

1　1910年の「日韓併合」以前の韓国の国号は「大韓帝国」で併合後の呼称は「朝鮮」である。本章では1910年以前を「韓国」、それ以後を「朝鮮」、1948年の大韓民国と朝鮮民主主義共和国成立以後はそれぞれ「韓国」「北朝鮮」とし、タイトルは「韓国人留学生」とする。

2　兪吉濬と柳定秀が慶應義塾、尹致昊が同人社で学んだ（波田野 2013a: 4）。

3　李光洙の活字化された最初の小説は、卒業まぢかの1909年12月に明治学院の学校誌『白金学報』に掲載された日本語短編「愛か」である。

4　金允植は李光洙の留学時代の心的状態を「愛情飢渇症候群」と名付けている（金允植 1999: 623）。

5　以下、本章の日本語訳はすべて筆者による。

6　原文の旧仮名遣いを、現代仮名遣いに直してある。

7　講演は1941年1月16日に京城で行われ、5月5日に協和会叢書第5輯として出版され版を重ねた。定価は送料込で10銭だが、この金額は送料と大差ない。関係者に無料で配布されたのではないかと推測される。

8　卒業試験を受けなかった洪命憙を大成中学では「みなし卒業」させて証書を韓国に郵送し、彼の名前を卒業者名簿に載せた（「洪命憙が東京で通った二つの学校」波田野 2013a: 152）。

9　「自叙伝」は月刊誌『三千里』1929年6月号と9月号に2回連載されてから中断した。

10　『林巨正』については波田野節子『韓国近代文学研究──李光洙・洪命憙・金東仁』の「第Ⅱ章、洪命憙」を参照。

11　「あの日学兵勧誘を直接聞いた……私には春園の苦悶が感じられた」2014年10月19日付『朝鮮日報』記事。

12　李光洙は1949年2月に逮捕されたが、健康悪化のため1か月後に釈放され、8月に不起訴処分となった。

13　これは異文化間教育（Intercultural Education）のことである（カルトン 2015: 11）。

第Ⅰ部　多文化共生をめぐる過去／現在との対話

【参考文献】

李光洙（1962）「나의 告白」『李光洙全集第 13 巻』三中堂

香山光郎（1941）『内鮮一体随想録』中央協和会発行、昭和 16 年 6 月 20 日再版

カルトン、フランシス（2015）「異文化間教育とは何か」堀晋也訳、西山教行・細川英
　　雄・大木充編『異文化間教育とは何か――グローバル人材育成のために』くろし
　　お出版

姜徳相（1997）『朝鮮人学徒出陣――もう一つのわだつみのこえ』岩波書店

姜玲珠（1996）『碧初洪命憙と「林巨正」の研究資料』四季節社

金允植（1999）『李光洙와 그의 時代』ソウル、솔

金範洙（2006）「近代渡日朝鮮留学生史――留学生政策と留学生運動を中心に」東京学
　　芸大学博士論文

金治弘編著（1984）『金東仁評論全集 27』三英社

洪命憙（1929）「自叙伝」『三千里』1929 年 3 月号

波田野節子（2009）「朝鮮文学者たちの日本留学――1910 年代までを中心に」『植民地
　　文化研究』8 号、植民地文化学会、21-26 頁

――. （2013a）『韓国近代作家たちの日本留学』白帝社

――. （2013b）「李光洙とギュスターヴ・ル・ボン」『韓国近代文学研究――李光洙・洪
　　命憙・金東仁』白帝社

安田 武（1967）『学徒出陣――されど山河に生命あり』三省堂

魯迅（1985）『魯迅選集第 2 集』岩波書店

わだつみ会編（1993）『学徒出陣』岩波書店（1995 年第 8 刷）

『中学世界』1910 年 2 月号、博文館

第2章

在日朝鮮人の文化表象と
多文化共生の倫理

小谷一明

はじめに

　多文化共生という日本語が人口に膾炙されるようになったのは1990年代以降のことになる。行政主導で使用されるようになったが、「グローバル化」といった言葉ほどには今以て社会に浸透していない。この言葉は、1989年出版の第2版『オックスフォード英語辞典』(*Oxford English Dictionary*、以下OED)によれば1965年初出の英語 'multiculturalism'、「多文化主義」に由来するが、日本では国家的な方針や政策を力強く打ち出す「主義」ではなく、奨励や指導を含意する「共生」という表現が用いられた[1]。この「共生」という日本語は自然との関係でも用いられる[2]。OEDによれば英語圏では1980年代から使用されはじめた 'environment-friendly' は「環境にやさしい」と翻訳され、「自然との共生」という表現も使われ出した。優しく接するという人間中心主義的なイメージを伴う「自然との共生」と同様に、多文化共生の場合も主流文化のマイノリティに対するパターナリズムを読み取ることはさして難しくないであろう。
　徐 京 植は1995年に執筆した『分断を生きる』所収「文化ということ」で、「屈託なく文化的多元主義に類する術語が使用されていることへの警戒感が私にはある」(徐京植 1995: 7)と述べた。1990年から血統主義的に日系移民を

41

第 I 部　多文化共生をめぐる過去／現在との対話

低賃金労働者として受け入れはじめた日本社会だが（高橋 2008: プロローグお
よび 162-181 参照）、徐京植は多文化共生のなかに「母語–共同体–文化」とい
う短絡的な文化認識を読み取っている（徐京植 1995: 7）。ここでは、文化は複
数の言語および文化の間で生成されるという認識が欠落していたのである。
徐京植にとって母語である日本語は、母国語（朝鮮語）ではない。植民地主
義の所産として日本語が母語になったのであり、多くの在日朝鮮人[3]が母語
の共同体から様々な差別を被ってきた。この歴史的背景を顧慮せずに「屈託
なく」多文化共生という言葉を使い出した日本社会に、徐京植が警戒感を抱
くのは当然のことといえる。

　このように同一の母語を使用することから生まれる共同体、その共同体で
受け継がれる文化という図式は、日本語を話しながらも祖国との紐帯をつな
ぎとめるべく母国語を学び、かつ学び損ねてきた人々にとっては受け入れが
たい文化認識である。言語を使用することが、そのまま共同体の文化を体得
するというような短絡的理解は、同化や「帰化」を強いることにつながるか
らだ。対他的[4]に構成される文化形成のプロセスは、文化の異種混交性、多
様性を常にもたらし続けているのだ。

　フランツ・ファノン（Franz Fanon）は 1952 年に出版した『黒い皮膚・白い
仮面』（*Peau Noire Masques Blancs*）で、仏植民地だったアンティール諸島民を
例に挙げ、母国語（フランス語）の習得が宗主国の人種主義的同化政策と密
接に関係していることを以下のように説明する。

　　アンティール諸島の黒人は、母国語のフランス語に同化すればするだ
　　け、より一層白人に近くなる、言いかえれば、より一層本当の人間に
　　近づいていくという。私たちは、それが「存在」（Etre）にたいする人間
　　の態度の一つであることを知らないわけではない。言語を所有する人
　　間は、結果として間接的にこの言語によって表現され、含意された世
　　界を所有する。ここで何が言いたいのかはおわかりだろう。言語を所
　　有するとき、そこに異様な力が伴うということだ。

　　　　　　　　　　　　　　　　　　　　　　　　　（ファノン 1998: 40）[5]

第 2 章　在日朝鮮人の文化表象と多文化共生の倫理

このように近代における言語習得には、普遍を装う主流と特殊とされる非主流の権力関係が埋め込まれているのだ。そのため黒い肌のアンティール諸島民がフランス語やフランス文化という白い仮面をかぶろうとしても、「本当の人間」、大文字の「存在」になれない「異様な力」が作動することになる。

　このように多文化共生という表現には、「母語－共同体－文化」の図式に示される、事実確認的でしかない「文化」認識が基底にある。ここでは他者の文化に差配の眼差しが向けられており、異文化を包摂か排除かといった選択的視線で俯瞰する主流文化の暴力性が潜むのだ[6]。いわば、対話的ではなく監視的な場を構成していることになる。こうした非対称的な文化間関係を再考するためにも、本章では在日朝鮮人の文化実践および文化表象を取り上げる。そのうえで固定的な文化の境界線を揺るがす彼らの実践や文化内の多様性に関する表象に着目し、排他的な共同性を立ち上がらせない共生の可能性について考察していきたい。

I．「はざま」に浮かぶ交流史──金達寿による共生の実践

　金達寿（1919～1997）が 1970 年代から本格的に乗り出した日本に残る朝鮮文化の調査は、多文化共生の基盤となる「文化」について考える重要な手がかりを与えてくれる。第二次世界大戦後も、国内に留まらざるをえなかった旧植民地の出身者は国籍を剝奪されるなどして、様々な差別にさらされた。そのなかで作家金達寿は、宋恵媛が述べるように日本の言論状況を鑑みながら（宋恵媛 2014: 34）、日本列島の隅々にまで広がる大陸文化、特に朝鮮半島に由来する文化の痕跡をつぶさに探訪し、差別を文化史の点から乗り越えようとする[7]。廣瀬陽一によればそのキーワードが「帰化人」および「渡来人」だった[8]。金達寿は神功皇后の「三韓征伐」など戦後も残存する「大和朝廷中心主義」を明らかにし（廣瀬 2016: 281）、日本人による研究成果を多用しながら「日本人」のルーツについて以下のような説明を行っていく。

　　倭人とは朝鮮半島から稲作とともに細形銅剣、銅鉾などを持って渡来

第Ⅰ部　多文化共生をめぐる過去／現在との対話

　　した弥生時代人のことで、鳥居龍蔵氏の言葉を借りるならば、これが
　　すなわち「固有日本人」であるということである。

（金達寿 1975: 3-4）

　朝鮮半島から渡来した民は、それまで「日本」で暮らしていた縄文人を辺境
へと追い込み、弥生時代の幕開けをもたらしている。金達寿は古代史の研究
書を渉猟しながら、「九州における六千三百人の狩猟採集の縄文人は、日本
人の祖先となった渡来の弥生人に九州南部に追い込まれて、いわゆる熊襲・
隼人になり」、琉球にまで渡っていったと説明した（金達寿 1975: 4）。歴史へ
の関心だけでなく日本各地への旅情もかきたてる彼の紀行文は、多くの読者
を獲得していった。

　このように金達寿は、「日本」の古代を探るとそこに朝鮮文化が姿を表す
ことを実証していった。各地の寺社や遺構をめぐるなかで、彼は朝鮮半島出
身者がもち込む文化が、地方文化の重要な礎になっていることを明らかにし
たのである。ジェイムズ・クリフォードが『ルーツ』（2002）で述べたように、
文化とは「旅する」（travelling）ものであり、移動は文化研究に欠かせない視
点である[9]。金達寿はこの視点をもって東アジアを見ていたことになる。

　また、金達寿にとって残存する朝鮮文化の歴訪は、各地の在日朝鮮人との
邂逅を期待するものであった。自伝的小説集『対馬まで』の「備忘録」には、
戦前、「募集」（金達寿 1979: 173）に応じて渡日し、戦後、焼き肉店を経営す
る初老の男性が登場する。彼は金達寿が行っていたような文化調査に参加
し、日本の古代史に強い関心をもちはじめている。つまり、この調査は従来
の「日本文化」を根幹から揺さぶるだけではなく、各地に暮らす在日朝鮮人
とつながりをもつ目的でも行われていたのである。「日本」における朝鮮半
島出身者の営みに思いを馳せることは、在日朝鮮人のなかに新たな文化的根
拠地が用意されていく過程でもあった。同時に各地の歴史を掘り起こすこと
が、日本人と在日朝鮮人とを取り結ぶ文化実践にもなることを金達寿は期待
したのである。

　このように、金達寿は日本の過去を遡り、戦後も続く排他的なイデオロ
ギーに抗いながら文化の移動および異種混交性についての思索へと向かった

のである。これはまさに民族や国、言語が誘発する単一文化主義への再考を迫る実践であった。冷戦下で広がる東アジアの隔たりを埋めるためにも、文化間交流の足跡を求めて歴史的地層を深く掘り下げていくしかなかったのである。「開発＝破壊」（金達寿 1994: 32）によって古代文化の痕跡が消されつつあった高度経済成長期、未来の「在日朝鮮人」と「日本人」にとって残しておかなければならない記録でもあった。そのためにも金達寿は小説を書くことから離れ、古代史の調査と執筆に傾倒していく[10]。花崎皋平は『〈共生〉への触発』で、「『共生の倫理』が、民衆運動の実践のなかから求められ、形成される」（花崎 2002: 131）と述べたが、金達寿の古代史研究はまさに共生の倫理を確立するための、民族の違いを超えた民衆運動であった。

　こうして金達寿は朝鮮文化の探求において越境的な東アジアの関係史に焦点を据え、文化における相互形象への理解を促していった。司馬遼太郎や松本清張などによる日本の源流探しといった時代的な要請もあり[11]、金達寿の朝鮮文化をめぐる旅は注目を集めていく。それでも日本と朝鮮という民族文化の枠組みが、文化の内なる多様性とその歴史性を周縁化する可能性を孕んでいた。次節では「帰化」した在日朝鮮人女性作家を取り上げ、複数言語および文化のはざまで帰属意識をもてない事例について検討していきたい。そのうえで文化内の多様性について語りうる場の増えた「多文化共生」時代に、なぜマイノリティを取り巻く状況が変わらないのかについて考察していく。

II. 文化の内なる多様性──深沢夏衣と都市の物語

　金達寿が古代史を通して海峡を往還する文化の軌跡を懸命にたどっていたころ、複数文化の「はざま」で懊悩する女性作家が登場する。深沢夏衣（ふかさわかい）（1943〜2014）である。『深沢夏衣作品集』（2015）所収のエッセイ「沖縄で考えたこと」（初出いかだ社、1970）を参照すれば、彼女は新潟の出雲崎（いずもざき）に生まれ育ち、通名を用いていた小学生のころ、友人の罵倒で出自についての自覚を強いられることになる。そして16歳の時、両親は家族全員の日本籍を取得した。それでも戸籍による就職差別を受け、彼女は高校卒業後に上京

第Ⅰ部　多文化共生をめぐる過去／現在との対話

を決意する（深沢 2015: 656-662）[12]。いくつかの仕事を経て、31 歳の時に在日
朝鮮人の文化雑誌『季刊まだん』(1973-1975) 第 5 号から編集実務を担当する
ことになった。この時の経験が自伝的小説「夜の子供」（初出『新日本文学』、
1992）の執筆につながっている。

　「夜の子供」の冒頭では、在日朝鮮人の生活誌を目指す季刊誌〈ぱらむ〉
で働きはじめた二世の葉山明子が、日本籍であるがゆえに同じ職場の在日朝
鮮人に距離を取る様子が描かれている。親の言うまま中学生の時に「帰化」
した明子は、同僚の熱い議論を疎ましく感じた（深沢 2015: 19）。気づいたと
きには国籍が変わっていた明子にとって、「日本」も「朝鮮」も戸惑いを感
じる対象だったのである。いわば、既存のアイデンティティの範疇に収まり
きらず、宙づりになった状態である。明子は日本人、在日朝鮮人いずれの間
でも自らの意見を思うままに発することができなかった。70 年代中頃の朴
正煕政権をめぐる議論が社内をかけめぐるなか、明子はそれに加わることな
く編集作業に没頭する。

　深沢の関わった『季刊まだん』は、同時期に発刊されたもう一つの季刊
誌、『季刊三千里』(1975-1988) とは一線を画す文化雑誌であった[13]。『季刊
三千里』は金達寿らが中心となって 1975 年に発刊した雑誌であったが、「夜
の子供」で同誌は政治的立場を明確に打ち出す雑誌として暗に言及されてい
る。ここでも朝鮮半島を民族的アイデンティティの拠り所にできる在日朝鮮
人の論者に、明子は冷めた眼差しを向ける。対岸の政情に日本から関心を寄
せ、積極的に政治参加を考えていく彼らの姿は、発言の場のなさを自覚させ
るものでしかなかったのである。それだけに多様な在日朝鮮人のための表現
の場を作り出そうとする生活誌の存続に、明子、そして深沢自身も期待をか
けていた。

　しかし、生活誌『季刊まだん』は『季刊三千里』との「在日問題」をめぐる
論争に巻き込まれ、結局、6 号をもって休刊する。エッセイ「文学と出会
う」（初出『社会文学』、2007）で述べられているように、二つの雑誌による論
争は、深沢にとって「『民族か同化か』という二者択一の選択肢」（深沢 2015:
477）を問う声に聞こえ、帰属できる共同体のなさを改めて実感することに
なった。「夜の子供」の最後に新たな生活誌を作り出そうとする様子が描か

46

第2章　在日朝鮮人の文化表象と多文化共生の倫理

れたが、これは深沢自身が 1979 年より編集を行った『季刊ちゃんそり』(1979 -1981) の発刊経緯と重なる。「在日の文化的多様性」[14] についての議論の場を提供すべく深沢が心血を注いだこの雑誌も、2 年で休刊となった。朴正煕政権の終わりから全斗煥政権下の光州事件に至る時代状況の下、ある程度の役割を果たせたと深沢は「『民族』というコトバ」(初出『新日本文学』、1999) で述べているが (深沢 2015: 468-470)、休刊をめぐるわだかまりは 1990 年代後半に発表された小説でも書き継がれることになった。

　深沢のもう一つの代表作「パルチャ打鈴」(初出『群像』、1998) は、まさに「夜の子供」の描写から始まる。語り手の沢木信子は、東京郊外へと向かう乗客のまばらな終電で、25 歳くらいの母親とその子どもに出遭う。母の隣で「聞き分け」よく座っている幼児を見ながら、信子は次のような思いをめぐらせた。

　　　その聞き分けのよさが、人間によく似せて作られた精巧な人形のよう
　　　に見える。赤ん坊に応じている母親の様子も穏やかで上品で、それは
　　　女の日常がいかに安定し、充ち足りたものであるかを窺わせた。

(深沢 2015: 149)

この後、信子は親子の「安定し、充ち足りた」関係を憎むかのように、「この赤ん坊を、ちょいと盗んでみようか」(同 : 149) という衝動に襲われる[15]。信子には母に対し「聞き分け」よくふるまえなかった過去しかなかったからだ。

　「夜の子供」と同じく、「パルチャ打鈴」も国や民族との紐帯を容易に幻視できない主人公が登場する小説となった。子どものルーツである「母」、自分のルーツである「朝鮮」、そして生まれ育った日本との関係をうまく他者に説明できないもどかしさが信子を苦しめている。自分とは誰かという信子の問いかけに、いつも言葉を濁らせる母に対し反発してきたのである。こうした過去が、安定した親子関係への怨嗟につながっていた。これは自らが母となったとき、自分も子どもにうまく説明できないのではという怖れをも去来させたであろう。それゆえ母が「自分の生の根源、ルーツ」として自分を

47

第Ⅰ部　多文化共生をめぐる過去／現在との対話

「根のところで支えて」くれていたことに、信子は母が亡くなるまで気づけなかった（同：161）。

　この安定した親子関係への破壊衝動は、きらびやかな都会の風景にも向けられる。

　　まったく、文化のみが絢爛と輝いている——っとそんな言葉が衝いて出て、これは誰が言った言葉だろう？　そうだ、これはもう何年も昔に見た芝居の台詞だったと思いだす。軀中を白い包帯でぐるぐる巻いた男が、叫ぶように、恨むように言うのだ、「流血と惨事の歴史をあとかたもなく拭い去り、文化のみが絢爛と輝く都市よ、俺はおまえを許すことはできない」と。

　　　栄華をきわめる物語のなかの都市は、ある日突如大地震に襲われ、一夜にして廃墟と化す。

（同：209）

このように享楽的な消費「文化」への呪詛が信子のなかに渦巻いていた。都市の絢爛さは「文化」という「物語」により粉飾を施されて出来上がったものであり、そこには経済発展に傾注し、歴史を闇に葬ろうとする集合的な忘却への意志が見定められている。深沢は安定した親子関係に連なる都市の文化空間に、過去に対する無関心の広がりを読み取っていたのである。

　21世紀に発刊された在日朝鮮人女性の雑誌『地に舟をこげ』（在日女性文芸協会、2006-2012）の第3号（2008）に掲載されたインタビューで深沢は次のように語った。

　　「多様化する在日」といわれ始めるのは、1970年代後半からと記憶しますが、それから三十年、〈在日〉〈在日を生きる〉〈共生〉というコトバ、意識が生まれ、たしかに多様化したものの、実態はどうなのか。

（深沢 2015: 717）

深沢は「二世」の抱え込んだ苦悩が、21世紀を生きる世代にも引き継がれていることから[16]、文化内の多様性に関する理解の広がりが状況を変える力

第2章　在日朝鮮人の文化表象と多文化共生の倫理

になっていないと感じていた。それゆえに彼女は「〈共生〉というコトバ」への懐疑を抱くことになる。李美子もエッセイ「多様化と空しさと」（日本社会文学会、2006）で、韓流ブームもあり在日朝鮮人の多様性に関する発言の場ができつつある一方、「のっぺり平らにならされた地平の奥にまだ何も見えてこない」と述べている（李美子 2006: 194）。

　こうした実感からも、文化内の多様性についての語りが深沢の言う「栄華をきわめる物語」に回収されていたと考えることができるであろう。絢爛な文化を讃える「物語」、その起源の一つにエドウィン・ライシャワーら日米の歴史家が唱導した「近代化論」がある[17]。1960 年代初頭より流布された「近代化論」は、日本の近代化を再び賞賛する歴史改編物語であった。反共政策の砦として日本を取り込むため、日本を近代化の成功者とみなす米国主導の日本文化論は、戦前から続く「人種的な優越意識」（酒井 2013: 224）をさらに延命させることになった。これが深沢の語る都市の「物語」の内実であり、多文化共生の推進にもかかわらず、国内に排外主義を生みだす大きな要因の一つになっている。

　そもそも行政主導の多文化共生は、それ以前のマイノリティの人権をめぐる民衆運動に由来したものではない。侵略の歴史に背を向ける近代化の成功物語、その産物たる享楽的な消費文化に没入する社会で、多文化共生や異文化理解を推し進めることはまさに矛盾としか言い様がないであろう。それゆえ共生という言葉に徐京植や深沢夏衣は警戒を緩められないのだ。武者小路公秀監修『ディアスポラと社会変容』を参照すれば、「多様化する在日」の理解を深めるためにも、「聖域化」する主流文化への対抗軸を立ち上げるためのマイノリティ間の共生と、文化内の多様性を共生へとつなげる試みが求められる時代状況に今もある（武者小路監修、浜・早尾編 2008: 138-141）[18]。

　その意味で「近代化論」という物語を延命させる、東アジアの「冷戦」情況を打開することも重要になってくる。海峡をはさんである日本と対岸諸国との関係を共存関係へと変える文化実践の一つが、21 世紀の「在日を生きる」映像作家梁英姫により開始された。次節ではこの共存を目指す表現活動について考察していく。

第 I 部　多文化共生をめぐる過去／現在との対話

Ⅲ. 「はざま」を越える文化実践
——梁英姫の「ディア」ピョンヤン

　梁英姫は 1964 年に大阪の「猪飼野」、現在の生野区で生まれた[19]。猪飼野は大正時代に始まる平野川改修工事などのために朝鮮半島出身者が集住するようになった地域である[20]。現在の鶴橋駅から御幸森市場、通称コリアンタウンと重なる地域だ。もともと猪飼野は古くから朝鮮半島とゆかりのある地域であり、御幸森神社には朝鮮半島に向けて祈りを捧げる祠がある。在日朝鮮人に長く親しまれた「猪飼野」という地名は、詩人の金時鐘（1929〜）が『猪飼野詩集』で語るように 70 年代になると生野という名称に変えられ、「地図にない」町となる（金時鐘 1978: 9）。

　明治後期以降に朝鮮半島出身者が日本に渡った主な要因は、欧米列強のアジア侵略を背景に、1875 年の江華島事件以降、日本が植民地主義を本格的に始動させたことにある。朝鮮半島の人々は生活の場を奪われていき、故郷から引きはがされていった。李相和（1901〜1943）は詩「いまは他人の土地——奪われた野にも春は来るか」（1926）で次のように当時の様子を描いた。

> 私はいま　全身に陽ざしを浴びながら
> 青い空　緑の野の交わるところを目指して
> 髪の分け目のような畔を　夢の中を行くように　ひたすら歩く
>
> （李相和 2015: 4）

　詩の冒頭にあるこの一節は、美しい自然のなかを分け入るような明るさをたたえているが、離郷の悲しみや憤りが底意にみなぎっている。李相和は「春さえも奪われようとしている」と書くことで、「青い空、緑の野」にも厳しい現実を見定めていたのである。

　1910 年に朝鮮半島は日本の植民地となり、多くの人々が海峡を渡ることになった。1941 年からは強制的な徴兵・徴用が行われ、1945 年の解放時には 200 万人にのぼる日本居住者がいた。そのうち、持参金を 1000 円に制限

50

第2章　在日朝鮮人の文化表象と多文化共生の倫理

するといった過酷な条件下で帰還できた人は 140 万人ほどである。舞鶴沖で
帰国船浮島丸が爆沈するといった今なお未解決の事件で帰還できなかった人
もいる。一方、60 万人ほどが生活の地盤が日本にできていたことや、朝鮮
語が話せない、帰るべき生活の場を失っているといった理由により帰国でき
なかった。解放から間を置かずして朝鮮半島は日本軍の武装解除を機に、米
ソ冷戦体制のもと祖国分断を強いられ、日本へ舞い戻る者も出てくる（水野・
文京洙 2015: 87-94）。そして日本で暮らすことになった朝鮮半島出身者は、国
籍選択権を与えられることなく 1951 年のサンフランシスコ講和条約締結直
前に国籍を剝奪された（金敬得 2006: 26）。梁英姫の両親もこうした状況下の
日本で暮らすことになり、1955 年に設立された在日本朝鮮人総聯合会（以下、
朝鮮総連）を支えていく。

　梁英姫が初めて撮った映画『Dear Pyongyang　ディア・ピョンヤン』
(2006)[21] は、朝鮮民主主義人民共和国（以下、北朝鮮）を祖国とする者にとっ
て戦後 2 度目となる「帰国」を映し出した。この事業を彼女の両親も支援し、
自らも 3 人の息子を送り出している。テッサ・モーリス−スズキ『北朝鮮へ
のエクソダス』(2007) によれば、1950 年代中頃より井上益太郎を中心に日
本赤十字社と外務省などが、いわゆる日本のマイノリティである在日朝鮮人
を国外へと追い出す計画を画策していく[22]。深沢夏衣も「パルチャ打鈴」で
描いているが、60 年代に本格化する「帰国事業」は、日本政府のみならず
マス・メディアも北朝鮮を楽園であるかのように喧伝したのである。結果
として、10 万人に及ぶ人々に北朝鮮への片道切符が手渡されることになる。
映画では新潟から出航する帰国船のニュース映像が映し出された。梁英姫は
ここで息子を港で見送る両親の姿をナレーションで説明する。涙を流してい
る母の後ろ姿を父は見つめていた、と語るのである（梁英姫 2006: 52-53）。

　この当時、朝鮮総連のみならず多くの市民活動家も善意からこの事業を支
えた。一方、金時鐘のように朝鮮戦争からわずかの年月しか経ていない対岸
の地に楽園などあろうはずがないと考えた者もいる。社会主義に思いを寄
せながらも帰国船に乗り込めない金時鐘は、海の「深い溜息」（金時鐘 1970:
103）を聴きながら新潟の 38 度線に立つ。

51

第 I 部　多文化共生をめぐる過去／現在との対話

　　宿命の緯度を
　　ぼくは
　　この国で越えるのだ

（金時鐘 1970: 19）

　新潟には朝鮮半島を分断する北緯 38 度線が通っている。この分断線をまた
ぐことで、金時鐘は人を隔てる境界への悲憤を詩に書き込んだ。こうした思
いが、次世代を生きる梁英姫にも伝わっている。彼女はカメラをもって今な
お続く冷戦による「はざま」の架橋を試みることになる。

　3 人の兄が新潟から帰国した 70 年代初頭、まだ小学生であった梁英姫は
「親を悲しませてはいけない」と心に誓っている（梁英姫 2006: 61）。一家離散
の後、一人っ子となった梁英姫は親の意向に沿って民族学校に通い、高校で
は進路をめぐって教師に反発しながらも朝鮮大学校へと進学する。大学でも
教師か銀行員かといった限られた卒業後の進路に懊悩しつつ、教員や両親の
期待に抗いきれず民族学校の教壇に立った。しかし、すぐに高校時代からの
演劇に対する情熱を抑えることができなくなり、1 年ほどで離職した後、劇
団女優としての人生を歩みはじめる（同: 162-163）。両親に期待された道から
逸れる遠因に、なぜ兄たちを帰国させたのかという鬱積した思いがあった。
特に強く帰国を奨めた父親へのわだかまりは一向にとけなかった。映画では
2002 年に始まる拉致問題の過熱した報道を映し出しながら、父と自分の間
にカメラを据えて親子の溝を可視化しようとする。

　この溝を可視化すべく映画は時代を遡っていった。「在日同胞」のため懸
命に走り回る若き日の両親、その写真を映像に取り込むなどして、複雑な時
代および歴史背景が絡み合うなかでの帰国事業であったことを梁英姫自身も
理解していく。しかし、大阪を離れて暮らす彼女には一家離散に関する両親
の本心を聞き出す機会が限られており、親子の溝は容易に埋まらない。それ
でも、家計をやりくりして息子たちに大量の仕送りを続ける母の姿など、カ
メラを回すなかで両親の胸中に事業に関する様々な思いが交差していること
を感じ取っていく。祖国への忠誠を繰り返し口にする父においても、国や民
族への揺れる思いがフィルムに収められていった。

　梁英姫は高校の修学旅行で初めて平壌の地を踏んでいる。兄との再会では

緊張の余りほとんど会話のできない状況だったが、次の訪朝では彼らの家を訪れるなどして自然とつきあえるようになっていく。その後、カメラをもって訪れるようになり、二つの国の家族をフィルムでつなげながら、彼女は両親とのはざまも見つめ直していった。映画『Dear Pyongyang　ディア・ピョンヤン』は、両親と兄の家族を撮り続けることで、組織や国家、そして市民さえもが家族を離散させてしまう悲劇の根本的要因を浮き彫りにする。

　映画では元山港発のバスから見えた、平壌までの距離を伝える標識が映し出されている。梁英姫はこの標識を見たときの衝撃を、車の振動でぶれた映像を通して伝えようとした。「すぐ隣にある朝鮮半島の北半分だけが、なぜこんなに遠いのか」（同：12-13）という思いが、突如としてわいたのである。平壌はただ「兄たちが生きている街」（同：91）であるのに、容易に往来のできない場所であった。彼女はその街に「ディア」という言葉を付す。二つの国で生きることになった家族を見つめることは、兄たちを送り出した両親との溝、それを後押しした歴史的な溝を埋めるための文化実践であった。

おわりに

　酒井直樹は『死産される日本語・日本人』において「中華中心の秩序から離れ、国際世界の中で国民国家として国民共同体を制作することを決意して以来、日本の国体 nationality は、西洋対日本という地政的な配置の中でしか可能」ではなかったと述べている（酒井 2015: 7）。近代化の過程において、日本はアジアの他国を「西洋対日本」という配置のなかで蔑視していったのである。そしてアジアにおける日本は、フランツ・ファノンの語ったフランスの如く即自的に存在する統合体として今も想像され続けている。こうした幻想が深沢夏衣の言う非歴史的な「物語」を下支えしているのだ。

　その意味でも共生や共存を語る前に、日本という幻想を学び落とし、歴史的な移動の「物語」を学び続ける必要がある。「日本」という想像的トポスを揺るがし、国や民族の間の境界を横断し続けてきた民衆に焦点を当てる在日朝鮮人の文化表象は、この点で多文化共生の倫理を確立するための重要な

第Ⅰ部　多文化共生をめぐる過去／現在との対話

文化実践であり続けている。梁英姫が平壌を兄の暮らす街とみなしたように、他者も同じ人間であり、他国にも同じ人間が暮らしているという認識の契機を日常のなかに見出していくことこそが、多文化共生の始まりとなるのだ。

注

1　多文化共生については（朴鐘碩ほか 2008）、特に崔勝久および上野千鶴子の論考を参照した。またカナダ、オーストラリアの多文化主義については（西川 2013）を参照している。

2　1980 年代中頃から「共生」が用いられはじめ、アジアや自然、そして多文化という言葉と結びついていく経緯については、花崎（2002: 132）を参照のこと。

3　日本の朝鮮半島出身者およびその子孫に対する呼称・自称は多様であるが、本論では廣瀬陽一『金達寿とその時代』（クレイン、2016）および宋恵媛『「在日朝鮮人文学史」のために』（岩波書店、2014）の冒頭に付された用語解説を参照し、「在日朝鮮人」という表現を用いたい。また、日本の国籍取得者も民衆文化（運動）内の多様性を考えるため、本論では「在日朝鮮人」に含めることがある。

4　「対他的」という用語については、「おわりに」で後述する、酒井直樹『死産される日本語・日本人』（新曜社、1996）を参照した。

5　引用に際して海老坂武・加藤晴久訳『黒い皮膚・白い仮面』（みすず書房、1998）を参照し、*Peau Noire Masques Blancs* (Editions Du Seuil, 1971) と英語版 *Black Skin, White Mask* (Grove Press, 2008) に基づき一部改訳した。

6　野入直美は「アメラジアンはチャンプルーの構成要素になっているか？」で、総務省による「多文化共生推進プログラム」の報告書が出された 2006 年、県外出身者の野入らが沖縄で行った県民意識調査を紹介する。この調査では、基地に囲まれた沖縄で外国人との共生は可能かというアンケートが行われた。沖縄の来歴を顧みない共生に関する質問について、野入は歴史を考慮しない調査であったと述べている（野入 2010: 337）。このように多文化共生の推進には、非歴史的な文化認識に基づいて「共生」を推奨する危険性がある。

7　古代史に傾倒していく過程については金達寿の回想録『わが文学と生活』（青丘文化社、1998）の主に 249-258 頁および同書所収の姜在彦・李進熙「解説・対談　激動の時代を生きた作家」275-276 頁を参照した。また、金達寿を取り巻く時代状況については廣瀬『金達寿とその時代』および宋『「在日朝鮮人文学史」のために』も参照している。

8　廣瀬は戦後も継承される「『帰化人』＝奴隷・贈答品」を前提とした「帰化人史観」

が、「皇国史観」と「表裏一体」であることから（廣瀬 2016: 276）、金達寿は古代史研究に乗り出していったと論じている。この点については廣瀬（2016: 274-293）を参照のこと。

9　クリフォード『ルーツ』（2002）の特に第1章 27-64 頁を参照した。

10　『対馬まで』所収「備忘録」には金達寿が出版した『朝鮮』（岩波新書、1958）が、在日本朝鮮人総聯合会（以下、朝鮮総連）から民族的ではないという理由で批判にさらされた顛末が描かれている（金達寿 1979: 154-163）。朝鮮民主主義人民共和国および朝鮮総連との関係の変化が、民族と文化を改めて問い直す契機になったと考えることができる。一方、宋恵媛は金達寿が「日本人読者が望むような朝鮮像」（宋 2014: 34）を時代の変化から描けなくなったことが、歴史家へと変貌した理由であると論じた。本論では後述する「近代化論」を契機に変貌していく日本社会が、硬直化する文化概念の問い直し、つまり古代史の探究へと金達寿を向かわせたと論じていく。

11　廣瀬（2016: 283-296）を参照のこと。廣瀬は坂口安吾の影響を金達寿にたどり、「物的証拠」（廣瀬 2016: 293）を重視する安吾の歴史研究を金達寿が引き継いだと論じている。

12　深沢夏衣のテキストについてはすべて、『深沢夏衣作品集』（新幹社、2015）より引用した。来歴についても同書の「略年譜」（深沢 2015: 718-726）を参照している。

13　『季刊まだん』創刊号で編者の一人金宙泰は、若い世代や「帰化」者、日本人妻といった周縁化された人々が参加できる発言の「広場」（マダン）を設けるため、この雑誌を発刊したと述べている（金宙泰 1973: 9-21）。

14　趙博は「在日の『文化的多様性』とは」（クレイン、2016）で尹健次『「在日」の精神史 3』（岩波書店、2015）に言及しながら、「在日の多様性」やアイデンティティをめぐる苦悩が日本人に消費されやすい「肌触りのいい文言」になる危険性を指摘する（趙博 2016: 5）。尹健次は多様性の喧伝により「民族差別の階級的性格」が見過ごされると論じる趙博を紹介していた（尹健次 2015: 174）。本論ではこの危険性について深沢夏衣も留意していた点を論じていく。

15　沖縄の作家目取真俊（1960〜）も米軍家族の幼児に対する破壊衝動を掌編小説「希望」（初出 1999 年、朝日新聞）で描いており、在日朝鮮人作家と沖縄の作家による文学が交差する点としてテロルの表象を分析していく必要がある。

16　例えば近年活躍する小説家深沢潮（1966〜）も、日本籍を取得した在日朝鮮人の立場から、深沢夏衣と類似した問題意識を近著『緑と赤』（実業之日本社、2015）で書き込んでいる。彼女は「多様化する在日」のみならず、日本人をも第一人称の登場人物として小説内に配置し、「在日問題」が「在日朝鮮人」の問題ではないことを描き出す。

17　多文化共生の推進は、経済のグローバル化がもたらす格差社会と連動する。そのため日本人労働者の労働環境も企業利益の点から改悪されてきた。その意味で社会

第Ⅰ部　多文化共生をめぐる過去／現在との対話

的弱者たる日本人との共生も、困難を伴うであろうが本来的には検討されねばならない。

18　日本の植民地主義を忘却へと追いやる「近代化論」については、ジョン・W・ダワー（2013）、酒井直樹「帝国の喪失と引きこもりの国民主義」（2013）、および中野利子（2014）を参照した。ダワーは歴史家でありカナダの外交官でもあったE・H・ノーマンの日本近代史に関する著作が、1960年以降、急速に読まれなくなった理由として、元駐日米国大使で東洋史の専門家であったライシャワー率いる箱根会議の開催を挙げている。60年代に始まるこうした国際会議では、植民地主義の歴史を周縁化する、計量政治学的な日本近代史の読み替え作業が行われた。

19　この節は小谷が共同研究で執筆した「エッセイ『ディア・ピョンヤン』と新潟を結ぶ道」（2008）を大幅に加筆修正したものである。

20　この節では水野・文京洙（2015）を主に参照し、在日朝鮮人の歴史を記している。

21　自伝エッセイ『ディア・ピョンヤン』（アートン、2006）の第5章および第6章によれば、演劇を通じて知り合った人からラジオのパーソナリティを打診され、梁英姫はメディアの世界へとび込んだ。20代の終わりからハンディカムのような撮影機材を用いてドキュメンタリー作品を制作しはじめている。ニューヨークの大学院時代に師事した教員の助言もあり、家族を撮影する企画を立てていった。映画は2005年に釜山で初上映され、日本では2006年に公開された。なお本章における梁英姫および家族の来歴についても同書を参照している。

22　特に『北朝鮮へのエクソダス』の「策略」と分類された85-196頁までの章を参照のこと。日本政府は生活保護といった公的福祉の点からも、排除を画策した（145-152頁）。

【参考文献】
....

李相和（2015）「いまは他人の土地——奪われた野にも春は来るか」高橋哲哉・徐京植編著『奪われた野にも春は来るか——鄭周河写真展の記録』高文研

李美子（2006）「多様化と空しさと」『社会文学　特集「在日」文学——過去・現在・未来』第26号、日本社会文学会

小谷一明（2008）「エッセイ『ディア・ピョンヤン』と新潟を結ぶ道」『2007年度共同研究《教養教育の戦略的再構築——メディア・人間・世界》』県立新潟女子短期大学教養教育の戦略的再構築・研究会

金敬得（2006）「第2章　在日コリアンにとって、国籍と地方参政権とは」田中宏武・金敬得編『日・韓「共生社会」の展望——韓国で実現した外国人地方参政権』新幹社

金時鐘（1970）『長編詩集　新潟』構造社

――.（1978）『猪飼野詩集』東京新聞出版局

金宙泰・金両基・呉炳学編（1973）『季刊まだん——在日朝鮮・韓国人のひろば』創刊号、創紀房新社

金達寿（1975）『日本の中の朝鮮文化5　若狭・越中・能登・越後ほか』講談社

___. (1979)「備忘録」『対馬まで』河出書房新社

___. (1994)『日本の中の朝鮮文化11　肥前・肥後・日向・薩摩ほか』講談社文庫

___. (1998)『わが文学と生活』〈青丘文化叢書3〉青丘文化社

クリフォード、ジェイムズ（2002）『ルーツ——20世紀後期の旅と翻訳』毛利嘉孝ほか訳、月曜社〔=1997, James Clifford. *Routes: Travel and Translation in the Late Twentieth Century.* Cambridge: Harvard UP〕

酒井直樹（2013）「帝国の喪失と引きこもりの国民主義」『現代思想』12月号、青土社

___. (2015)『死産される日本語・日本人——「日本」の歴史−地政的配置』講談社学術文庫

徐京植（1995）「文化ということ」『分断を生きる——「在日」を超えて』影書房

宋恵媛（2014）『「在日朝鮮人文学史」のために——声なき声のポリフォニー』岩波書店

高橋幸春（2008）『日系人の歴史を知ろう』岩波ジュニア新書

ダワー、ジョン・W（2013）「E・H・ノーマン、日本と歴史のもちいかた」『忘却のしかた、記憶のしかた——日本・アメリカ・戦争』外岡秀俊訳、岩波書店〔=2012, John W. Dower. 'E. H. Norman, Japan and the Uses of History' in *Ways of Forgetting, Ways of Remembering: Japan in the Modern World.* NY: New Press.〕

趙博（2016）「在日の「文化的多様性」とは」『抗路　特集「在日」の多様性』2号、抗路舎、クレイン

中野利子（2014）「ハーバート・ノーマン——忘れられた歴史家・外交官」趙景達・原田敬一・村田雄二郎・安田常雄編『東アジアの知識人　第5巻』有志舎

西川長夫（2013）『植民地主義の時代を生きて』平凡社

野入直美（2010）「アメラジアンはチャンプルーの構成要素になっているか？」石原昌英・喜納育江・山城新編『沖縄・ハワイ——コンタクト・ゾーンとしての島嶼』彩流社

朴鐘碩・上野千鶴子ほか著、崔勝久・加藤千香子編（2008）『日本における多文化共生とは何か——在日の経験から』新曜社

花崎皋平（2002）『〈共生〉への触発——脱植民地・多文化・倫理をめぐって』みすず書房

廣瀬陽一（2016）『金達寿とその時代——文学・古代史・国家』クレイン

ファノン、フランツ（1998）『黒い皮膚・白い仮面』海老坂武・加藤晴久訳、みすず書房〔=1971, Fanon, Franz. *Peau Noire Masques Blancs.* Paris: Editions Du Seuil./ =2008, Fanon, Franz. *Black Skin, White Mask.* Trans. by Richard Philcox. New York: Grove Press.〕

深沢潮（2015）『緑と赤』実業之日本社

第Ⅰ部　多文化共生をめぐる過去／現在との対話

深沢夏衣（2015）『深沢夏衣作品集』新幹社
水野直樹・文京洙（2015）『在日朝鮮人──歴史と現在』岩波新書
武者小路公秀監修、浜 邦彦・早尾貴紀編（2008）『ディアスポラと社会変容──アジア
　　系・アフリカ系移住者と多文化共生の課題』〈アジア太平洋研究センター叢書 3〉
　　国際書院
目取真俊（2013）「希望」『面影と連れて　目取真俊短篇小説選集 3』影書房、初出
　　1999 年
モーリス-スズキ、テッサ（2007）『北朝鮮へのエクソダス──「帰国事業」の影をたど
　　る』田代泰子訳、朝日新聞社
尹健次（2015）『「在日」の精神史 3──アイデンティティの揺らぎ』岩波書店
梁英姫（2006）『ディア・ピョンヤン──家族は離れたらアカンのや』アートン

第3章

遅子建の小説にみる多文化共生

後藤岩奈

はじめに

「多文化共生社会」を共通のテーマとして文章を執筆することになり、筆者も、そもそも「多文化共生」とは何なのか、を考えることになった。「多文化共生」という語彙には、社会学的定義、文化人類学的定義など、様々な角度からの様々な定義があると思われるが、ここでは厳密な定義をするよりも、便宜上、「異なる民族、文化、風俗習慣、宗教、思想、異なる歴史背景を負った者、異なる社会的立場の者同士の相互理解と共存」というような、大雑把な括りで考えておくことにする。

そのうえで、中国近現代文学を専門とする筆者は、中国黒龍江省出身の女性作家遅子建の諸作品に注目した。彼女の作品には黒龍江省に存在する様々な民族とその文化、風俗習慣、宗教などが描かれており、筆者はそれらの様相、あるいはそれらの交錯に「多文化共生」のヒントがあるのではないかと考えた。このため、遅子建の作品のうち3編の小説、すなわち「北極村童話」『偽満洲国』『アルグン川の右岸』（原題『額爾古納河右岸』）を取り上げて、「多文化共生」の意味について考えてゆきたいと思う。

59

第 I 部　多文化共生をめぐる過去／現在との対話

I. 遅子建について

　I 節では、まず作者である遅子建の経歴についてみておく[1]。遅子建は1964 年 2 月 27 日、黒龍江省漠河県北極村で生まれる。父親は小学校の校長で、母親はもともと地元の放送局の放送員であったが、遅子建が生まれたときは専業主婦であった。遅子建は 3 人きょうだいの真ん中で、姉と弟がいる。その後、塔河県永安で育つ。1970 年、6 歳で北極村の母方の実家に預けられ、1 年ほど祖父母と暮らしている。71 年に永安に戻り、塔河の小中学校で学び、1981 年に大興安嶺師範学校に入学し、83 年から創作を始めている。1984 年9 月、同校を卒業して塔河の永安中学、塔河第二中学、地区師範学校の教師となる。

　1985 年 1 月、雑誌『北方文学』新年号に最初の作品「那丢去了……」を発表する。1986 年には、1984 年より書き始めた「北極村童話」を雑誌『人民文学』2 月号に発表、これが事実上のデビュー作となる。同年父親が死去する。

　1987 年春、北京の魯迅文学院短期班に参加。同年秋、西安の西北大学の作家班に参加。1988 年、北京師範大学と魯迅文学院合同主催の第 1 回作家班に参加する。1989 年、ハルビンで雑誌『北方文学』の編集の仕事に就き、読書と執筆に専念する。1996 年、「霧月牛欄」で第 1 回魯迅短編賞を受賞。1998 年に結婚しているが、2002 年、夫の黄世君は交通事故で死去している。2007 年、2005 年の「世界上所有的夜晩」で第 4 回魯迅文学賞を受賞、『額爾古納河右岸』で第 7 回茅盾文学賞を受賞している。

　以下、II ～ IV 節で遅子建の作品の内容についてみてゆくことにする。

II. 「北極村童話」

1. 作品について

「北極村童話」は 1986 年『人民文学』第 2 期に掲載された遅子建の自伝的

60

小説である[2]。遅子建は 1983 年から創作を始めているが、この「北極村童話」が事実上のデビュー作とされている。遅子建は 1970 年から 71 年までの 1 年間、両親、姉、弟と離れて、母方の実家である黒龍江省漠河県北極村の祖母の家で暮らしている。この突然の別離の理由ははっきりとはわからないが、遅子建の母親の妹夫婦に子どもがいなかったため預けられた、ともいわれている。「北極村童話」は、このときの自身の体験に基づいて書かれたもので、父母、姉、弟ら家族と別れて、母方の実家である祖母の家に預けられた 6 歳（かぞえ年で 7 歳）の少女の物語である。

　物語は、母と姉、弟が汽船に乗って出港し、主人公である「私」が残される場面から始まる。何の理由も聞かされずに家族と離れてショックを受けつつも、大興安嶺の大自然に囲まれた祖母の家で、私は祖父母、叔父、叔母、愛犬とともに暮らし、農作業を手伝い、様々な体験をする。この中で、私は集落の人たちに「ソ連さん」と呼ばれる一人のロシア人のお婆さんと接することになる。

　この節では、私とこのソ連さんとの交流についてみてゆくことにする。以下、私とソ連さんに関わる内容を中心に要約してみる。

2．作品の内容要約

　母方の実家である祖母の家で、祖父母、叔父、叔母と一緒に暮らし始めた私。ある日、私は祖父と野菜畑で仕事をしていると、彼から「ソ連さんに会ったか？」と聞かれ、それが誰なのか、疑問に思う。祖母と一緒に寝るとき、ソ連さんとは誰なのか尋ねるが、はっきりと教えてくれない。私はそのお婆さんの夢を見る。

　ある日、トウキビ畑で作業をしていると、隣接する畑の脇の家から、背が高く、痩せて、黒いスカートを穿いたお婆さんが出て来る。声をかけられ、「字を覚えたい？」と聞かれて、彼女の家に行くことになる。

　　　彼女はトランプ、ダイヤモンドゲーム、手習い本、蓄えておいたソラマメなどを取り出して、テーブルいっぱいに並べた。彼女は私に、

61

第Ⅰ部　多文化共生をめぐる過去/現在との対話

字や歌、切り紙、糝粉細工の人形作りを教えてくれると言った。そして、
ここに来たことは他の人には言ってはいけないよと言った。

（遅子建 1986: 42）[3]

私は、何もかも承知して、家に戻る。

大雨の日、私は、お婆さんはどうして一人なのか考えていた。雨が止むと
お婆さんの家に行く。彼女のスカートはアサガオそっくりであった。「ハチ
の歌」を歌う。お婆さんにどうして一人暮らしなのかを尋ねると、「彼女は
かすかに顎をしゃくりあげ、目の窪みに何かが一瞬光ったが、すぐ消えてし
まった」。私は自分の名前を彼女に告げる。

熱を出した私。熱が下がると、こっそりとお婆さんに会いに行く。お粥を
炊いているお婆さん。絵や文字が書かれたカードを使ってゲームをし、字を
習い始める。毎日5文字ずつ教わり、翌日テストをして、間違えると、そら
豆や炒り種を食べさせてくれなかった。

中秋節の夜、祖母が目を離した隙に、月餅を手にしてお婆さんの家に行き、
お婆さんと月餅を食べ、一緒に歌を歌う。アムール川の川岸に出て、お婆さ
んが語るのを聞く。

　　彼女が言うことには、彼女の家はアムール川のむこうの、とっても
遠いところにあるそうだ。そこには緑の草原があり、とっても綺麗な
木造りの家があるという。彼女は若い頃、訳も分からずに父親と一緒
にやって来たのだと、しきりに溜息をつきながら言った。さらに彼
女は若い頃はとても綺麗だったそうで、知恵遅れの息子が一人いるが、
今は山東にいる、彼女の夫が連れていったそうだ。政治運動が始まると、
夫は肝を潰して、彼女を一人置いて、行ってしまったのだという。

（同: 47）

私が家に戻ると、祖母に嫌みを言われる。

冬の準備が始まる。「私は隙を見て一度お婆さんを訪ねて行った。彼女は
とても痩せていた。私が弁解するまでもなく、彼女はすべてを察していた。

彼女はほとんど私と話さなかった」。ヒマワリの種を炒ってくれたが、「彼女は私に家に帰るよう言い、ついには荒っぽく私をドアから押し出した」。

冬が訪れ、雪になる。私はお婆さんが話してくれたマッチ売りの少女の物語を思い出す。私は雪の上で鳥捕りをする。祖母とお婆さんの二人が、窓辺に立って見ていた。お婆さんが元気でいることがわかった。

師走。年越しの準備で追われるなか、私は一人ぼっちのお婆さんの家を訪ね、一緒に肉無しの餃子を煮る。鳥捕りをしていたときの私の様子を話してくれた。私が父から手紙で家に帰るよう言われたことを告げると、お婆さんはふさぎ込んでしまう。

師走の28日、猴バアが家に駆け込んで来て、ソ連お婆さんが亡くなったことを告げる。

> 「お婆さん！　お婆さん！」私は家に入ると、立ちすくんだ。
> お婆さんは静かにそこに横たわっていた、目をひらいて、少しも動かずに。彼女の枕元にはたくさんのカードやヒマワリの種が散らばっていた。彼女はいつものとおり黒いスカートを穿き、褐色のスカーフを首に捲いて、髪はきれいに梳かされていて、きちんとしていた。彼女は眠っている、眠っているんだ、声をかけちゃいけない。お婆さんはソラマメを剝くのに疲れたんだ、少し休ませてあげないと。私は腰掛に座って、ぼんやりとそう思った。　　　　　　　　　　　（同：52）

私はお婆さんの目を閉じてやる。

母から手紙が来る。家族がみな会いたがっているので、すぐに帰るように、とのことだった。先祖を偲ぶ清明節の日、私はお墓詣りをし、ソ連お婆さんのお墓にも行く。後ろには祖母も立っていた。

私は父母のいる家に戻るため、汽船に乗って、祖母、祖父、叔父、叔母と別れ、多くの体験をしたこの北極村を離れる。

第Ⅰ部　多文化共生をめぐる過去／現在との対話

3. 作品からみられるもの

　主人公の少女「私」は冒頭で、その理由を告げられずに、突然、母、姉、弟との離別に遇う。この離別にはそれなりの理由があったと思われるが、作品中では述べられていない。少女は恐らく大変なショックと悲しみを受けたであろうと推測される。その後、母方の祖父母、叔父叔母との生活が始まるが、寂しさ、孤独感に苛まれたことであろう。また「私」は好奇心の旺盛な少女で、祖父母の想定外の言動をとり、叱られて、時には罰を与えられてしまう。その行動が周囲から理解されない。本人は自分の気持ちに忠実に、時には良かれと思ってやっていることもあるのだが。

　「私」がある日出会った老婆ソ連さんは、作品中で自ら語るところによると、若いころ父親とともにアムール川を越えて中国領に来た女性で、中国人男性と結婚し、知恵遅れの一人息子がいるが、のちに夫は「災い」を恐れて、息子を連れて山東省に行った、とのことである。

　当時の中国の政治状況、中ソ関係から考えると、1949 年の新中国の成立以降、中国とソ連はともに社会主義国として友好関係にあったが、1956 年のソ連共産党のフルシチョフのスターリン批判以降、中国とソ連は国際共産主義運動上の路線対立が生じ、それは 1969 年に至り、ウスリー川などの中ソ国境地帯での武力衝突にまで発展した。また、この時期の中国国内は「文化大革命」の時期であり、政治思想面での極端な統制が行われていた。作品中では詳細に述べられていないが、このソ連お婆さんの中国人の夫も、「敵国人」の妻をもつことで自分に政治的な批判が及ぶことを恐れて、息子を連れて故郷の山東省に戻ったのであろうし、また、「私」の祖父母も含めた周囲の人々も、ソ連さんに接することで、「敵国人」と接触したとの批判、攻撃を受けることを恐れて、日常的に彼女に接しないようにしていたのだろうと推測される。ただ、祖父が「私」に「東の端のソ連さんに会ったか」と尋ねているように、また猴バアがソ連さんの家から煙が立たなくなったのに気づいて家を訪ね、彼女の死を知るように、その存在は気になっていたようであるが。

　このような、恐らく「家族から見捨てられた」と認識していたであろう少

64

女の「私」と、政治的理由で、普段接する人がおらず、孤独に過ごしていて、また夫と子どもにも去られ、年齢的には「私」と同じくらいの孫がいてもおかしくない年齢の老婆が出会い、短いながらも一緒の時間を過ごすことになる。この「私」とソ連さんの交流のエピソードは、人種や世代が違っていても、その置かれている境遇から、お互いにわかり合い、共感し、相通じるものを感じ、共有できるものをもつことができるということを表しているようにも思われる。

Ⅲ．『偽満洲国』

１．作品について

長編小説『偽満洲国』は、雑誌『鐘山』2000 年第 3、4 期に掲載された。掲載時の題名は「満洲国」であったが、同年、作家出版社から単行本として出版される際に「偽満洲国」と改題されている[4]。

この作品には、1932 年の日本の傀儡国家ともいえる満洲国の建国から 1945 年のその崩壊までの時期の、中国東北部に居住している様々な階層、職種、人種、民族、宗教の人々とその生活、生き様が描かれている。この作品の中から、多文化共生の問題を考えるうえでヒントになりそうだと思われる箇所を引用、紹介してみることにする。

２．作品からの引用、紹介

（１）元馬賊の胡二とオロチョン族

朱運山を頭目として遼河両岸で活動している馬賊の一群がいた。その数は 40 数人、活動して 10 年になる。この馬賊の一員であった胡二は射撃の名手で、義理堅く、女と酒が好きな男だった。ある日、この一群は大富豪張隆発の家に強盗に入る。胡二は張隆発の日本人妻をさらうつもりであったが、間違えて中国人小間使いの紫環をさらってしまう（1933 年）。朱運山の死後、二人は北上して大興安嶺に行き、オロチョン族の居住地域に住むことになる

65

第Ⅰ部　多文化共生をめぐる過去／現在との対話

(1934 年)。

> オロチョン族は、夏には撮羅子（テント型の、移動可能な白樺の皮で作った住居）に住み、狩猟で生計を立てていた。彼らは騎馬、酒が好きで、彼らの客人のもてなしの決まりは、客人を大いに酔わせることであった。彼らは漢族とは割と友好的であったが、彼らはオロチョン族以外の者と一緒に住むことは好まなかった。胡二は紫環とともに山中で独自に住んだ。夏は撮羅子に住み、冬は地窨子で眠った。
>
> （遅子建 2000a: 133）

　胡二はその気質からか、オロチョン族とも仲良くなり、よく交流することとなった。冬の住居である地窨子は、外がどんなに寒いときでも、内部は春のように暖かであった。

　この地には、人間とも鬼とも見える怪物のような存在の「烏日楞」がいた。彼はもともと山地の産物を採る山の民で、山で道に迷い、森の中で動物たちと長年生活してきた人物とも、日本人の道案内をしていて遭難した人物ともいわれている。彼は薬草がわかり薬を作る。不妊症であった紫環にも薬草を与えて治し、子どもが生まれ、除歳と名づけられる。烏日楞も「神の医者」との名声が広まる。

　春になると、5 月の春祭りのとき、各地の「シャーマン神」が集まって来て、踊りを舞う。「シャーマン」（原文「薩満」）とは、ツングース系狩猟民族に見られる宗教儀礼「神降ろし」（原文「跳神」。神がかりになって踊ること）を行う者（巫女）である。

> 彼らは鉄の角が嵌めこまれた神帽をかぶり、奇妙な服を着ており、そのあと空地で神降ろしを舞うのである。参加するオロチョン族は馬に乗って来て、馬の背にはノロやヘイカンなどを丸ごと献上品として載せており、それらを並べる。シャーマンが空地の中央で舞い、オロチョン族の人々はその空地の四方でお祈りをする。お祈りする神は「太陽神」「月神」「火神」「シャーマン神」「祖先神」「男神」「女神」「孟姓

神」「郭姓神」「狐仙神」「子供の神」「かまど王神」等等である。

(同：230)

　オロチョン族は、万物に霊が宿るとして信奉し、静止不動の事物はすべて
生命をもつとされた。このような信仰は、日本の原始以来の民間信仰である
神道の「八百万の神」にも共通するところがあるように思われる。
　1935年。除歳が病気になり、烏日楞も病に倒れたため、紫環はオロチョ
ン族のシャーマン神に鬼を追い出してもらうため、「神降ろし」をしてもら
う。老シャーマンが様々な色の神衣を着て、烏吐文（神鼓）をもち、瑪瑙
の恩克（首飾り）を掛けた姿で現れ、紫環に窓の簾や入口を閉めるよう言い、
さらに外に出るよう言った。その後、地窨子の中からシャーマンの沈んだ歌
声が聞こえてくる。

　　　　子供よ、子供、八つの波、
　　　　朝の太陽を逃しちゃだめだ、
　　　　夜の太陽はとっても暗い、
　　　　雨の日の太陽には虹が出る、
　　　　冬の太陽はとても短い、
　　　　子供よ、子供、
　　　　お前が父さんのところに戻ったら、
　　　　母さん、花の服を用意してるよ、
　　　　父さん、金を用意してるよ、
　　　　母さん、銀を用意してるよ、
　　　　子供よ、子供……

(同：232-233)

　その後、除歳の病気はよくなる。
　紫環は、夏の日に川で見かけた情景を思い出す。それは黄昏時で、残る夕
陽で川面に金色の光陰が浮かび上がり、彼女は食後にシーレンジュを出て、
川辺に向かった。このとき、川の上流から、筏に載せられ生花で飾り付けら
れた女性の遺体が流れてくるのを目にする（1938年）。「シーレンジュ」（原文

第 I 部　多文化共生をめぐる過去／現在との対話

「斜仁柱」）とは、オロチョン族やエヴェンキ族が住まうテント式の住居である。

　　　……それは二本の白樺で結ばれた数本の木材の筏に穏やかに横たわっており、静かに下流へと流れてゆく。そのあたりの川の流れは急ではなく、現地の人に「如意」と呼ばれる遺体を運ぶこの道具は、とてもゆっくりと流れてゆき、紫環は川岸に沿って歩きながら、その女性をもっと見てみたいと思った。如意は川の中央まで行ったので、紫環には女性が着ている黒布と色とりどりの野の草しか見えず、女性の顔ははっきりと見えなかった。

（同：429）

　川をゆっくりと流れてゆく、生花で綺麗に飾り付けられた女性の遺体は、紫環の目には、まるで生きて呼吸をしているように映り、魚となって自然に帰ってゆくように感じられた。

　1941年。薬草作りの烏日楞が死に、オロチョン族の葬礼「風葬」が行われる。4月の末、烏日楞はナイフでノロの肉を削いでいるときに、突然身体が引きつって痙攣し、倒れて息絶えた。老人シャーマンは、烏日楞の死因は心臓病だと言うが、紫環はそのような言い方をして欲しくなかった。

　オロチョン族は、同族の者が死ぬと、白樺の皮を獣の筋で縫い合わせたお棺に死者を眠らせる。そのお棺は太い楠に吊るされ、翌年の死者の命日に下ろされる。このときお棺には骨だけが残っている。そして人々は再度、死者のために正式な追悼を行う。これはオロチョン族の習慣に基づく葬礼で、「風葬」という。この日には、死者の生前の猟犬と、彼が乗っていた馬が殺される。

　　　四つの足をノロ皮の縄できつく木に縛られ、頭は鹿皮の環で高く吊るされ、眉間には野の花、紅百合、白の芍薬、紫の菖蒲、火柴頭花、黄色い菊などが挿される。日が暮れて辺りが暗くなると、神衣を着たシャーマンがいくぶん酒気を帯びて現れ、彼らは主人から献上された白樺の大きなお椀で三杯の強い酒を飲んだ後、ものも言わずに鋭

い斧を持って馬の前にゆく。馬が油断している隙に、祈りの後、力を
込めて斧を振り上げ、眉間に深く切りつける。夕焼けが終わった頃だが、
馬の眉間から噴き出した血は、まるで真っ赤な夕焼けが突然空に舞い
上がったようで、眉間の野の花の花びらは濡れてバラバラに散り、どん
な色の花も、最後には真っ赤になり、見るに忍びない。

(遅子建 2000b: 570)

　シャーマンは熊皮の神嚢から神牌を取り出して並べ、馬の血を自分の顔に
塗り、跪いて拝み、獣皮の太鼓を叩いて歌う。紫環はこのような葬礼に感動
し、死んだ烏日楞もこうすべきだと思っていた。しかしオロチョン族以外の
者はこのような待遇を受けられず、烏日楞の葬儀は土葬でしかなかった。彼
女は思う、烏日楞は奇特な人なので、仮死しているのかもしれず、「風葬」
にして木にぶらさげておくと、奇跡的に生き返るかもしれないと。しかし烏
日楞は土葬にされ、彼の息吹きは土で止められてしまった。

（2）楊昭と仏教
　日本軍による平頂山の虐殺で生き残った楊浩を助けた糞拾いの老人には、
18歳の双子の息子、楊昭と楊路がいた。妻の死後、老人は二人に、それぞ
れ二つに割った銅鏡を渡し、自分の好きなことをして、自由に生きるよう
言って、家から出す（1933年）。
　兄の楊昭は宗教に関心をもっていた。1935年、神霊に関わる所を廻り、
朝鮮族居住地である長白山の霊光塔へ行くが、そこで一人の中年の男が、
「もったいぶって座っているだけで、何の役にも立たん。衆生済度が何だ！」
と言って仏像を壊していた。僧侶たちに取り押さえられると、男が大声で泣
き叫んで言うには、妻が日本兵に強姦されて、辱めに耐えられずに自殺した、
綺麗で、賢くて、親孝行で、子どもにも優しい妻だったという。楊昭は「言
葉にできない寂しさを味わった」。
　楊昭はいくつかのギリシャ正教の教会を訪ねた。これらの教会は、ロシア
による中東鉄道の敷設に伴い、多く建てられたものであった。

第Ⅰ部　多文化共生をめぐる過去／現在との対話

　　　彼はアーチ型の教会が好きで、それは向上への開放的な感覚を与え、
　　まるで霊魂の向上を牽引しているようであった。また彼は教会の燭光
　　やミサのときの人々の荘厳かつ神聖な表情も好きだった。彼は喜んで
　　宣教師になった。
　　　　　　　　　　　　　　　　　　　　　　　　　　（遅子建 2000a: 570）

　しかし彼の宣教師生活は順調ではなかった。教会は多くロシア人に独占さ
れており、さらにフランス人、ドイツ人もいた。

　　　神父たちは入教する中国人宣教師に対して常にある種の疑いの目を
　　もっていた。彼らは祖先三代の中に犯罪歴があるかどうか、賭博、阿片、
　　淫売がないか問いただし、疑い無しと確証した後も、さらに彼の文化
　　的レベルと健康状態について深い疑問を発し、まるで神父が天国への
　　門を独占しているようで、田舎出身の楊昭が堂に入るのは困難であっ
　　た。
　　　　　　　　　　　　　　　　　　　　　　　　　　　　（同 : 201）

　その後、楊昭は宣教師になることへの確信を失う。ギリシャ正教は、楊昭
個人の内面を高揚、発揚させるものであったが、その一方で、ロシア人や
ヨーロッパ人の宣教師には、中国人への差別的、抑圧的な面もあったようで
ある。
　ある秋の日、楊昭は賓県郊外で一人の肉屋に出会った。彼は見たところ
四十過ぎで、彼が言うには、自分は仏教徒で、肉は食べないという。しかし
生活のために殺生せざるをえないという。そのため罪滅ぼしのために、この
周囲十里の人々に、籠を開けて鳥を放すよう説得してまわったという。
　ある日、肉屋の妻に、次男と7歳になる末娘の面倒見を頼まれた楊昭は、
二人を街に連れて行くが、馬車を引いた馬が暴走し、末の娘は引きずられて
死んでしまう。罪の意識に苛まれる楊昭。

　　　肉屋夫婦は一言も楊昭を責めることはなく、徹夜で念仏を唱え、娘
　　の魂を済度して、彼女が西の方の極楽の世界に行けるように祈った。
　　彼らの表情は暗かったが、依然としてやるべきことをやっていた。彼

らの生命の消失に対するこの大いなる悟りの精神に、楊昭は深く感動した。この年の冬、彼はハルビンの極楽寺を訪れ、僧侶となり、念仏を唱え苦しい修行生活を始めた。 (同：206)

　1943 年、楊昭は腫瘍の病気を治すため賓県の高名な医者を訪ねて手術をし、肉屋の家で養生する。この家の息子拳頭は楊昭のことが好きで、彼の父が医者から聞いた話として、楊昭は長く生きられないとのことであった。医者の言う「現生は来世であり、来世もまた現生である。生中に死あり、死中に生あり。往々来々永久に終わり無し」という言葉を聞き、楊昭はチベットに行くことを決める。

（3）李香蘭
　元新京の小学校の歴史教師の鄭家晴は、仲間と行っていた「読書会」（表向きは学問討論会であったが、実は抗日活動であった）が、仲間の逮捕によって解散した後、大連に行き、友人の沈初尉の会社で働く。そして沈初尉の姉沈雅嫻と結婚する（1934 年）。沈雅嫻は映画女優を志望しており、自分の売り込みのために、たびたび映画製作所に足を運んでいた（1936 年）。1939 年のある日、沈雅嫻は鄭家晴に一冊の画報を見せる。

　　「彼女、綺麗でしょう？」鄭家晴はちらりと見て言った。「まあまあだな」「なんて可愛い顔なんでしょう」沈雅嫻は画報を指さして言った。「なんで"まあまあだな"しか言わないの？　男の人が見たら、眠れなくなるんじゃないの」沈雅嫻はふいに指で画報の女性の鼻や、目、口に触れ、要するに彼女の眼中では、この女性は完全無欠なのであった。沈雅嫻は言った。「この人が李香蘭よ！　あなた李香蘭を知ってる？もともと奉天放送局の歌手だったけど、今は新京に行って映画にも出て、すごい人気なの！　今晩、私たち彼女の『蜜月快車』を見に行きましょう、みんなとてもいいって言ってるわ。知ってる？　李香蘭は一ヶ月に二百元以上も稼いでるそうよ！」 （遅子建 2000b: 448-449）

第Ⅰ部　多文化共生をめぐる過去/現在との対話

　鄭家晴は、いつまでも話を止めない沈雅嫻を適当にあしらっていたが、画報の李香蘭の写真を見て、その美しさ、艶めかしさ、明るい印象を認め、この容貌や風格なら人気スターになるのも当然だと思った。だが、日本人を中心とする満洲映画協会が製作した映画なので、日満親善を宣伝する映画だろうと思うと、急に興醒めする。そして沈雅嫻が部屋を空けた隙に、わざと湯呑みを画報と新聞に倒す。新聞は濡れて字がぼやけてしまい、李香蘭の目や頬に菊の花が浮かんでいる。部屋に戻った沈雅嫻は慌てて画報の水滴と菊の花びらを払ったが、水は紙に浸みていて、菊の花びらは萎んで落ちてしまった。沈雅嫻は「見せた時には興味ないふりして、私がいないとこっそり見るのね、魂でも抜かれたんじゃないの？　女の人を見たことないの！」と怒る。鄭家晴は謝り、「今晩一緒に李香蘭の『蜜月快車』を見に行こう」と誘うが、「あなたが李香蘭を見たいんでしょう？」と、二人は口論になる。

　李香蘭はその主演映画により満映での不動の地位を確立した。満洲国では彼女はすでに大スターで、多くの人がその顔を知っていた。彼女は演技をすること、異なる役柄で喜びや悲しみを演じること、スタジオの中の雰囲気が好きで、レンズに向かうと、彼女は自分の本当の魂が抜け出て、もう一人の霊魂は静まり、彼女の体を衝き動かし、歌ったり泣いたりした。

　満洲映画協会では、監督やカメラマン、脚本家などは基本的に日本人であったが、俳優はその多くが中国人であった。李香蘭は彼らとはうまくいっていた。撮影の合間には、戸外で食事をしながらおしゃべりをした。時には映画の脚本について議論し、異なる意見も出た。

　　李香蘭は気づいたのだが、たとえ異なる意見が述べられても、最後にはやはり監督の意向に合わせることになり、時には面白味がなかった。その後、彼女はだんだんと分かってきた。満映が撮る作品はすべて「日満親善」「五族協和」を宣伝するためのものであり、ストーリーの設定は、当然彼女が口を出すことはできなかった。ただ時には、自分は生身の人であるのに、何を演じたいかについては木偶の棒と同じで、他人から操られており、心中僅かに不満を感じていた。幸いいったん役にはまり込むと、何にでも適応できた。

（同：558）

第3章　遅子建の小説にみる多文化共生

　1941 年のある日、李香蘭は、「関東軍高級参謀」で「満洲国帝室御用掛」
（宮廷秘書）の吉岡安直の家を訪れ、満洲国皇帝の溥儀と面会する。

　　皇帝陛下は昨年の春に日本に赴き、日本の祖先である"天照大神"、
　三種の神器の銅鏡、剣と勾玉を持ち帰り、皇宮内の建国神社に奉納し
　た。同時に奉天などの地にもこの神社を数多く建設して人々に日本の
　祖先を信奉させ、満洲国の人々の強い不満を引き起こしたということ
　を、李香蘭もどこかで聞いたことがあった。（中略）李香蘭は、日本が
　天照大神を無理やり満洲の人たちに押しつけるのはよくないと思って
　いた。彼女は、仏様も親しみ深く、尊敬すべきだと思っていた。彼女
　はかつて中国の寺院で仏様をお参りしたこともあった。思うに、これ
　らすべては政治的な要素が混じっているようで、このように考えると、
　彼女は特に皇帝陛下に同情した。
　　　　　　　　　　　　　　　　　　　　　　　　　　　　　（同：563）

吉岡は皇帝陛下のために李香蘭主演の映画『白蘭の歌』を上映しようと言
い出すが、李香蘭の意見を聞いて上映せず、その埋め合わせに李香蘭に何曲
か歌って皇帝陛下のご来光を歓迎するよう言った。李香蘭はやむをえず三曲
歌い、最後に『荒城の月』を歌った。しかし途中まで歌ったところで、彼女
は、座って聞いている人たちがみな寂しそうな表情をしているのを見て、最
後の部分を歌わず、早々に終わりにし、みなにお辞儀をすると、みなは拍手
で彼女に応えた。

　　李香蘭はその瞬間急に、大自然は常に荒れ果てているが、明月はい
　にしえより続いている、しかし人は大自然よりも荒れ果てるのが早く、
　いつかきっと変わってしまうものなのだと思った。そのとき彼らの運
　命はどうなるのか？　残った夢に昔の山河や友人はいるのか？　彼女
　は思わず風に舞う柳絮のことを思った。彼女が歌うのをやめる時も、
　柳絮はやはり毎年一回、明るい晴天に舞い歌うのかと思うと、心に焼
　けるような悲しみと、深い痛みを感じた。
　　　　　　　　　　　　　　　　　　　　　　　　　　　　　（同：564）

73

第Ⅰ部　多文化共生をめぐる過去/現在との対話

　新京の綿打ち職人王金堂とともに関東軍に強制連行された祝興運には、娘
の祝梅、息子の祝岩がいた。祝梅は、日本政府が戦争支援の名目で金属を買
うのに協力して、鉄を集めて学校に供出し、校長から表彰されるが、日本が
戦争に負けると、校長や友人たちから嫌な顔をされるようになり、学校に行
きたくなくなった。たまに学校に行くと、宣伝用の掲示板に数枚の漫画が貼
られているのを見た。一つはヒトラーが自殺する場面で、さらに満映理事長
の甘粕正彦が自殺する場面もあった。甘粕の漫画は、左手に李香蘭主演の映
画のポスターを握っていて、右手は青酸カリをもっており、部下に「さっさ
と死ね！」と言っていた。

　　　祝梅はこの絵を見て、とても我慢できなかった。彼女は李香蘭の映
　　画が大好きで、彼女はこの世で一番美しい人だと思っていた。ある作
　　品は、ストーリーは覚えていないが、李香蘭のどの笑顔も彼女に深い
　　印象を与えた。祝梅は自分もこんなに綺麗だったらどんなにいいかと
　　思った。(中略)祝梅は、ヒトラーを唾棄するのはやり過ぎだとは思わ
　　ないが、李香蘭主演の映画のポスターを手に持った甘粕正彦を告発す
　　るのはとても我慢できなかった。
　　　　　　　　　　　　　　　　　　　　　　　　　　　　(同：864-865)

　彼女はこの漫画を破り捨てたかったが、掲示板の周りの人たちは、みな
笑って議論しており、彼女にはどうしようもなかった。

（4）開拓団員鈴木正保と張秀花
　1933年、満洲開拓団が佳木斯港に到着し、日本の北海道から来た団員中
村正保ら一行は永豊鎮へ向かう。団員らには満洲についての知識が無く、厳
しい気候や原住民の怒りに遇う。
　翌34年から満洲国政府は開拓団員に補助金を支給する特別政策を行い、
36年の末からは、開拓団員に家族をもたせるため、地元の未婚の女性を見
つけ、強引に団員に手配する「配給妻」を行っていた。配給妻の中には、子
どもが産めない体とわかり離縁される者もいた。

74

1937 年、中村は「配給」された 22 歳の満族の娘張秀花と結婚した。秋に張秀花は２、３日おきに実家に通っていたが、中村に妊娠したことを告げる。しかし友人からの話で、秀花には３年付き合った中国人男性がいるということを聞き、中村は秀花が実家に帰るのを禁ずる。

　秀花は女の子を産み、妮妮と名づけるが、中村は、生まれたのが結婚後７か月で、早すぎると疑う。出産して実家に帰った秀花は、従兄が結婚したことを知り、泣いて悔しがる。家に帰った秀花は、お腹にいる中村の子をわざと流産させる。

　長女の妮妮は、本当は秀花の従兄の子であった。強制結婚させられた秀花は日本人の子は産まないと誓っていた。秀花は初めての中村の子を流産させたが、その後は中村に気づかれて監視され、男の子を産んだ。中村は息子を溺愛したが、秀花は虐待した。大豆を息子の鼻と喉に詰め込むと、息子は死ぬ。秀花は後悔し、精神が正常でなくなる。

　秀花はある夜、庭に出て星を眺め、村の外に出、飢えた狼に襲われた。

3．作品からみられること

　宗教に関心をもつ楊昭が出会った肉屋は仏教徒で、「生」と「死」を対立するものとは考えていなかった。その考えは、肉屋の７歳になる娘が死んだときの態度にも表れていた。腫瘍の手術をした楊昭は自分自身の生命が長くないことを知り、医者の言った言葉、すなわち「現生は来世であり、来世もまた現生である。生中に死あり、死中に生あり。往々来々永久に終わり無し」という、「輪廻転生」ともいえるような、生き物の「生」と「死」を一体となったもの、繰り返し継続するものと考える言葉に、仏教の悟りを求める決心をする。

　ギリシャ正教については、ロシアの近代化とともに中国に流入したもので、楊昭個人の内面を高揚、発揚させるものであったが、その一方で、当時のロシア人、ヨーロッパ人の中国人への差別的、抑圧的な体質についても言及されている。

　李香蘭、本名山口淑子は実在の人物で、父親が南満洲鉄道株式会社の職員

第Ⅰ部　多文化共生をめぐる過去／現在との対話

である日本人の家庭の出身で、中国で生まれ育ち、教育を受け、満洲映画協会から中国人女優李香蘭として売り出された女優であった。彼女はこのような自身の経歴から、中国にいる日本人と中国人の双方の気持ちがわかる存在であり、またそうであるがゆえに両者の板挟みになり、そのために悩み、葛藤したという[5]。

　作品中の李香蘭は、日本の祖先とされる天照大神を祭る神廟が奉天などの地に数多く建てられ、中国人に日本の祖先を信奉するよう呼びかけられたことに対して、「日本が天照大神を無理やり満洲の人たちに押しつけるのはよくない」と考える。もともと、日本の原始以来の民間信仰であった神道は、万物に神が宿るとする八百万の神をもつ多神教であったが、明治の時代になり、政府の神道国教化政策により「国家神道」という日本の天皇家を信奉する国教となった[6]。この国家神道の信奉が満洲国でも国民に強要されることになったのである。李香蘭が日本では名曲とされている歌曲「荒城の月」を歌う場面もあるが、この時代、この状況下の満洲では、聞く者の心を悲しくさせるものとなっており、また歌う彼女の心も痛めるという描写となっている。

　沈雅嫻や祝梅のエピソードについてみてみると、李香蘭の出演した映画は、内容的には満洲国のプロパガンダではあったが、彼女の美貌、美しい歌声、その演技力、キャラクター、存在感が、中国の人々の心に深く残るものであったことを示す描き方となっている。

　満洲国開拓団員として満洲に入植した日本人中村正保は、満洲国政府の政策によって、「配給妻」となった満族の女性張秀花と結婚した。しかし張秀花は従兄の子どもを身籠っており、日本人の子どもは産まないと誓っていた。彼女は中村との間にできた子を流産させたり虐待したりして、悲劇的な結末を迎えることになる。

　オロチョン族の信仰や生活習慣については、次節において、エヴェンキ族の信仰や生活習慣について述べる際に、まとめて述べることにする。

第 3 章　遅子建の小説にみる多文化共生

Ⅳ. 『アルグン川の右岸』

1. 作品について

　長編小説『アルグン川の右岸』（『額爾古納河右岸』）は、2004 年末より 2005 年 5 月にかけて執筆され、雑誌『収穫』第 6 期に掲載された。単行本は同年 12 月に北京十月文芸出版社より、2010 年 10 月には人民文学出版社より出版されている[7]。

　アルグン川とは、ロシアと中国の国境であるアムール川（黒龍江）の上流の呼称で、その右岸が中国領である。この小説は、中国の 55 の少数民族の一つであるエヴェンキ族の物語である。エヴェンキ族は、バイカル湖東南部を原郷とし、黒龍江省の大興安嶺山脈の北嶺、遼寧省などに居住し、古くからトナカイ遊牧と狩猟生活を続けてきた少数民族である（土屋 2006: 67）。

　この小説は、エヴェンキ族の 90 歳になる老婆が、90 年の生涯および自分の出生以前の同族の伝承を、朝から夕方まで一日かけて回想して語るというものである。2005 年に執筆された作品の中で、主人公である老婆は 90 歳という設定になっているので、この老婆はおおよそ 1915 年前後に生誕した人物と考えておくことにする。この老婆は自分の名前を明かさず、「私」という呼称になっている。改革開放政策が始まって 27 年、政府の定住政策によって同じ氏族の者たちが住み慣れた山を下りて定住先に移る選択をするなかで、この老婆である「私」は、山に残る選択をする。

　この小説の中には、筆者を含め日本で生まれ育った者が普段ほとんど触れることがないエヴェンキ族の信仰、風俗習慣、その行動や発想が描かれている。それらの箇所を作品中から引用し、みてゆくことにする。

2. 作品からの引用紹介

（1）住居について

　政府の少数民族定住化政策で、市街地の郊外に定住地が建設され（2003 年ごろと思われる）、エヴェンキ族に対する移住政策が進められる。「私」のウ

77

リレン（原文「烏力楞」。エヴェンキ族の生活協同体）からも、多くの者が定住先であるブスーへの移動を決めるが、彼女は移住は考えなかった。

> 私は星の見えない家で寝たくありません、私はこの生涯、星とともに夜を過ごしてきたのですから。もしも夜中に夢から覚めた時、真っ黒な天井を見るようだったら、私の目は見えなくなってしまうでしょう。私のトナカイは罪を犯していないので、彼らが「監獄」に入れられるのを見たくありません。流れる水のような鹿の鈴の音が聞けなかったら、私はきっと耳が聞こえなくなるでしょう。私の足はでこぼこの山道に慣れているので、もしも私に毎日街の平らな小道を歩かせるなら、私の足はきっと二度と私の身体を支えることができないくらい疲れて、私は歩けなくなってしまうでしょう。私はずっと山野の清々しい空気を吸ってきたので、もしも私をブスーに行かせて、自動車のあの「おなら」を嗅せるのなら、私はきっと呼吸ができなくなるでしょう。
>
> （遅子建 2010: 2）

　星を見て、トナカイの鈴の音を聞き、山道を歩き、山野の空気を吸うことこそが、「私」にとって最も大切な生活であったのである。「私」は、自分の身体は「神霊が与えてくれたもの」なので、山でそれを神霊に返すべきだと考えており、孫のアンツォルとともに、山を下りることはしなかった。

（2）トナカイについて

　エヴェンキ族はトナカイを「アオロン」（原文「奥栄」）と呼び、「神から授けられたもの」としている。馬のような頭、鹿のような角、ロバのような身体、牛のような蹄をもつが、馬に似て馬でなく、鹿に似て鹿でなく、ロバに似てロバでなく、牛に似て牛ではないので、漢族は"四不像"と呼んでいる。トナカイは性格が温順で忍耐力に富んだ動物で、身体は大きいが、とても敏捷である。「アンダ」とはこの地を訪れる行商人たちのことである。

　　トナカイは全身が宝のようなもので、皮毛は寒さを防ぎ、茸角、鹿筋、

鹿鞭、鹿心血、鹿胎は、アンダが最も欲しがる高価な薬材であり、私たちの生活用品と交換できる。トナカイの乳は、朝、私たちが体に流し込む最も甘い清々しい泉水である。狩りをする時、彼らは猟師の良き助手となり、仕留めた獲物を背中に乗せるだけで、自分で安全に宿営地まで運んでくれる。移動する時、私たちが食べたり使ったりする物だけでなく、女性、子供、体が弱い老人も乗ることができ、また人の世話も必要ない。常に自分で食物を探し、森林は彼らの食糧倉庫である。苔とハナゴケのほかに、春には青草、ツクシ、さらにオキナグサなども食べる。夏には、彼らは白樺と柳の木の葉を食べる。秋になると、美しい林間のキノコは彼らが最も好んで食べるものである。彼らはとても大切に食べ、草地を通る時は、歩きながら少しずつ青草をかじるので、草地はいつも損なわれることはなく、緑をたたえている。彼らは白樺と柳の葉を食べる時も、少しかじるとすぐ離れるので、木々の枝葉はやはり生い茂ったままである。 (同：17)

　エヴェンキ族はトナカイとともに生き、彼らの生活には、トナカイは無くてはならない存在であった。

（3）火の神について
　エヴェンキ族は火神を崇拝している。宿営地では火は消えたことがない。
「私」が子どものころ、父リンクの兄（伯父）であるニトサマンが、ある物語を聞かせてくれた。昔、ある猟師が狩りに出かけたが、獲物がなく、怒りで焚火をナイフで突き刺したところ、翌日から火が起こせなくなり、湯も飲めず、食事も取れず、暖も取れず、飢えに苦しんだ。三日目、山の中で顔をナイフで傷つけられ苦しんでいる老女に出会う。猟師は自分が火の神を傷つけたことを知り、火の神に許しを乞うと、獲物も取れ、火も燃え出したという。
　エヴェンキ族の子どもたちは、年長者からこのような物語を聞くことで、火の大切さを知り、火種を絶やさないように守ることを学ぶ。
　宿営地を移動するときには、最も前を歩くトナカイにマルー神を背負わせ、

第Ⅰ部　多文化共生をめぐる過去／現在との対話

その後について歩くトナカイに火種を背負わせる。

　　　私たちは火種を厚い灰に埋めた白樺の皮の桶に入れ、どんなに困難
　　な道をゆく時でも、その明かりと温かさが私たちに付き添ってくれる。
　　ふだん私たちはよく動物の油を火に注ぐが、聞くところによると、私
　　たちの祖先神は良い香りを嗅ぐのが好きなのだそうだ。火の中には神
　　がいて、そのため私たちはその中に痰を吐いたり、水を注いだりして
　　はならず、不潔なものを放り込んではならない。　　　　　（同：29-30）

（4）「神降ろし」について
　オロチョン族と同様に、エヴェンキ族も神降ろしを行う。ニトサマンは
「私」の父リンクの兄（伯父）で、「私」の氏族の族長である。彼は「神降ろ
し」ができる。近隣のウリレンに住む、私たちとは違う氏族の人たちがニト
サマンを訪ねて来るとき、彼らの目的は神降ろしをお願いすることであった。
誰かが重病になったとき、彼らは樹号をたどってシャーマンのいるウリレン
を探し、シャーマンに病人の病気を取り除いてくれるようお願いする[8]。彼
らは贈り物としてカモやキジなどをもってきてマルー神に捧げる。シャーマ
ンが訪ねて来た人の求めを断ることはまずない。シャーマンは神降ろしを終
えて帰るとき、ふつう謝礼として一頭のトナカイを貰う。

（5）雨季の雷神について
　雨季になると、森林の中はしばしば稲妻が走り雷鳴が轟いた。

　　　ニトサマンが言うには、雷神は二人いて、男一人と女一人で、この
　　世の曇りと晴れを司っているという。ニトサマンの神衣には、鉄の丸
　　い環の太陽神と三日月形の月神もいれば、木の叉のような雷神もいる。
　　彼が神降ろしを舞う時、その様々な鉄片は一緒にぶつかり合い、「ザッ
　　ザッ」という響き音を発する。私はそれはきっと雷神が話をしている
　　のだと思う、なぜなら太陽と月は音を発しないからだ。雷が鳴り出し
　　た時、私は天が咳をしているのだと思う。軽い咳の時は小雨で、重い

80

咳の時は暴雨である。 (同：56)

　男の雷神の威力は強大で、時として林の中の大木を切り裂き、真っ黒に焦がす。雷が鳴っているときは、「私」たちはふつうシーレンジュの中にいるか、外であれば、必ず川沿いの平らな場所を選び、大木を避ける。
　トナカイの交換に出かけた父のリンクは、松林の中を歩いていたとき、暴雨と稲妻に遭い、雷に打たれて死んでしまう。

（6）マルー神について
　「私」たちの住むシーレンジュには、入口の所に、丸い革袋に入れられた「マルー神」（原文「瑪魯神」）が祭られている。大人は狩猟に出かける前に、この神像の前で跪いて祈った。子どものころ、「私」は革袋の中を見たかったが、見せてもらえなかった。狩猟で熊や鹿を仕留めたら、シーレンジュの前に三脚の棚を組み、仕留めた動物の頭を切って掛け、そのあと動物の各部位をマルー神にお供えする。
　1940年ごろ、日本の軍人が来て、エヴェンキ族の男たちは関東軍施設での軍事訓練に参加させられる。男手が無いなかで、女たちは自分たちで狩りをして、小鹿を獲って来る。「私」は叔母であるイフリンが獲って来た小鹿を祭るときに、マルー神を見ることができた。ノロ皮の袋に詰め込まれているのは12種の神像で、それらは「マルー」と総称されていた。

　　その中の主神は「シャオク」で、私たちの祖先神でもある。それは
　実際には二つの彫刻からなる木の人形で、一対の男女神である。それ
　らには手足があり、耳や目もあり、さらに鹿皮でできた小さな服を着
　ている。口には多くの獣の血が塗られているため、赤黒くなっている。
　そのほかの神像はどれも主神シャオクと関係がある。シャオクは太鼓
　の音を聞くのが好きで、鹿の皮で小太鼓を作る。シャオクは「ガヘイ」
　鳥に乗るのが好きで、ガヘイ鳥の皮を剝いで、付き添わせる。シャオ
　クはトナカイに乗るのが好きで、トナカイのおもがいと手綱を手渡す。

(同：114)

81

第Ⅰ部　多文化共生をめぐる過去／現在との対話

　これらのほかに蛇神、子どもを守るウーマイ神、トナカイを守るアロン神
と熊神がいた。「私」は、これらの神像が本当に私たちを守ってくれるので
あれば、私たちの幸福は山林にあり、別の所にはありえないと信じていた。

（7）新しいシャーマンになる儀式
　ニハオが氏族のシャーマンになる儀式で、神降ろしの儀式が始まる。ニハ
オは「私」の上の弟ルーニーの妻（義妹）。ジェラサマンは新シャーマンと
なるニハオに神降ろしを伝授する別の氏族の老シャーマンである。

　　　神衣の表面には、木片で綴った人の脊椎骨の模型もあれば、人の肋
　　骨を象徴した七本の針金、稲妻の模型、および大小様々の銅鏡もつい
　　ていた。彼女が羽織っている肩掛けはさらに煌びやかで、その上には
　　飾り物のミズガモ、魚、白鳥、カッコウが掛けてある。彼女が着てい
　　る神裙には、無数の小さな銅の鈴が綴られていて、十二本の色のつい
　　た綏帯を吊るして、十二の干支を象徴している。彼女がかぶっている
　　神帽は、まるで頭のてっぺんに被せた白樺の皮製の大きなお碗のよう
　　な形で、後ろに長方形の布を垂らし、てっぺんには二つの小さな銅製
　　の鹿角を立て、鹿角の分かれ目に虹を象徴した赤、黄、青の綏帯を掛
　　けており、神帽の前には赤い絹紐を垂らし、ちょうどニハオの鼻のあ
　　たりにとどいていて、彼女の眼光は絹紐の隙間を通して、彼女の目に
　　神秘的な感じを添えていた。

　　　　　　　　　　　　　　　　　　　　　　　　　　　（同：125-126）

　神降ろしの前に、ジェラサマンの教えに基づいて、ニハオはまずすべての
ウリレンの者の前で挨拶をして、彼女がシャーマンになったら、かならずや
自分の生命と神が授けてくれた能力で自分の氏族を守り、私たちの氏族が絶
えることなく、トナカイが大きな群れをなし、猟の獲物が毎年豊かになるよ
うにすると表明した。その後ニハオは、左手に神鼓、右手にノロの足のバチ
を握り、ジェラサマンについて神降ろしを始める。神鼓の音に、たくさんの
鳥たちが遠くから飛んで来て、太鼓の音と鳥の鳴き声が一つに融け合う。二

82

人は正午から日暮れまで、まるまる6、7時間踊った。

（8）熊の肉を食べるときに、熊の骨を捨ててはならない、という掟
　熊の骨を好き勝手に捨てた男馬糞茸は喉に骨を引っ掛けて死にそうになる。馬糞茸は「私」の息子ヴィクトルの嫁リューシャの父で、酒好きの太った男。ワロジャは「私」の最初の夫。ジュクトカンは「私」の義妹ニハオの次女（姪）である。

　　　しかし馬糞茸は好き勝手に噛み砕いた骨を撒き散らし、焚火に投げ
　　込んだり、石のように遠くに投げ捨てたりした。ワロジャはとても怒っ
　　て、これ以上骨を捨てるなら、片方の腕を叩き切ってやると言った。
　　馬糞茸はその時ちょうど骨を噛んでいたが、無礼にも言った。お願い
　　するぜ、俺の手を切るんなら、両腕とも切ってくれ！　手が無けりゃ、
　　何もしなくてすむ。あんたらみんな俺をマルー神みたいに尊敬しなきゃ
　　ならん。いい身分だぜ！

　　　　　　　　　　　　　　　　　　　　　　　　　　　　　（同：164）

　馬糞茸はこう言い終ると、突然奇声を上げ、熊の骨が喉に引っ掛かってしまう。彼は息が詰まり、助けを乞うように一族の者たちを見ている。みんなは熊の油を馬糞茸の口に注いで背中を叩いたり、縄をもって来て、両足を縛って木に吊るして肩を叩いた。さらにあちこちに投げ捨てられた熊の骨を拾い集めた。しかし、みんながどう手を尽くしても、馬糞茸の喉に引っ掛かった熊の骨は取れない。シャーマンであるニハオは馬糞茸を救うために神降ろしを舞う。馬糞茸の命の代わりに子のジュクトカンを失うことになるのを覚悟のうえで。太鼓の音が鳴り響き、ニハオがぐるぐると回ってシーレンジュの中央まで来たとき、白い天光が一瞬彼女を照らす。およそ2時間舞ったあと、突然寒風が吹き始める。ニハオが神鼓を放して舞いを止めたとき、馬糞茸は突然身体を起こし、熊の骨を吐き出した。

（9）学校について
　1959年、役所は狩猟民のために丸木造りの家を作った。いくつかの氏族

第Ⅰ部　多文化共生をめぐる過去／現在との対話

が行って住み始めたが、長続きはしなかった。そこには小学校があり、エヴェンキ狩猟民の子どもは学費がいらなかった。ワロジャは娘のタチアナをその学校に行かせたかった。彼は、子どもは学校で勉強すべきだと考えていて、「知識がある者だけがこの世界の輝きを見る目、視野をもつことができる」と言う。しかし「私」は、「山の中でいろんな植物や動物を知り、彼らと仲良くすることを知り、風霜雨雪などの天候が変わる兆しが分かるようになる」、これも勉強だと思っていた。「私」は、「本から輝く世界、幸福な世界を学べると信じることができない」と考えていた。

　　……私は、輝きとは川の流れのほとりの岩の絵に、一本一本と連なる樹木に、花の露の玉に、シーレンジュの真上の星の光に、トナカイの角にあるものだと思っている。もしもこのような輝きが輝きでなければ、いったい何を輝きと言うのか！

（同：193）

「私」にとっての勉強とは、山の中で植物や動物に触れ、大自然の中の気候、流水、樹木、草花、家畜に触れることであった。

（10）医者について

　1965年の初頭、医師と役人がこの地を訪れ、健康診断を行い、山を下りて定住施設に定住するよう勧めた。しかし「私」は、「冷たくて丸い鉄の道具」、すなわち聴診器が自分の病気を聞き分けられるとは信じておらず、「風は私の病気を聞き分けられ、流れる水は私の病気を聞き分けられ、月の光も私の病気を聞き分けられる」と言う。

　　私は気がふさぐと、風の中にしばらく立って、それは私の心の愁いを吹き飛ばしてくれる。私は心が苛立つと、川のほとりに行く、流れる水の音を聞くと、それはすぐに安らかな心境を与えてくれる。

（同：216）

「私」にとっては、清らかな風、流れる水、太陽や月や星々などの自然の

84

中で過ごすことそれ自体が、すなわち医療だったのである。

3．作品からみられること

　エヴェンキ族の信仰や掟は、大自然の中で生まれ、生活し、死んでゆくという自然と一体となった生活、人の死が日常的な生活の中で、天体、気候、地形に合わせて、動物植物たちと共に生活する（共存する）なかからできていったもののようである。大自然への畏敬の念をともなった、自然界の理にかなったもののようである。またそうであるがゆえに、彼らの信仰は、「生と死」を一体となったものと見、あらゆる物に神が宿るという多神教である。食糧となる動物や植物を採る際にも、無駄に採らず、採りすぎないように適度な量だけ採って、今後も永く採れるようにあとは残しておく。また自然を侮ると災いが起こるとして、大自然に対して畏敬の念をもつものである。

　トナカイや馬などの動物たちは、エヴェンキ族の生活に密着したものであり、とても役に立つ存在である。彼らはこれらの動物たちに対して深い愛情をもっている。それと同時に、彼らを殺してその体の部位を活用するという面もある。そうであるがゆえに、必要があって動物を屠殺する際には、生命に対する感謝と敬虔な気持ちをもって執り行う。

　この作品にみられるエヴェンキ族の信仰や生活習慣は、Ⅲ節で紹介した『偽満洲国』の中で描かれているオロチョン族の信仰、生活習慣とも共通するところがあるようである。

　この作品の主人公である「私」の言葉や行動、発想を、そのまま現在の日本での生活にもちこんでみても、うまく生活できるかどうかはわからない。むしろ、うまくいかないことが多いであろう。しかし彼女の言葉や行動、発想に触れて、私たちの現在の生活を見直してみると、新たな発見が多くあるように思われる。

第Ⅰ部　多文化共生をめぐる過去／現在との対話

まとめ

　以上、３編の作品の内容をみてきた。「北極村童話」は、作者自身の体験（事実）をもとにした創作である。『偽満洲国』は、多くの資料の研究調査に基づいた、歴史事実を踏まえたうえでのフィクション（虚構）であり、ドキュメント（記録）ではない。『アルグン川の右岸』のエヴェンキ族や『偽満洲国』のオロチョン族の描写は、作者が幼いころに見知ったこれら少数民族についての体験と、作品執筆のための調査に基づいて書かれたもので、これもドキュメントではない。筆者はこれらの少数民族に関する知識、認識に欠けているため、作品中の描写がどこまで事実であり、少数民族の行動や心情の真実をどこまで描けているのか、検証できない。しかし、事実であれ、創作であれ、その混在であれ、少なくとも本章で引用紹介した内容は、異なる民族、文化、風俗習慣、信仰との共存共生のあり方、自分との違いを認識し、そのうえで自分とつながるところを求めるという行動のあり方を考えさせる内容を含んでいると思う。

　最後に、直接には遅子建の作品とは離れた内容になるが、筆者が「多文化共生」について考えたことを述べてみることにする。自分が生まれ育った環境で培った習慣や価値観とはまったく異なる習慣、価値観、およびそれに基づく行動や思考に出会ったとき、それを否定的にとらえて、触れないようにして、避けるのも一つの選択であろう。一方で、あえてそれらの良いところを探して、肯定的にとらえて、積極的に対応する選択もあろう。後者の選択をして、ともに共存してゆくことの良さを体感すること、あるいは肯定するとは言わないまでも、異なる価値観をぶつけ合い、共鳴したり、反発することは、新たな価値、これまでになかった価値を発見したり、創造する可能性を秘めてはいないだろうか。またそれは人の行動や思考の奥深さ、幅広さ、豊かさにもつながってゆきはしないだろうか。異文化に向かい合う主体の意志、気持ちのもち方が問われてくると思う。

注

1 遅子建の経歴については、川俣（2000）、竹内（2008）に基づいている。
2 邦訳に土屋肇枝訳「北極村童話」中国現代文学翻訳会編『中国現代文学　8』（ひつじ書房、2011年）がある。
3 本章に掲載した遅子建の作品からの引用は、すべて筆者による訳出である。
4 邦訳に孫秀萍訳『満洲国物語』（上下巻、河出書房新社、2003年）がある。
5 山口・藤原（1987）「第三章　北京時代」を参照。
6 村上（1970）「序説　民族宗教としての神道」「Ⅰ　神道のなりたち──国家神道の前提」を参照。
7 邦訳に竹内良雄・土屋肇枝訳『アルグン川の右岸』（白水社、2014年）がある。
8 文中、原文「薩満」は「シャーマン」と訳しているが、それが人名となっている場合、例えば「尼都薩満」は「ニトサマン」、「傑拉薩満」は「ジェラサマン」のように、原文の発音に近い訳（表記）の「サマン」とした。

【参考文献】

川俣 優（2000）「遅子建の『北極村の童話』をめぐって」明治学院大学一般教育部付属研究所『明治学院大学一般教育部付属研究所紀要』24号、3-13頁

竹内良雄（2008）「遅子建、覚え書き──北極村から北極村へ」慶應義塾大学日吉紀要刊行委員会『慶應義塾大学日吉紀要　中国研究』1号、89-103頁

遅子建（1986）「北極村童話」『人民文学』1986年第2期、人民文学出版社〔＝2011,「北極村童話」土屋肇枝訳、中国現代文学翻訳会編『中国現代文学　8』ひつじ書房〕

────.（2000a）『偽満洲国』上巻、作家出版社〔＝2003,『満洲国物語』孫秀萍訳、上巻、河出書房新社〕

────.（2000b）『偽満洲国』下巻、作家出版社〔＝2003,『満洲国物語』孫秀萍訳、下巻、河出書房新社〕

────.（2010）『額爾古納河右岸』人民文学出版社〔=2014,『アルグン川の右岸』竹内良雄・土屋肇枝訳、白水社〕

土屋肇枝（2006）「祈りの回復──『額爾古納河右岸』とエヴェンキ族」『アジア遊学　中国現代文学の越境』94号、勉誠出版、66-71頁

村上重良（1970）『国家神道』岩波新書

山口淑子・藤原作弥（1987）『李香蘭　私の半生』新潮社

第Ⅰ部　多文化共生をめぐる過去／現在との対話

第4章

地方・地域から考える多文化共生社会
──文化人類学的アプローチ──

木佐木哲朗

はじめに

　文化人類学という学問は、人々が長年にわたって創造してきた文化を通して人間を問うものである。そして、直接的な関心の対象は自文化とは異なる異文化あるいはその異文化を担う人々であり、それらを相対的に比較研究することになる。ここでいう文化とは、特定社会の人々によって習得され・共有され・伝達される外面的および内面的な生活様式の総体であって、様々な欲求の充足の仕方や自然・万物の類別・認識のあり方の体系ともいえる。また、そのような異なる文化の背景には、自然環境や政治・経済などの社会環境、言語や歴史、宗教や価値観などの影響がある。

　近年、人々や物財や情報などが地球規模で移動・再編されるグローバル化という現象が進行しているが、その波がそれぞれの地方・地域に浸透する過程において、それに対応するような形で地域的な対抗すなわちローカル化という現象も起こっている。つまり、グローバル化とローカル化が同時に進行し相互に影響を及ぼし合う状況にあるといえる。このような状況に対して、グローカル化という概念が導入されるようになった。21世紀は、まさしくグローカルな時代といえ、人・モノ・知識などが民族・地域・国家などの境界を越えることになり、そこにはいろいろな問題も起きてくる。

88

第4章　地方・地域から考える多文化共生社会

　異なる文化を担った人々が集うことがますます多くなる現代、対立や紛争を避けながら、どのようにして共生社会を創生しさらに発展させていくべきかを考察する。その際、特定社会のフィールドワークを重視する文化人類学的なアプローチで検討することになる。中央というより周縁、国際というより各地域、多数者というより少数者からの視点を重視し、そのうえで対等な立場での交流や連帯を目指し、良き隣人として地域社会で他者と共に生きる姿を模索していきたい。具体的には、筆者のフィールドワークも参考にしつつ、日本・新潟の地域社会における中国帰国者家族との多文化共生や、フィリピン・北部ルソンの山岳少数民族居住地域社会での多文化共生のあり方を取り上げることにする。

Ⅰ．新潟における中国帰国者家族との共生[1]

　戦前から、中国の東北地方には、開拓団など多くの日本人家族が居住していた。戦時中、壮年男性は軍隊に召集されており、ソ連参戦後、老人と子どもそれに女性たちも戦禍に巻き込まれた。その中で、家族と死別や生き別れとなり、孤児として中国人の養父母に引き取られたり、生き延びるため中国人男性の妻になるなどして、多数の子どもや女性がやむなく中国に残ることになった。彼らは、終戦時13歳未満なら中国残留孤児、13歳以上なら中国残留婦人と呼ばれることになった。1972年の日中国交正常化以前にもいわゆる引き揚げはあったが、その後中国残留邦人の一時帰国や永住帰国が本格化した。近年は、高齢化も進み帰国事業そのものがままならなくなってきているが、このような永住帰国者やその呼び寄せ家族は日本各地に大勢おり、彼らを中国帰国者あるいは中国帰国者家族と考える[2]。

　1973年以来、永住帰国を希望する中国残留邦人に対して、国・現厚生労働省では、①帰国旅費の負担、②帰国受入れのための身元引受人の斡旋、③中国帰国者定着促進センター等[3]での日本語や日本の生活習慣の指導、④就業相談、⑤自立支度金の支給など、自立して生活するための様々な援護を行ってきた。また、財団法人・中国残留孤児援護基金では、永住帰国した中

89

第Ⅰ部　多文化共生をめぐる過去／現在との対話

国残留孤児の方々が安心して日本で生活できるように、残留孤児を中国で養育した養父母に対する扶養費支払事業や、帰国した残留孤児や家族の就学を援助するための就学資金貸与事業等を行ってきた。そして、残留邦人の身元確認のための集団訪日調査が1981年に始まったが年々その数は減り、また高齢化した孤児の身体的・精神的負担を軽減し早期の帰国希望に応えるために、2000年からは中国現地で日中共同の調査を行った後に日本国内で当該孤児の情報公開調査を実施し、訪日調査を経ずに一時帰国や永住帰国ができることになった。さらに、2008年からは永住帰国者への老齢基礎年金等の満額支給、2014年からは支援給付を受けていた帰国者が亡くなられた場合のその配偶者に対する支援も始まった。その他、中国残留邦人等への理解を深める全国各地でのシンポジウムの開催や、地域社会における様々な生活支援策も行われている。しかしながら、母国である中国から祖国である日本に、様々な想いを抱きながら帰国した彼らや、彼らに同伴あるいは後に呼び寄せられた家族に対して、我々日本人は一般に関心が低く、新潟においてもそれは同様である。

　実際、中国帰国者家族のことが、マスコミなどで取り上げられることはほとんどなくなった。蘭（2000: 3）によれば、彼らは「普通の日本人」として日本社会に「適応」しているか、あるいは「適応」に失敗して社会の周辺に「排除」されており、いずれにしても「見えにくい存在」であるという。そして、彼らは「在日外国人」などに比べ総数が少ないこと[4]や、日常生活レベルでの接触が少ないこともあろうが、その多くが日本国籍を取得しており、外国人ではなく「日本人である」ために見えにくくなっていると述べている。筆者も実感していることだが、日本社会は彼らを日本への帰還者として援護事業の対象とし「日本人になる」ことを彼らに期待しており、また彼らの多くも「日本人になろう」と努めている。しかし、彼らは中国社会での長い生活体験からいわゆる「普通の日本人」にはなれないし、そもそもなる必要などない。さらに、日本への帰還者といっても、残留孤児や残留婦人はともかくその同伴・呼び寄せ家族の場合、日本が「祖国」といえるのであろうか。つまり、彼らは帰国者であると同時に「移民」という性格をもつと考えるべきである。また、蘭もいうように「残留」という表現は日本政府の公式

な用語であるが、彼らは主体的に中国に留まったのではなく、日本から見捨てられた「棄民」というほうが妥当かもしれない。そして、日本国籍があろうがなかろうが、彼らは内に異文化をかかえており、それぞれのもつアイデンティティ（帰属意識）の問題は複雑であって、日本社会の中で様々な生活課題に直面している[5]。

　中国帰国者家族がかかえる問題を、以下具体的に、筆者の聞き書き調査の成果（木佐木・後藤 2004: 57-64）を利用して、新潟在住の中国帰国者家族の生活世界から考察してみたい。

　まず、1995 年に新潟に永住帰国された中国残留孤児Ｚさんの家族の例である。Ｚさんは、1944 年に遼寧省の開拓団家庭で生まれ、翌年のソ連軍侵攻に伴い両親や２人の兄と生き別れになった。２人の兄は、後に中国人男性と結婚した実母と中国に暮らすことになったが、自身は中国人の養父母にすぐに預けられた。また、実父はシベリアに６年間抑留された後、日本に帰国して婿養子に入ったという。農業を営む養父母は貧しく、５人の実子もいたが彼を可愛がってくれた。彼は、周囲から「小日本（鬼子）」といじめられることもあったが、養父母が学校にも行かせてくれたので、1964 年から銀行に就職し、1966 年には漢民族のＪさんと結婚した。文化大革命で農村に「下放」されたりもしたが、その後雑貨を扱う販売協同組合へ移り日本へ永住帰国するまで主に経理畑の仕事を続けた。そこでは、日本人だということは知られていたが、特に差別されるようなことはなかったという。そして、彼の日本国籍は確認されており、1981 年には日本へ帰国できるということがわかっても、永住帰国しようとは考えなかったらしい。さらに、生まれてきた子どもたちは、職場の配慮もあり差別されないように、戸籍に当たる档案には母親の血統から漢民族と記された。彼自身は、1981 年と 1992 年に一時帰国はしたものの、家族共々永住帰国するつもりはまったくなかったが、1994 年に突然職場でレイオフ（一時帰休）が起こり、生活苦から翌年家族で永住帰国することになったのである。

　永住帰国することになり、４か月間家族で中国帰国者定着促進センターに入り、日本語や生活習慣などを学んだ。Ｚさん家族の場合、彼の義理のおじが身元引受人になってくれ、すでに死亡していた実父の出身地（新潟県岩船

第Ⅰ部　多文化共生をめぐる過去/現在との対話

郡）の近くであり先に帰国していた実母の居住地である新潟県中条町に定住することになった。そして、彼自身と子どもたちは帰国後すぐに日本国籍を取ったが、彼の妻であり子どもたちの母であるJさんは中国籍のままであるという。Zさん家族は7人で町営住宅に入り、子どもたちは学校へ通い両親は職探しに奔走した。ここで問題になったのは、やはり日本語能力であったらしい。子どもたちも学校などで苦労はするが、両親は年齢や日本語学習の機会も限られ日本語はまったく不十分であり、中国での経験を生かせないうえに職業訓練等も受けられず、短期間働いたことはあるが定職に就けず家の中に閉じこもってしまうということであった。そこで、自立したいのはやまやまだが就学中の子どももおり、生活保護など行政の支援に頼らざるをえない状況である。また、周囲とのコミュニケーションもままならず、地域社会の中で孤立し精神的にも辛いという。健康上の問題もあって将来への不安は増すばかりで、初めの期待とは裏腹に帰国して良かったのか悪かったのかわからないと言われた。さらに、実の両親が日本人だから中国で「日本人」と思われたのは当然だが、帰国した日本で「中国人」と呼ばれることには憤りを覚えるというZさんの言葉には考えさせられた。そして、中国での生活は豊かではなかったが、周囲と助け合いながらのんびりと暮らしていたという。家族で日本に帰国あるいは移住したわけであるが、妻のJさんによると、夫や子どもたちは日本で生活していけば良いが、自身は中国に親族もいるし将来はわからないという。こちらで日本人と結婚した娘もいるが、未婚の娘たちには中国人と結婚してほしいし、その娘たちも自らを日本人ではなく在日中国人のように考えているということであった。

　次に、中国残留婦人の永住帰国後それを追って1994年に帰国・移住した、中国帰国者Hさんの家族の例を見てみたい。三世に当たる彼女の母方の祖母が中国残留婦人であり、彼女自身は調査当時大学生であった。彼女たちの故郷は黒龍江省であり、父は役場勤めで母は病院の薬剤師であったという。父の両親は双方中国人であり、母の父方は中国人であって母方が日本人ということになる。Hさんは、母方の祖母が日本人であることは知っていたが、普通の中国人として暮らしており、日本語はまったく話せず日本に来ることなど考えたこともなかった。ところが、彼女が小学3年生の時に、残留婦人の

祖母が母方のおばの家族と共に日本に永住帰国した。そこで、母は彼女たちの将来を考え日本へ働きに行くと言い出したそうである。彼女も父も反対したが、相談を重ね2年後に家族全員で日本へ移住することになったという。祖母たちが帰国後定住していた中条町に家族3人で、帰国というより移住してきたのであり、中国残留婦人の呼び寄せ家族ということになる。

　中国を離れる寂しさはあったが、両親と一緒であり不安よりも当初期待もあったらしい。Hさん家族の場合、中国帰国者定着促進センターに入所することもなく、彼女は来日して1週間後には中条町の小学5年生に編入することになって途方に暮れたというが、その様子は容易に想像できる。初めのうちこそ子どもたちは物珍しさで彼女に近寄ってきたが、徐々に誰も彼女と関わらなくなり、孤独にさいなまれ学校へ行くのが苦痛になったそうである。言葉の壁は非常に大きかったが、中国に戻ることはできないと思い懸命に日本語を学び、小学校を卒業するころには会話の上達と共に友人もできた。しかし、中学生になっても日本人との付き合い方には苦労し、高校進学後本来の明るい自分を取り戻しつつあったが、日本の小学校に編入したころの精神的ショックは今でも拭い去れないという。また、中国での仕事とは無関係であるが、Hさんの父親は建築関係の仕事で母親は衣料品製造の仕事で生計を立てており、生活保護も受けてはいない。しかしながら、両親とも日本語を教えてもらう機会がほとんどなく、家庭でテープやビデオを使い独学しているが、言葉の壁は今でも大きい。近くに実母がいる母親は多少なりとも外出することがあるが、父親はほとんど家で過ごしており、娘として心配しているという。さらに、中条町で弟が誕生し調査当時小学2年生になっていたが、Hさんが高校生の時に、家族全員で日本に帰化したということである。この弟の場合、家庭内言語は中国語であるが、日本で生まれ育っているので日本語はまったく問題ないという。しかし、この弟も周囲との付き合い方に苦労しているようである。そもそも家族として、地域社会へなかなか溶け込めないということであった。

　以上から、まず中国残留孤児本人であるZさんの場合、その誕生から日本の戦前・戦中の開拓・侵略政策と戦後の置き去り政策の犠牲者であるといえる。実の家族と生き別れになり、養父母は良くしてくれたとはいえ幼少時か

第Ⅰ部　多文化共生をめぐる過去/現在との対話

ら「日本人」であることで差別され、成長して働きはじめてからも職場の理
解はあったものの文化大革命時代は特に「日本人」として差別された。職場
でレイオフに遭い永住帰国を決めることになるが、妻や子どもたちは日本へ
の移住を決して望んだわけではなかろう。帰国後、日本語を習得できないま
ま定着先で自立を求められるが、Ｚさん夫妻はその年齢の問題もあり就労が
困難で生活保護に頼らざるをえなかった。そして、日本の慣習になじめない
こともあり、今度は「中国人」として差別されることになった。そのために、
誇りや生き甲斐をもてず、家に引きこもりがちになって希望を失いかねない。
二世の子どもたちは、学校や地域社会での不適応や差別問題などで当初悩む
ことはあるが、若いということもあり克服の可能性もあって、残留孤児・帰
国者と違い、国籍はともかく「日本人」に無理になろうとはしないように思
える。また、中国帰国者定着促進センターのスタッフや定着先の身元引受人
および自立指導員などへ感謝しつつ、定着後の移動の自由があるとはいえ、
現実的には定着先を自由に選べないという問題も大きい。東京など都市圏に
比べ地方では、受けられる支援制度が限られ、親族などの善意に頼らざるを
えない状況がある。さらに、地方農村部では仕事先がそもそも少なく、自立
への道は遠い。そして、子どもたちに中国人との結婚を願う帰国者の親の心
情や、帰国子女たち自身に日本語ができるようになっても「在日中国人」だ
と思わせるような状況は、我々日本社会に何を問いかけているのであろうか。
彼らを受け入れる我々の認識不足や無理解が問題であるし、経済的な支援の
みならず、将来を見すえた精神的な支援も必要であろう[6]。

　次に、中国残留婦人に呼び寄せられて帰国したＨさん家族の場合、中国社
会から日本社会に突然移住してきたのであり、適応するのにやはり言葉の壁
が大きな問題であった。帰国子女たちのための学校内の日本語教室などは、
補助的なものとして当初必要であり、現にＨさんもそこは楽しかったと回想
しているが、隔離や排除するための特殊学級のように固定化されてはならな
い。なぜなら言葉の壁は大きいが、その障壁だけでなく双方にある心の壁が
取り除かれねばならない。また、親たちは年齢や学習機会の問題があり、日
本語の習得は非常に困難である。彼らが自立して対等なメンバーになるため
にも、地域社会での日本語学習や職業訓練などが用意されるべきである。普

94

通の日本人と同様の労働条件が保障されなければならないし、可能な限り中国での経験が活かせるような職業紹介が理想であろう。さらに、学校や地域社会の中で、周囲の日本人と交流できる場を作り出す必要がある。このようなことを通して、お互いの偏見や差別意識が解消されていくであろう。そしてこれらの事柄は、行政や学校、またボランティアだけに任せるものではなく、地域社会全体で取り組まなければ活路が見い出せない問題である。彼らは国籍がどうであろうと、当然のことながら普通の「日本人」ではない。しかしながら、我々は彼らを「異邦人」として孤立させることなく、対等だが異なる地域社会の仲間として受け入れていかねばならない。彼らは、内部に異質なものを抱え込んでいるからこそ、エネルギーを秘め地域社会を活性化できる存在といえよう。

　ここまでをまとめてみると次のようなことがいえる。まずは、言葉の壁、すなわち日常の生活言語の違いや、日本と中国の異なる社会体制などからくる生活感覚の違い、次に異なる文化的背景による価値観の違い、そして学校や地域社会での違和感・疎外感・孤独感などの問題、現実の住宅・医療・教育・就職問題などがある。また、蘭（2000: 4-5）が指摘するように、「戦争犠牲」の問題に見られる感情のねじれ、すなわち彼らと日本人との間の感情的な行き違いがあるのかもしれない。戦時の加害を忘れ植民地の痛みを想像できず、自らの戦争被害のみをデフォルメする戦後日本社会の戦争観と、日本による中国への侵略戦争とその結果として中国「残留」者が生み出されたという中国社会の戦争観の違いが根底にあるというのである。さらに、中国帰国者に日本社会への性急な「同化」を迫る日本社会特有の性向を指摘し、それを強要されることで彼らの日本社会への「不適応」や「逸脱」とともに「過同調」が起こり、人生の根幹にあるアイデンティティの動揺や危機がもたらされていると述べている。実際、在住外国人に対する以上に、帰還日本人としての中国帰国者に対しては、日本人になるなら「受容」し、日本人になれないなら「差別」あるいは「排除」するという空気が感じられる。日本社会に適応したように見えても問題をかかえているし、まして適応・同化できない中国帰国者またその家族は、「日本人」になることを求められつつ「外国人」同様に、日本社会における異邦人として周辺に追いやられたり忘

第Ｉ部　多文化共生をめぐる過去／現在との対話

れさられたりしている。

　中国帰国者（家族）は、ある意味で戦争犠牲者であって、公的な支援システムの整備がなされなければならない。しかしより重要なことは、我々の周囲に埋没している彼らの声に耳を傾け関心をもち続けることであろう。彼らの置かれている状況は多様であり個別の対応が必要となるし、我々の側の意識改革も不可欠である。例えば、一世はともかく二世以降は帰国者というよりむしろ移住者として理解したほうがよい。ただし、国が移民として受け入れたわけではなく、また南米などの日系移民の帰国やその二世以降の帰国・移住者とも事情が異なる。中国帰国者（家族）の場合、夫が中国人である残留婦人や両親は日本人であるが養父母が中国人である残留孤児と、片方の親が中国人でもう片方の親は日本人であるような彼らの子どもたち（同伴・呼び寄せ家族）ということになる。そして、中国在住時には彼らの大半は日本人ではなく中国人として生きてきたのであり、中国の日系人コミュニティから帰国してきたわけでもない。にもかかわらず、少なくとも残留婦人や残留孤児の帰国には「落葉帰根」、すなわち最後は自分のルーツに帰るというような想いがあることも忘れてはならない。さらに、二世以降の帰国者家族の場合、その出自から中国と日本への二重帰属性を有していること、あるいは一世を含め中国人でも日本人でもないという意識があるかもしれない。このように中国帰国者家族のそれぞれが多様な存在であり、その複雑な遍歴や人間関係また母語などからも、我々「普通の日本人」とは異なる人々であることは間違いない。だからこそ、彼らに決して同化や一方的な適応を迫ることなく、文化相対主義的立場で固有文化を互いに認め合い共生に努める必要がある。

　彼らの中には中国に再び戻る人々もいるであろうが、多くの人々に日本へ帰国あるいは移住して良かったと思ってもらいたい。決して同じようにではなく、異なるが良き隣人として地域社会の中で共に暮らしていけるように、学ばなければならないことがたくさんある[7]。

96

第4章　地方・地域から考える多文化共生社会

II．フィリピン・北部ルソンの山岳少数民族地域の自治と共生[8]

　多民族国家フィリピンの中で、多くの少数民族が割拠して暮らすルソン島北部の山岳地帯を例に、その地域での多様な人々の共生のあり方や国家内での地域自治の可能性について考えてみたい。

　北部ルソンの山岳地帯は、コルディリェラ地域とスペイン植民地時代から呼ばれており、現在のアブラ州・ベンゲット州・イフガオ州・カリンガ州・アパヤオ州・マウンテン州とほぼ重なっている[9]。そこには、州境を越えてティンギャン族・カンカナイ族・イバロイ族・イフガオ族・カリンガ族・アパヤオ族・ボントック族・ガッダン族など、おもに非キリスト教徒である先住の少数民族が散在している。そして、その周辺にはイロカノ族やタガログ族など、低地キリスト教徒多数民族が居住している。彼ら山岳少数民族は、フィリピンのスペイン統治やその後のアメリカ統治の影響が低地民に比べはるかに小さく、固有の言語や生活様式などの文化をそれぞれが保持してきた。ただし、20世紀初頭のアメリカ統治以降、特に1946年のフィリピン独立後には、学校教育やキリスト教、市場経済、交通の便、出稼ぎなどの影響も受けるようになった。しかしながら、近年まで民族や地域としても未統合のままであり、居住するムラ共同体や双系的な親族集団あるいは内婚的な地縁集団など[10]に第一義的なアイデンティティを求め、限られた周辺との物々交換や通婚、あるいは相互の儀礼への招待などはありながら、紛争も絶えなかった。そこで、対内的・対外的にも紛争解決や秩序維持のために、平和協定（peace pact）システムなど慣習法に基づく高度な自治慣行を有していたのである。

　この平和協定は、ボントックでは「手を取り合う」という意味の「pechen」、カリンガでは「境界」という意味の「bodong」などと呼ばれるものであるが、民族や地域間で結ばれるものではなく、人々のアイデンティティにも関わる自律的な集団間で締結されるものである。この協定システムはスペイン到来以前からの土着のものと考えられ、特定の選ばれた長老たちが協定締結者になる。そして、この協定の内容は、相互の領域・安全や事件・事故の対

97

第Ⅰ部　多文化共生をめぐる過去／現在との対話

処あるいは交易・通婚のルールなど多岐にわたり、協定内容に違反した場合の制裁・罰則規定もある。また、協定内容が修正・更新されたり、残念ながら協定自体が破棄・消滅することもある。その時々に相互訪問・儀礼招待・通婚・交易などを行い関係の維持・発展をはかったり、協定締結者や通婚者などは媒介者として重要な役割を果たすことになる。さらに、これらの協定は以前は文書化されていなかったが、20世紀初頭から成文化されるものも出てきたようである[11]。

　ところで、1965年に大統領に就任したマルコスは、1972年に戒厳令を発動して独裁体制を確立していった。地主や地方政治家を排除し、各地のバランガイという行政の末端組織と中央政府を直接結びつけ、民衆を直接統治しようとした。また、裁判件数の増加に対応すべく1978年にはバランガイ裁判制度を導入し、慣習法共同体内での民事紛争を中心に慣習法による紛争処理を公的に認めた。このことは、マルコスの意図は別にして、慣習法が根強く生きている少数民族にとっては大きな意味をもった。一方1970年代になると、マルコスはその開発独裁を推し進めるなかで、この山岳地域でもアブラ州を中心とした森林伐採事業やカリンガ−アパヤオ州とマウンテン州にまたがるチコ川に水力発電ダムを建設するという巨大開発プロジェクトを計画した。そこで、住民側から反対の声があがり政府と敵対することになった。その対立に、反政府の立場をとる非合法のフィリピン共産党（Communist Party of the Philippines: CPP）の軍事部門である新人民軍（New People's Army: NPA）が加わり、武器がもち込まれて当該地域一帯が内戦状態になってしまった。そして、大崎（1987: 145-153）によると、1980年代初めにかけて50年ぶりに村落間の武力闘争が激しくなったのは、出稼ぎや教育の普及、首狩り慣行の禁止などの近代化による平和協定システムの弛緩が原因であり、開発計画に伴う政治的社会的緊張と鉄砲所有がその契機になったという。この指摘は的を射たものであり、実際1980年代半ばから平和を取り戻すため彼ら自身で相手村と交渉・休戦し、首狩りにまつわる伝統的な平和協定システムを修復しようとした。つまり、首狩りを正当化するわけではないが、平和的自治システムの柱ともいえる平和協定制度の活用が、この地域での秩序維持や共生には欠かせないと考える。

第4章　地方・地域から考える多文化共生社会

　1983 年のマルコスの政敵であったベニグノ・アキノの暗殺を受け全国的な反マルコス運動が盛んになり、1986 年の大統領選挙の際、マルコスの対抗馬として妻のコラソン・アキノが立候補した。マルコスは大統領当選を宣言したものの、不正が明白になり「ピープル・パワー」による 2 月政変が起こって、マルコスは大統領府を去りアキノが大統領に就任した。その選挙戦でアキノ陣営は、以前から懸案であったミンダナオ南部のイスラーム教徒ゲリラ（MNLFやMILFなど）[12]と北部ルソンの共産ゲリラ（NPAやCPLAなど）[13]との紛争も継続しており、その解決のために停戦交渉と自治区創設を公約していた。そこで、大統領就任後すぐに憲法制定委員会を発足させ、1987 年 2 月に新憲法を国民投票を行ったうえで発効させたが、その第 10 条・地方政府の項に、ムスリム・ミンダナオおよびコルディリェラに自治区を設置すると明記されている。この自治区は、県、市、町村、および歴史的・文化的特色を明確に共有し、経済的・社会的構造その他の特色において共通な地理的単位をもって構成されるという。ただし、この憲法および国家主権に反せず、フィリピン共和国領土の一体性を損なわないものでなければならないとされている。そして、1988 年 6 月に自治区諮問委員会を立ち上げて基本法の草案作りを始めさせ、同年 12 月に自治区基本法案が国会に提出された。その法案は、1989 年 4 月に下院で、同年 6 月には上院で採択された。それを受けて、同年 11 月にはムスリム・ミンダナオ自治区基本法に関する住民投票が行われ、13 州 9 特別市の中で 4 州が賛成多数となった。一方、1990 年 1 月にはコルディリェラ自治区基本法に関する同様の住民投票が行われたが、5 州 1 特別市の中でイフガオ 1 州のみの賛成多数となり、実質的には否決される結果となった。同年 12 月に、イフガオ 1 州による自治区は憲法違反であると最高裁判所が判断したために、ムスリム・ミンダナオ自治区（Autonomous Region in Muslim Mindanao: ARMM）は一応創設されたのに対して、コルディリェラ自治区は暫定的な行政機関としての特別行政区（Cordillera Administrative Region: CAR）のまま据え置かれ、現在も自治区創設に至ってはいない。これまで、1997 年の共和国法に基づき翌年 3 月にも再度住民投票が行われたが失敗に終わり、現在はコルディリェラ地域開発会議（Cordillera Regional Development Council: CRDC）が中心となって、CARの自

99

第Ⅰ部　多文化共生をめぐる過去／現在との対話

治に関する3つ目の基本法を準備しているようである。

　ここで、比較の意味もあり先行したミンダナオ自治区について少し述べてみたい。ディアス（Diaz 1998）の著作などを参照すると、いろいろな問題点がありその後を見ても中央政府との紛争が絶えない。まずは、全体でのイスラーム教徒の割合が3割程度であり、中には1割にも満たない州や市があって、賛成多数になったのは8割を超える4州[14]だけだったという事実である。次に、政府が交渉相手にしたイスラーム教徒側の指導者やゲリラ組織の問題が大きい。組織としては、モロ民族解放戦線（MNLF）が中心を担いその議長であったミスアリが当初知事に就任した。しかしながら、MNLFから分派していたモロ・イスラーム解放戦線（MILF）や、同じく分派するアブ・サヤフ（ASG）などの存在が障害になった。さらに、重要なことは与えられる自治の内容である。実際、4州のみのARMMの見切り発車であり、1976年にマルコス政権下でMNLFが要求した完全自治を目指すトリポリ協定の内容が認められず、MNLFは武装闘争継続を宣言する。フィリピン政府もその要求を拒否し、和平交渉が頓挫し掃討作戦を強化することになる。その後、経済発展のためにも国内情勢の安定化は急務であり、1993年のラモス政権下で暫定的な停戦合意がなされ自治交渉が再開された。3年間の和平交渉の末、自治政府樹立を目指し暫定的な行政機関である南フィリピン和平開発協議会（Southern Philippine Council for Peace and Development: SPCPD）が設立され、MNLFの国軍統合や教育制度・宗教に関する取り決めなどが合意された。しかし、この合意を受け入れたミスアリ指導部に反発する多数の兵士が、MILFやASGへ合流する事態を招きMNLFの軍事力は衰退した。その後、アロヨ政権はミスアリを見限り、窮地に立たされたミスアリ派は2006年ホロ島の国軍基地を襲撃するが鎮圧された。MNLF自体は存続しているが、政府はMILFを交渉相手に選ぶようになり、2012年にミンダナオ和平に関する枠組み合意を結んだ。それは、2008年に最高裁で無効とされたARMMにかわって、2016年までにバンサモロ自治地域（Bangsamoro Autonomous Region: BAR）[15]を創設するというものである。続くアキノJ政権下でも、紛争と交渉を繰り返しながら真の和平実現を模索している過程にある。

100

第4章　地方・地域から考える多文化共生社会

　それでは、なぜ自治区が否定されたりうまく機能しないのであろうか。コルディリェラ特別行政区にしぼり以下検証してみたい。まずは、自治区基本法案成立過程にすでに問題点があった。1986年末から政府とコルディリェラ地域の間で和平交渉が断続的に行われていたが、当該地域の政治的不安定さもあって法案成立までかなりな時間を要したうえに、法案作成に関わったメンバーの構成に問題があった[16]。また、政府が主な交渉相手としたのは、NPAから分派したCPLAであり、停戦にすべての反政府勢力が同意したわけではない。立法部と行政部からなる特別行政区は、政府から供与された資金で開発を推進することを主眼にしており、CPLAも平和維持軍としての承認と開発権限を要求するようになった。このCPLAと対立関係にあるコルディリェラ人民同盟（Cordillera People's Alliance: CPA）やコルディリェラ平和協定連合（Cordillera Beden Association: CBA）など他の組織が交渉の席から離れ、CPLA自体も交渉力が弱まると共に要求で妥協を強いられ、当該地域の諸組織は分裂を深めた。そして、交渉の場所がコルディリェラの山中から都市部を経て首都マニラに移り、主導権を政府側に渡すことになった[17]。

　中央政府主導で地方の開発を目的として、当該地域に上から中央に都合の良い自治を与えようとしたといえるかもしれない。コルディリェラ側の主役も、一般住民というより一部の知識人や反政府ゲリラ組織の代表であって、しかもそれらが分裂して覇権争いになってしまった。また、自治区の枠組みにしても、伝統的自治慣行システム（平和協定制度）を媒介するとはいえ、コルディリェラ・アイデンティティというようなものはまだ育っていないと思われる[18]。元来、地域偏差が大きく一体感は未発達であり、コルディリェラという枠組みの自治区を住民が望んでいるかどうかも疑わしい。憲法の自治区条項について詳しくは言及できないが、国家が当然のことながら自治区に優越しており、民事では慣習法が認められているとはいえ、税の分配・利用や国家法との相剋で土地や資源に関する権利にも制限が加えられている。そして何より、彼らの伝統的生活における自給自足の原則を無視し、中央のための開発、特に経済開発を主眼にしている点が問題である。また、87年憲法の第12条・国家経済と国有財産の項で、先住民の権利として、その経済的・社会的・文化的恵福を確保するために先住民の父祖の土地に対する

101

第Ⅰ部　多文化共生をめぐる過去／現在との対話

権利をその文化的共同体に保障するとしているが、合法的な土地登記を盾に開発優先のためいつでも取り上げられる危険性にさらされている。さらに、国際先住民年の 1997 年に、画期的な「先住民権利法：Indigenous Peoples Rights Act」別名「祖先地領域法：Ancestral Domain Law」が制定され、先住民族の政治的・経済的・社会文化的存在意義、具体的にはその領域内での居住権・環境権・教育権・宗教権・紛争処理権等を認めるとされているが、現実には先祖伝来の土地と認証されることが非常に困難なようである[19]。

　多様な少数民族が割拠するコルディリェラ地域を例にすると、地域自治や共生のあり方を考えるうえで、中央のための地方の経済開発という側面に注目せざるをえない。そのために与えられる自治（区）では、自律した生活が破壊され、中央からの他律を深め、新たなる貧困や階層が生まれかねない。中央政府側にも問題はあるが、住民の側に立つはずの指導者にも問題があった。当該地域のようなまだ慣習法が生きている社会では、それを熟知する伝統的指導者の知恵を借りる必要がある。一般住民の直接参加と慣習法的自治の導入がなければ、たとえ自治区政府が誕生したとしても、それぞれの自給原則が崩れ内部に相互矛盾と格差が拡大するだけである。外部からの開発ではなく、外部の力も借りながら内部からの主体的な発展でなければならない。以前であれば、彼らは居住するムラ・地域とその周辺だけで生活が完結していたが、現在では多くの人が外の世界と接点をもつようになった。元来、彼らが仲間意識を抱くのは日常的交流のある狭い生活世界内の人々であり、その外は敵の世界と考えていた。その敵対関係を顕在化させないためにも、平和協定を結ぶのであり、お互いに異なるままで隣人となるのである。そして、ムラ・地域の中だけでなく、交流ときに紛争が起こる周辺のムラ・地域と共有してきた、伝統的な秩序維持システムとしての平和協定制度を拡大して活用する必要性がますます増していると思う。このシステムの特徴は、2 者間の対等な関係の連鎖で、中心を作らずに広域のネットワークを作り出すことである。誇り高き彼らは、決して周囲と同化することなく、異なる者同士で隣人として交流したり、時には距離を取りながら共生しているのである。

102

第4章　地方・地域から考える多文化共生社会

結びにかえて

　異なる文化をもった人々が出会い共生することは、決して簡単なことではない。お互いの無知や無関心は、様々な軋轢を生みだし、一般に少数者や社会的弱者が差別されたり息苦しい生活を迫られる。中国帰国者家族に関して見てきたように、無意識でも同化圧力をかけてはならない。また、異なる少数民族が散在する北部ルソンの山岳地域では、近年の中央からの開発圧力に対抗するためにも、伝統的な自治システムとしての平和協定慣行の活用が不可欠である。最終的には、地球規模の共生社会を目指すべきであろうが、その前に様々なレベルの地域社会から知恵を学び取る必要がある。そして、最も重要なことは、文化に優劣はないとする文化相対主義の立場に立ち、お互いに想像力を働かせて、異なるものや考え方を認めようと努めることである。

　北部ルソンの少数民族が共有する平和協定システムの核心は、紛争を未然に防いだり起こった紛争を解決して平和を取り戻すことであるが、その特徴は当事者を対等にみなし結ばれる２者関係にある。ＡムラはＢ・Ｃ・Ｄムラ等と、ＢムラはＥ・Ｆ・Ｇムラ等と、ＣムラはＨ・Ｉ・Ｊムラ等と、それぞれ平和協定を結ぶことになるが、それらの連鎖によって、例えばＡムラはＢムラを介してＥ・Ｆ・Ｇムラ等につながり、ゆるやかな広域のネットワークが生まれる。その際、中心と周縁という構図が生まれないように、中核になるムラをあえて作らないようにしたり、また各ムラの協定締結者も相手のムラごとに異なる人物を立てるなど、様々な工夫をしているのである。つまり、権力を特定の人物やムラに集中させず、対等な交流・連帯を前提にゆるやかに統合された地域社会を作り出し、その中で隣人として共生しているのである。このように多中心的なネットワークを維持・拡大するためには、協定締結者や起点となるムラの多様性・複数性や、相互間の招待・通婚・交易など媒介となる様々な交換が行われなければならない。

　多文化共生社会を形成するには、他者を知り対話をしようとする意思と、個別性を大事にしながら排他性を帯びない自律的な精神の涵養が望まれ、各自が共同体の内外で重層したアイデンティティをもつことも必要であろう。

103

第Ⅰ部　多文化共生をめぐる過去／現在との対話

また、異なる人々が共生するには、何を得るかという win-win ではなく、何を譲れるかという loss-loss の関係性を互いが受け入れ、時間をかけてコンセンサスを得るべく努めなければならないと思う。

注

1　木佐木・後藤（2004: 41-68）を参照していただきたい。

2　蘭（2000: 1-2）によれば、中国帰国者とは、第二次世界大戦前・中に中華民国の関東州および「満州国」に居住し、ほとんどの日本人が敗戦直後からの集団引き揚げで日本に引き揚げた後でも約 30 年以上にわたって中国に「残留」し、1972 年の日中国交回復以降に中国から日本に「帰国」してきた「日本人」すなわち「中国残留日本人孤児」や「中国残留日本婦人」およびその家族のことであるという。

3　1983 年設立の財団法人・中国残留孤児援護基金による「中国帰国者定着促進センター」が、1984 年以降埼玉・大阪・福岡に開設され、永住帰国者は帰国直後に 4〜6 か月間そこに入所して、日本での適応促進のため日本語教育や生活指導を受けることになった。その後、定着自立努力の支援策として、都道府県の一部社会福祉協議会により設立された「中国帰国者自立研修センター」で、半年から 1 年、日本語指導だけでなく地域の実情を踏まえた生活相談や就労相談、地域住民との交流事業などが行われた。さらに、2001 年には「中国帰国者支援・交流センター（略称：首都圏センター）」と「近畿中国帰国者支援・交流センター（略称：近畿センター）」が設置され、民間ボランティアや地域住民の協力を得ながら、日本語学習や相談事業・交流事業などの継続支援を受けられる帰国者も出てきた。また、国から委託を受けた各都道府県が登録者の中から派遣する自立指導員から、日本語の補習教育・就職指導・生活相談などを受けることも可能になった。2015 年には、入所者の減少などからか埼玉の「中国帰国者定着促進センター」は閉所され、これまで実施していた定着促進事業等は東京の「首都圏中国帰国者支援・交流センター」に統合されたようである。現在、全国に 7 か所「中国帰国者支援・交流センター」が設置され、日本語学習や各種相談等の支援を続けているらしい。しかしながら、重要なことは定住地によっては特に地方農村部で受けられるサービスが非常に限られ、帰国者家族が生活に不安を抱きながら孤立することもあったということである。

4　呼び寄せ家族を含めれば「中国帰国者」の総数は 10 万人以上になると思われるが、今や 200 万人を超える「在日外国人」に比べれば非常に少ないということになる。

5　中国帰国者の適応過程と援助体制に関する研究としては、江畑・曽・箕口の共編である『移住と適応』という精神医学の領域を中心とする学術書が 1996 年に出版さ

れており、また蘭が編集した『「中国帰国者」の生活世界』という社会学・人類学・心理学・教育学・日本語教育学などの学際的な研究書が 2000 年に出版されている。

6　蘭 (2000: 6-7) によると、彼らゲストを受け入れるべきホストである日本人の中に、E・サイードのいう〈オリエンタリズム〉が見え隠れするという。帰国者家族をゲストと捉え続けることには問題があるが、帰国・移住直後は良き隣人として共生するために支援を惜しむべきではない。重要なことは、支援する側に植民地主義的な発想に基づく潜在的優越意識などがあってはならないということである。

7　日本にも様々な所にルーツをもつ人々が来住する、いわゆる「内なる国際化」が進む現在、「中国帰国者」家族を含め国籍を問わない「在日外国人」の問題は大きなものがある。この点に関して、田中 (1995) の著作にある「法の壁」と「心の溝」というキーワードは非常に示唆的である。また、「中国残留婦人」に注目した小川 (1995) の著作は、生まれ育った「母国」や祖先の故郷である「祖国」を含め、「国 (家)」を考えるうえで興味深いものである。

8　木佐木 (1995 と 2001) を参照していただきたい。

9　コルディリェラ山岳地域は、西側のイロコス低地や東側のカガヤン低地に囲まれており、その面積は約 2 万平方キロメートルで 2015 年の人口は約 170 万人である。この地域に散在居住する多様な民族は、スペイン時代から「山の蛮人」という意味で「Igorot」と総称されてきた。

10　言語の共通性などから民族名が与えられているが、先住の山岳少数民族の生活様式は多様である。集落の周囲に稲作農耕を行う棚田が広がっているが、集落自体の様相も異なっており、日常生活での共同などのあり方も差異が大きい。筆者の主なフィールドであるボントックでは、100 戸以上の世帯が集住しており、複数の祭祀集団からなるムラ共同体が発達している。一方南接するイフガオでは、小集落が散在しておりそれを越えた双系的な親族集団が重要な意味をもつ。また北接するカリンガでは、ボントックほど集村化しておらず複数の中集落からなる内婚的な地域が生活の基盤となっている。

11　実際の平和協定に関する報告は、スペインやアメリカの植民者側および低地イロカノ族の側に残されたものがある。また、ボントック社会の具体的な平和協定資料については、プリル・ブレットによる著作 (Prill-Brett 1987) や村武精一による報告 (村武 1987: 49-82) などがある。

12　Moro National Liberation Front: モロ民族解放戦線、1970 年にヌル・ミスアリを中心に結成されたイスラーム教徒の政治組織であり、かつては分離独立を求める反政府武装勢力であった。ARMM の創設に伴い完全自治を要求するようになり、当初その自治政府の中核を担った。

　　Moro Islamic Liberation Front: モロ・イスラーム解放戦線、1977 年に MNLF からサラマト・ハシムを中心に分離・独立した、イスラーム反政府武装組織である。ARMM 創設に同調した MNLF を妥協的穏健主義と批判し武装闘争を続け、MNLF

第Ⅰ部　多文化共生をめぐる過去／現在との対話

の弱体化やミスアリの失脚を受けてその後政府との交渉の表舞台に立つようになった。

　　また、1991年にはMNLFからより過激なアブ・サヤフ（Abu Sayyaf Group: ASG）が分離結成され、アルカイダとの関連も疑われており各地でテロ事件を起こしている。

13　New People's Army: 新人民軍、1968年に設立された非合法の毛沢東主義派・フィリピン共産党の軍事部門であり、1969年ホセ・マリア・シソンの指導の下結成された。マルコス政権に抵抗する武装闘争をフィリピン全土で展開してきたが、現在は弱体化していると思われる。

　　Cordillera People's Liberation Army: コルディリェラ人民解放軍、1986年にNPAの指導者の一人でありティンギャン族出身のコンラッド・バルウェッグ神父を中心として、分派結成されたものである。コルディリェラ地域での自治を要求する中心的組織となったが、バルウェッグが殺害されたこともあり現在の状況は不明である。

14　4州とは、南ラナオ州・マギンダナオ州・スルー州・タウィタウィ州であり、これらは近年までマギンダナオやスルーというイスラーム王国があった所である。そして、2001年の住民再投票により、7割以上のイスラーム教徒をかかえるバシラン州とマラウィ市が加わった。

15　モロとはスペイン人がマレー系民族の中でイスラーム教徒の人々を呼んだものであり、バンサモロとはフィリピン南部やマレーシアのサバ州などに居住するムスリムの人々やその居住する地域を指す。そこで、バンサモロ自治地域とは、フィリピン政府とMILFの間で結ばれた和平のためのものということになる。

16　当初法案作成に関わったのは、フィリピン国立大学の研究者たちが中心であり、コルディリェラ関係者の意見はほとんど反映されていなかった。そこで、1990年以降地域自治を成功させるべく、数回研究集会がCAR内のバギオ市などで開催されたが、その参加者には大学研究者だけでなくCAR在住の多くの関係者が含まれていた。そこでは、自治区の機構作りに向けて、組織の管理・運営やリーダーの責務、職員の質向上や開発の計画・実行など多くの課題が検討された。この内容については、ガルミンとブリランテスが詳細にまとめている（Garming & Brillantes 1991）。

17　CAR側の中心も合法的な左翼組織であるCPAが担うようになり、中止に追い込まれたチコダムにかわるベンゲット州のサンロケダムに反対する住民運動を指導するようになった。CPAは住民の生活保障や環境保全を求め、政府から若干の譲歩を勝ち得たが、アロヨ大統領はダムの有効性を主張し完成することになった。

18　コルディリェラ特別行政区は、住民投票が行われた1990年当時5州1特別市から成っていた。ただし、1995年にカリンガ州とアパヤオ州が分離した。投票結果は州ごとの賛否で判断されたが、アブラ・ベンゲット（バギオ特別市を含む）・イフガオ・カリンガ－アパヤオ・マウンテン州それぞれの住民構成は多様である。ここで、杉浦（1993: 43）によるコルディリェラ諸州の1980年の民族構成表を参照して、各

106

州の大まかな内訳を見てみたい。アブラ州は、ティンギャン族が25％で低地民イロカノ族は74％である。ベンゲット州は、カンカナイ族とイバロイ族がそれぞれ24％と21％でボントック族が４％、イロカノ族が34％でタガログ族など低地民が16％である。イフガオ州は、イフガオ族が87％でイロカノ族が11％である。カリンガ－アパヤオ州は、カリンガ族が37％でアパヤオ族が10％、ボントック族が４％でイロカノ族が42％である。マウンテン州は、カンカナイ族が53％でボントック族が37％、イロカノ族が６％でガッダン族が３％であった。そこで、イフガオ州はイロカノ族がいるとはいえほぼイフガオ族からなる州であり、自治区基本法への賛成が多数になったといえるかもしれない。一方、アブラ州はイロカノ族が多数であるし、ベンゲット州やカリンガ－アパヤオ州も山地民と低地民がほぼ半数ずつである。これら３つの州は、反対多数になってもおかしくないと思われる。しかしながら、マウンテン州は低地民イロカノ族はわずかであって、カンカナイ族やボントック族など山地民がほとんどであるが反対多数という結果になった。この住民投票は、1998年３月に再度行われたが賛成多数にはならず失敗に終わったという。山岳少数民族の人々が自治権を求めているのは間違いないが、与えられる自治の内容や住民への説明不足などいろいろな問題があるし、やはり枠組みも再検討する必要があろう。

19　先住の少数民族の権利として、自治の柱となる土地権の要求は大きな問題である。フィリピンの場合、祖先地法・林野法・鉱山法などの関連で、CARの人々の居住地や棚田・山林などを国家権力から守ることは容易なことではない。特に、彼らの土地に対する私的所有権というより共同体的保有権の理解を得ることは難しい。前者は近代法的概念であり土地の登記にまつわるものであるが、後者は慣習法的概念であり、土地の単なる所有ではなくその利用・相続・処分などに共同体の規制がかかるものである。しかしながら、CPAなどが仲介に入り、共同所有の概念や企業などが土地を利用する場合、CARの住民の同意を得たり代替地を用意したりする必要性などが認められるようになった。ただし、合法的な土地登記がない土地を、先祖伝来の土地であると証明しなければならない。

【参考文献】
………………………………………………………………………………………………

蘭 信三編（2000）『「中国帰国者」の生活世界』行路社

江畑敬介・曽文星・箕口雅博（1996）『移住と適応――中国帰国者の適応過程と援助体制に関する研究』日本評論社

大崎正治（1987）『フィリピン国ボントク村――村は「くに」である』農山漁村文化協会

小川津根子（1995）『祖国よ――「中国残留婦人」の半世紀』岩波新書

木佐木哲朗（1995）「少数民族の、あるいは、地域の自治に関する一考察――フィリピンにおける自治区創設の試みを例として」県立新潟女子短期大学北東アジア地域研究会編『北東アジア地域の諸問題』県立新潟女子短期大学、1-32頁

第Ⅰ部　多文化共生をめぐる過去／現在との対話

＿＿. (2001)「フィリピン・少数民族の自治と開発問題に関する若干の考察——開発人類学の視点から」『県立新潟女子短期大学研究紀要』No. 38、県立新潟女子短期大学、119-129 頁

木佐木哲朗・後藤岩奈 (2004)「中国帰国者家族のかかえる諸問題——帰国前から新潟への定住後まで」県立新潟女子短期大学共同研究報告書『新潟県在住外国人の暮らしをめぐる多角的検討』県立新潟女子短期大学、41-68 頁

杉浦孝昌 (1993)「フィリピン 87 年憲法自治区条項の成立過程——北部ルソン山岳地帯を中心に」日本貿易振興機構アジア経済研究所研究支援部編『アジア経済』第 34 巻第 7 号、アジア経済研究所、41-68 頁

田中 宏 (1995)『在日外国人——法の壁、心の溝』岩波新書

村武精一 (1987)「フィリピン北部ルソンのボントック社会における Peace-Pact 資料」『社』47 巻、東京都立大学、49-82 頁

Diaz, P. P. (1998) *What Ails Muslim Autonomy?* General Santos City, Philippines

Garming, M. B. & Brillantes, A. B. Jr. (1991) *Reflections on Cordillera Autonomy*, Manila: Friedrich Ebert Stiftung

Prill-Brett, J. (1987) *Pechen:The Bontok Peace Pact Institution*, Baguio: Cordillera Studies Center, University of the Philippines College Baguio

第II部
多文化共生社会の実態と課題

第5章

多文化共生社会と外国人の権利

堀江　薫

はじめに

人的交流が活発化した現在、スポーツ選手を想起するまでもなく、観光や留学などの一時的目的で在留するのではなく、ずっと職に就いて定住したり、国際結婚をしたり、帰化して日本国籍を取得したりする人も増えている。地域社会を見れば、外国籍の人々が増えているだけではなく、日本国籍の住民の中にも人種や言語や生活習慣等が異なる人々が多数いる時代、すなわち多文化共生の時代が到来したといえよう。

一方、異なる生活習慣や価値観の違いは、時に摩擦も生む。国籍が異なるという理由で、あるいは見た目が日本人風ではないという理由で、戸惑いを感じる経験をしたり、差別的取り扱いを受けたりする事例も生じている。多文化共生社会においては、外国人の権利の確保と同時に、多様な人々に関する差別の解消も重要な課題になっている。

そこで、本章では、憲法学および国際人権法学からの視点を中心として、多文化共生あるいは多文化共生社会の意義と課題について考察を行う。具体的な問題として、外国籍の住民に対する入居拒否等の事例を基礎として、法的論点を示し、その後、外国人の権利や、憲法学上の外国人の人権享有主体性の問題について検討したうえで、憲法の人権規定の私人間効力の問題につ

第Ⅱ部　多文化共生社会の実態と課題

いて考察を行い、外国人や民族的少数者その他すべての人々が対等な関係で差別や不利益を受けることなく共に生きることができる社会を構築するための方策の検討を行うことにする[1]。

Ⅰ．多文化共生の意義と課題

1．文化の意義・性質

　まず、多文化共生の意義について考察を行うが、そもそも、文化とは何か、という問題があるのでここで触れておく。その理由は、実際には多様な文化の受容あるいは多文化共生社会の構築について、積極的な立場、中立的な立場、消極的な立場があるように見えるが、それは、地域社会に所属する人々がその地域社会についてもつアイデンティティの強さやその地域社会に存在している文化についての維持保存に関する考え方や意欲、あるいは、一定地域に参入する側の人々および受け入れる側の人々それぞれにおけるアイデンティティの強さや自文化維持保存への意欲や異文化受容の態度などとも密接に関係すると考えられるからである。少数民族であるアイヌの人々を取り上げれば、2009（平成21）年7月に内閣官房長官に提出された「アイヌ政策のあり方に関する有識者懇談会　報告書」[2] 24頁に述べられたように、アイヌの人々は、今日においても、アイヌとしてのアイデンティティや独自の文化を失うことなく、これを復興させる意思をもち続けているのである。

　もとより、文化とは何かという問題に関して、深く考察する能力も余裕もなく、また参照すべき社会学や文化人類学等の各種文献の定義も一様ではないため、ここでは、考察の必要に応じた範囲で定義や意義内容に関する以下の例を挙げるにとどめておく。

　まず、第一は、上記「アイヌ政策のあり方に関する有識者懇談会　報告書」の記述であり、その24頁では、「文化とは、言語、音楽、舞踊、工芸等に加えて、土地利用の形態なども含む民族固有の生活様式の総体という意味で捉えるべき」であると述べられている。

　第二は、カナダの政治哲学者キムリッカ（Will Kymlicka）の定義である

が、「社会構成的文化」（societal culture: 社会構成文化と訳されることもある）との用語で、「公的領域と私的領域の双方を包含する人間の活動のすべての範囲——そこには、社会生活、教育、宗教、余暇、経済生活が含まれる——にわたって、諸々の有意味な生き方をその成員に提供する文化である」と定義し、「この文化はそれぞれが一定の地域にまとまって存在する傾向にあり、そして共有された言語に基づく傾向にある」と述べている（キムリッカ 1998: 113）[3]。リベラリズムの政治理論に立脚して多文化社会における多様なマイノリティの権利あるいは市民権を主張し、マイノリティが被る差別や不利益を是正するための理論を展開しており、高く評価されるとともに、個人主義に立脚する憲法学上の人権論に転換を迫るものと指摘されるなど論争的なものになっている。

　第三は、上の二つの見解とは次元を異にし、文化の定義ではなく意義内容に関わる見解である。すなわち、「文化というものは固定的なものでなく、常に変わりうるもの」で、多文化共生は決して複数の文化が併存する状態を指すものではないとの立場に立ち、外国人定住者や移民も、受け入れた地域の生活習慣や文化の影響を受けて出身地とも受け入れた地域とも異なる文化を作るようになったり、受け入れた地域も長い間に彼らの生活習慣や文化の影響を受けてもともとの生活習慣や文化が変化したりすることはよくあることだとして、外国人定住者や日本国籍取得者に社会統合政策を進めつつ、日本人住民にも啓発活動を行ったり地域社会全体での意識改革を進めたりすることを重視する見解である（山脇 2006: 12）。

　ここで、上記の各見解について若干の比較検討を行えば、まず、第一の定義は、特に差別や不利益の視点や文化の可変性の度合いとは関係のない、一般的な定義である。一方、第二の定義は、多文化主義の見解であり、多数派文化と結びついた政治的領域において差別や不利益を受けてきた民族的マイノリティの文化の公認を求め、公的領域・私的領域にわたる積極的な支援を正当化するための定義であるが、民族的マイノリティ構成員は自民族としてのアイデンティティを強くもち、自文化を維持保存する意欲も強いことが含意されているように思われる。他方、第三の見解は、差別や不利益の解消という視点を離れた定義で、外国人定住者の地域参入を前提としており、多文

第Ⅱ部　多文化共生社会の実態と課題

化共生は複数文化の併存とは異なるもので、多様な人々の相互交流と異文化受容は参入する外国人定住者とその文化および受け入れる地域住民とその文化の双方についてプラスになるとして異文化受容に積極的である、少なくとも消極的ではないということが含意されており、文化の可変性の度合いは大きいと考えられているように見える。

　既述のように、このような文化の定義や視点の違いは、時には、融合、調和、同化、統合、隔離等の、多方面かつ論争的な表現と結びついて用いられる多文化共生の意義内容に関する考え方の違いや、外国人・難民等に対する出入国管理政策や民族的マイノリティに対する支援等の各種施策内容に影響を与えるものと考えられるのである。

２．多文化共生の意義と課題

（１）多文化共生の意義

　次に、多文化共生の定義であるが、国内の法律において多文化共生という用語を用いている規定は現時点では見当たらない。行政資料では、例えば、2006（平成18）年３月の総務省「多文化共生の推進に関する研究会報告書——地域における多文化共生の推進に向けて」の５頁において、「地域における多文化共生を、『国籍や民族などの異なる人々が、互いの文化的ちがいを認め合い、対等な関係を築こうとしながら、地域社会の構成員として共に生きていくこと』と定義」したと述べられている[4]。妥当な内容で、各地の条例等でも類似の表現が用いられており、本章もこの定義に立脚して論じることにする。

　なお、関連して、国際交流と多文化共生との違いについて検討する。国際交流については、文化芸術交流や学術交流や産業活動を通じての人的交流、日本語教育や日常生活支援や就労支援等の各種の情報提供および支援ならびに国際友好親善などが中心になるものと考えられる。多文化共生が、国籍や民族などの異なる人々と地域住民等との相互間の対等な関係性と、地域社会の構成員としての共生を主眼としているのに対して、通常、国際交流は、外国との交流や外国からの訪問者との交流を指し、ホストとしてゲストをいか

第5章　多文化共生社会と外国人の権利

に歓迎し、もてなすかという発想に立っている場合が多いとの指摘があり、「住民としての外国人という認識は弱かった」のであり[5]、違いは大きいと考えられる。世界の国々から、多数の人々が、多様な生活習慣や価値観や言語を保ちながら、かつ定住の意志をもちつつ日本に来るようになると、単なる国際交流や外国人支援では対応することは難しい。お客さんあるいはヨソの国から来た人ではなく、自立した個人として地域で共に生きる仲間、という視点が、参入する外国人の側にも、受け入れる地域住民の側および支援する国・地方公共団体の側にも必要になるからである。

　また、総務省は、上記報告書と合わせて、「地域における多文化共生推進プラン」の通知を行い、地方公共団体に、多文化共生の推進に係る指針・計画を策定し、地域における多文化共生の推進を計画的かつ総合的に実施するよう求めたのであるが、同プランは、地域における多文化共生の意義について、(1)外国人住民の受入れ主体としての地域、(2)外国人住民の人権保障、(3)地域の活性化、(4)住民の異文化理解力の向上、(5)ユニバーサルデザインのまちづくり、を掲げている。ここに述べられた多文化共生の意義は妥当なものであると考えられるが、同プランが掲げている、地域における多文化共生のための具体的施策としての、コミュニケーション支援や、居住面・教育面を含む生活支援その他の多様な施策内容が、現実にかつ実効的に行われなければ、多文化共生社会の構築は画餅に帰することになるのである。

（2）多文化共生社会実現のための指針・計画の策定および具体的施策実施
　　のための体制整備等の課題

　そして、この「地域における多文化共生推進プラン」の求めに基づいて、都道府県市町村が条例やプランを作成し多文化共生のための具体的な施策を実行することになっている。例えば、2015年6月末日現在、外国人住民人口が122の国籍・地域にわたり3万1959人で、全市民に占める割合が2.17％であるという川崎市は、全国に先駆けて多文化共生のための多様な取り組みを始めたことで知られているが、多文化共生社会を「国籍や民族、文化の違いを豊かさとして生かし、すべての人が互いに認め合い、人権が尊重され、自立した市民として共に暮らすことができる」社会と定義する「川

115

第Ⅱ部　多文化共生社会の実態と課題

崎市多文化共生社会推進指針——共に生きる地域社会をめざして〈改訂版〉」
（2005年策定・2015年10月改訂）を策定している[6]。また、ニューカマーと呼
ばれる南米日系人が多数住んでいる都市および国際交流協会等が中心になっ
て外国人住民との地域共生に向けて創設された外国人集住都市会議が、2001
年以降、毎年会合を開き、情報交換や、課題の対応、国や都道府県への提言
等を積極的に行っているのである。

　しかし、現実には、異なる文化をもつ人々が共に生活するというのは、そ
う簡単なことではなく、上記の各項目自体が、多文化共生のための実効的な
施策の必要性を示すと同時に、予算措置や人員育成や地域協力等の面での
困難さも示している。10年を経過した現在、国、地方公共団体、地域社会、
ならびに地域住民および外国人住民の対応の一層の進展を期待するものであ
るが、なお課題は多く見られる。一例を挙げれば、総務省が公表している各
年度の「多文化共生の推進に係る指針・計画の策定状況（全体）」を見れば、
2015（平成27）年4月時点で、20ある政令指定都市はすべて指針・計画を策
定済みである一方、策定していない地方公共団体は、都道府県が4、政令指
定都市を除く市では40％、町村ではいずれも80％を超えており、地域の現
状を勘案したとしても決して十分なものとはいえない。今後も予想される外
国人住民の増加に対する早急な指針・計画の策定および具体的施策実施のた
めの体制整備等が求められているのである。

Ⅱ．入居拒否に関する事例と法的論点

1．行政調査による入居拒否の実態の例

　これまで述べてきたように、世界中の様々な人々が活発に交流するように
なった現在では、国籍も、民族も、言語や文化や生活習慣も異なる多様な
人々が、対等な関係を築きつつ、地域社会の構成員として共に生活するとい
う多文化共生社会の構築は、相互の違いを認め合い、互いに学び理解し合い
ながら、文化を発展させ、新たな社会を作りあげる、ということにもつなが
る有益な側面があると考えられる。しかし、具体的施策の必要性からもうか

がえるように、現実にはなお多くの課題があり、多文化共生の意義に反する問題も生じている。そこで、外国人住民が多い地方公共団体を例に、入居拒否の実態を見ることにする。

まず、東京都大田区[7]は、来るべき2020年の東京オリンピック・パラリンピックの開催決定等の状況変化を勘案して、「大田区多文化共生推進プラン（改訂版）（平成27年度から平成30年度）」を策定しているが、それでも、2014年7月から8月にかけて実施した「平成26年度大田区多文化共生実態調査」によれば、外国人区民に対して行った質問項目の「4．日常生活について」・「4）住まいに関して困ったこと」では、外国人であることを理由に入居を断られる経験をした人の割合が33.5％という高率であった。

同様に、2015年3月に公表された「川崎市外国人市民意識実態調査」[8]でも、外国人であることを理由に入居を断られた経験を挙げた回答者の割合は21.3％にのぼった。

このように、多文化共生社会の構築が進展しているとはいうものの、現実的課題として入居拒否のような事例は依然として見られるのである。

2．入居拒否に関する判例について

以下では、外国籍の人が入居を断られた事案について、判例をもとにして検討を行うことにする[9]。

（1）入居拒否に関する事案①
「賃貸マンションの所有者が、入居予定者が日本国籍を有していなかったことを理由として賃貸借契約の締結を拒絶したことにつき、入居予定者に対する不法行為責任を認めた事案」（京都地方裁判所平成19〔2007〕年10月2日判決：平成18〔ワ〕第156号損害賠償請求事件）[10]

（ア）本件の事実の概要は、以下の通りである。
原告Aは、原告会社の従業員であった。被告Bは、K市内所在の賃貸マンションの所有者で、かつ、不動産の売買・賃貸・仲介・管理等を目的とする

第Ⅱ部　多文化共生社会の実態と課題

被告会社の代表取締役であり、被告会社は本件マンション等の賃貸借契約の仲介を委託されていた。原告Aは、被告会社のホームページで建設中の本件マンションの存在を知って転居したいと考え、必要書類を作成し、敷金・礼金および2か月分の賃料を支払い、被告会社はこれを受領した。ただし、最終審査の段階で被告Bが本件物権を賃貸しないことにして、賃貸借契約書の賃貸人Bの名下に押印をしなかったため、本件賃貸借契約は成立してはいなかった。そして、入居予定日の前日になって、被告Bは被告会社従業員に対して本件物件を原告会社に賃貸しない旨伝えた。

（イ）判決要旨は、以下の通りである。

まず、被告Bが負うべき責任については以下の通りである。すなわち、被告Bは何ら合理的な理由なく一方的に本件賃貸借契約の締結を拒んだため、本件賃貸借契約の成立に向けて準備を行ってきた原告会社に対し、本件賃貸借契約の成立についての強い信頼を与え、客観的にみて、本件賃貸借契約の成立が合理的に期待される段階まで両者の準備が進んでいたにもかかわらず、しかも、合理的な理由がないにもかかわらず、本件賃貸借契約の締結を一方的に拒んだものであって、信義則上、原告会社が被った損害を賠償する責任を負うものと解するのが相当である。

そして、原告Aが日本国籍ではないことを理由に、被告Bが本件物件を原告会社に賃貸しないこととしたのであるから、被告Bは、原告Aに対し、不法行為に基づき、原告Aの損害を賠償する責任を負うものというべきである、と判示している。

（2）入居拒否に関する事案②

「あらゆる形態の人種差別の撤廃に関する国際条約2条1項柱書き及び同項（d）の規定は、私人間の人種差別を禁止させるための立法措置を執ることについて、個別の国民に対する締約国の具体的作為義務を定めたものではない」とされた事案（大阪地方裁判所平成19〔2007〕年12月18日判決：平成17〔ワ〕第11364号損害賠償請求事件）[11]

（ア）本件の事実の概要は、以下の通りである。

第5章　多文化共生社会と外国人の権利

　日本で生まれ育った外国籍の原告が、不動産仲介業者に賃貸住宅の紹介と賃貸借契約の仲介を依頼したところ、業者が本件建物を紹介したので、入居したい旨業者に伝えた。その後、業者が、本件家主に、原告が本件建物への入居を希望していることを電話で伝えたところ、本件家主は原告の入居を拒否し、業者が再度電話して説得したが、本件家主の意思は変わらず、原告は本件建物への入居を申し込むことができなかった。

　そこで、まず、本件訴訟に先行して、民事訴訟が提起された。すなわち、被告である家主が行った入居拒否は原告の国籍または民族性を理由とする差別であり、そのため原告が精神的苦痛を受けたと主張して不法行為に基づく損害賠償請求訴訟が提起されたのである。この訴訟では、原告と被告との間で和解が成立し解決金として100万円が支払われた。

　次に、本件訴訟は、原告が、被告・大阪市を相手方として、本件入居拒否が生じたのは、国および地方公共団体である被告・大阪市には憲法第14条第1項に定める差別禁止を実効的なものにするために生まれによる差別を禁止し終了させるためのあらゆる施策を展開する義務があるにもかかわらず、被告・大阪市が本件入居拒否発生時点までに人種差別を禁止する条例を制定しなかったためであり、条例を制定しなかったという被告・大阪市の不作為は国家賠償法第1条第1項の適用上違法であると主張して提起されたものである。

　（イ）判決要旨は、以下の通りである。

　まず、憲法第14条第1項は、国政の高度の指導原理として法の下の平等の基本原理を宣言したものであり、法的取扱いの不均等の禁止という消極的な意味をもつものにすぎず、社会に存在する様々な事実上の優劣、不均等を是正して実質的平等の実現を目指すというものではないから、同項を直接の根拠として、国の個別の国民に対する生まれによる差別禁止のための具体的な作為義務が導かれるとの解釈は採ることができない。したがって、国に上記作為義務があることを前提として、地方公共団体も同様の作為義務を負う旨の上記主張は、採用することができない。また、人種差別撤廃条約第2条第1項は、私人間の人種差別の禁止及び終了に関して、個別の国民に対する締約国の具体的な作為義務を定めたものであると解することはできない。そ

119

して、本件条約第2条第1項柱書き及び同項（d）は、一義的に明確な法的義務を定めたものとはいえないのであり、このような規定内容に照らすと、上記規定は、人種差別の禁止、終了に関して締約国に対する政治的義務を定めたものと解するのが相当である。したがって、原告の各主張は、本件条約第2条第1項（d）に定める差別禁止義務が具体的な作為義務であることを前提とした主張であるところ、その前提を欠くものとして採用することができない、と判示したのである。

（3）法的論点

　まず、上記事案①について検討すれば、裁判所は、入居が予定されていた部屋を家主が賃貸しないことにした契約拒否の理由が、原告が日本国籍を有していないことにあると判示し、契約締結準備段階における信義則上の義務違反に基づいて不法行為の成立を認め、慰謝料100万円に相当する精神的苦痛を受けたものと認められると判示した。ただし、原告側の主張には、憲法第14条第1項の侵害あるいは差別という語句は用いられておらず、そして原告側が主張しない以上、民事訴訟法第246条で規定されているように裁判所は当事者が申し立てていない事項については判決をすることができないため、裁判所の判断にも、憲法第14条第1項の侵害あるいは差別という語句は用いられないまま、単に家主と借り手という私人間の紛争として民事上の不法行為に基づく損害賠償請求訴訟が行われたにすぎない。ここでは、原告側は、なぜ、直接に法の下の平等を定める憲法第14条第1項違反であると主張しなかったのであろうか。私人間の問題では憲法第14条第1項違反は直接には主張できないのだろうか、換言すれば、憲法の人権規定は私人間の問題には直接適用できないのだろうか、という疑問が浮かぶのである。

　一方、事案②については、まず、原告は、この訴訟に先行して、家主が行った入居拒否は原告の国籍または民族性を理由とする差別であり、入居拒否という不法行為のために原告が精神的苦痛を受けたとする民事訴訟を提起し、そこでは和解が成立し解決金が支払われている。その後、このような差別が生じたのは、地方公共団体が人種差別を禁止する条例を制定しなかったからだとして争われたものであるが、ここでは、憲法第14条第1項を直接

第5章　多文化共生社会と外国人の権利

の根拠として生まれによる差別禁止のための法律・条例制定のような具体的な作為義務は国および地方公共団体には生じないのか、人種差別撤廃条約第2条第1項は私人間の人種差別の禁止に関して締約国に具体的な作為義務を課していないのか、などの論点が浮かぶところである。

　ここで、若干の考察を行えば、まず、都道府県営住宅や市町村営住宅などの公営住宅において、日本国籍を有する者に対して不合理な理由で入居拒否が行われた場合には、地方公共団体という公権力による差別に該当するので、人権侵害となる可能性がある。すなわち、上記事案②で原告側が主張したように、「住居は、人間生活の基盤であり、人格的生存のための最も基本的且つ不可欠な要素であることからすれば、住居を確保することは、憲法13条、25条1項、22条1項により保障される基本的人権であり、適切な住居を得る自由権的性格及び生活の基礎として適切な住居を確保することを求める社会権的性格を有する複合的権利」である[12]とも考えられるため、公権力による不合理な理由に基づく入居拒否は憲法第14条第1項に反する可能性があるのである。

　このように、人権の適用についてみれば、国家機関と個人とが関係する公的領域では、日本国憲法第14条第1項が直接適用されうる。もともと、人権規定の名宛人は国家なのである。個人の人権を国家が法律や政策で大規模に侵害した歴史に鑑み、自由主義に立脚して人々の自由を守るために憲法に人権規定が置かれているのである。

　ただし、この個人という場合、外国人も含まれるか否かについては問題がある。

　なお、実際には、公営住宅では、一定範囲の外国人も入居可能である。例えば、新潟県では、県営住宅の入居条件を定めており、「入居資格審査及び契約に必要な書類」の項目の中で世帯全員の住民票の写しの提出を求めているが、その注意事項には「外国人の方は、永住者、特別永住者、中長期在留者に限りますので、その旨の在留等の記載のあるもの」との記述があり、このような条件を充足していれば入居可能なのである[13]。

　一方、個人が国家機関との関わりをもたない私的領域では、自由で平等な個人が法令に反しない限度で広く自由に活動できるのが原則であり、例えば、

121

第Ⅱ部　多文化共生社会の実態と課題

契約を結ぶ場合には、どのような人を相手方とするかしないか、どのような内容の契約を結ぶか結ばないかは、基本的に当事者に委ねられ、民法第1条第3項の権利濫用禁止原則に反したり、民法第90条にいう「公の秩序又は善良の風俗」に反したりしないかぎり、自由である。憲法学的視点からいえば、現在の日本の憲法学界および裁判例上の主流の解釈、すなわちいわゆる通説・判例の解釈によれば、日本国憲法が規定する人権規定は国家機関と個人との問題には直接適用されるが、私人間の問題には直接には適用されない、憲法上の平等権も私人間には直接に適用されることは原則としてない、とされているのである。

　このことは、反面から見れば、誰を入居させるかについての自由を家主側が有していて、入居を拒否された場合はその理由が不合理な差別であることを入居拒否された側が裁判で立証しなければならないことを意味している。私的領域において、国籍や人種による差別的取り扱いがあっても、裁判を提起して勝訴しないかぎりは、泣き寝入り、ということになる。これが、憲法の人権規定の趣旨や理念を私的領域の問題にもなんとか注入できないかと考えられ、人権規定の私人間効力が論じられているゆえんである。

　また、憲法規定が私人間の問題にも直接適用できないならば、外国人入居機会均等法や人種差別撤廃法というような法規範が制定されていない場合には、私的領域における外国人に対する差別をなくすことは容易ではないことも明らかである。原告側主張でこの点について触れた事案が上記判例②であるが、後でも触れるように、私的領域での外国人差別をなくすためには、国家レベルでの人種差別撤廃法の制定や、地方公共団体レベルでの人種差別撤廃条例の制定が必要であると主張されたゆえんである。

　これまでの検討により、国籍や民族を異にする人々を構成員とする多文化共生社会の構築にあたって生じる、私人間での国籍を理由とする入居拒否という差別の問題が、外国人はどのような権利をもつことができあるいはもつことができないのか、憲法上の人権とは何か、外国人にも憲法人権規定の保障が及ぶのか、私人間の問題に人権規定は直接適用されないのかなどの法的論点を示すことが理解できるが、以下において改めて検討を行うことにする。

122

第5章　多文化共生社会と外国人の権利

Ⅲ．外国人の権利、人権、人権の私人間効力

1．外国人の権利、人権の意義、外国人の人権享有主体性について

（1）外国人の権利——私権、不法行為との関連

　多文化共生社会の実現のためには、外国人の私権の実効的な確保も欠かせない。

　ここで、私権および民法とは何か、については次のような説明がある（内田 2008: 487）[14]。すなわち、まず、民法は、市民社会の法律関係を規律するルールを、権利・義務の体系として構成しているが、ここで問題とされる権利は、私法の世界の権利であるから私権と呼ばれる。そして、所有権、占有権その他の物権や、特定物の引き渡しや金銭の支払いその他の行為を要求することができる権利である債権が、私権の代表的なものであるが、私権はそれだけではない。特許権のような無体財産権もあれば、非財産権としての、家族法における親や夫婦という身分上の地位に基づいて認められる諸々の権利も存在する。また、人格権とは、人が自らの生命、身体、自由、名誉、プライバシー等に対して有する権利であるが、その侵害に対して不法行為法上の保護が与えられており、今日では重要な意義を有している。このように、私権は多様である。

　次に、私法上の権利義務の主体となる資格である権利能力に関しては、民法第3条第1項で「私権の享有は、出生に始まる」と規定されているように原則として人はすべて平等の権利能力を有する、というのが現在の民法の大原則である（内田 2008: 91-92, 101）。そして、民法第3条第2項は、「外国人は、法令又は条約の規定により禁止される場合を除き、私権を享有する」と定めて、外国人が一定の範囲で権利能力を有することを規定しているのである[15]。事案①、および事案②に先行して提起され和解に至った民事訴訟において、日本国籍ではない原告側が不法行為による損害賠償を認められたのも、私権を享有しているからである。

　しかし、すでに述べたように、外国人であるというだけの不合理な理由で入居拒否という差別をされても、裁判を提起し、勝訴するためにはそれを立

123

証しなければならない。

　ここで、より詳細に検討すれば、事案①および事案②における事実の概要では、いずれも正式な入居のための賃貸借契約はいまだ結ばれていなかったが、このような契約関係未成立の場合には、何らかの根拠に基づいて入居契約の強制ができるか、あるいはそのような契約の強制ができないとしても差別を理由とする人格権侵害に基づく損害賠償・慰謝料請求ができるかなどが問題となる。この点、まず、法的には、入居拒否は契約締結前の事実行為であって法律行為ではないので、民法第90条公序良俗規定の対象にはならない。次に、民法第709条以下の不法行為規定が適用されるためには、不法行為の成立要件、すなわち、故意または過失、責任能力、他人の権利または法律上保護される利益の侵害（違法性と解する見解もある）、損害の発生、因果関係、違法性阻却事由不存在などの要件の充足が必要となる（棟居 2004: 7 参照）[16]。事案①、および事案②に先行して提起され和解に至った民事訴訟において、不法行為が成立するというためには、他人の権利または法律上保護される利益の侵害（違法性）の要件に関して、根拠となる法令に反したことあるいは法的保護に値する利益が侵害されたことが必要となる。この点、外国人であることを理由とする不合理な入居拒否を禁止する規定は、現在のところ個別法には存在しない。したがって、外国人に対する入居拒否行為の権利侵害ないし違法性の判断においては、私人間における外国人入居拒否行為が平等権の侵害に該当するか、すなわち憲法第14条第1項に違反するか、あるいは少なくとも憲法第14条第1項の不合理な差別を禁止するという趣旨・理念を民法第90条公序良俗規定や民法第709条以下の不法行為規定を通じて私人間の行為についても注入しうるか、が問題となってくるため、外国人も憲法所定の人権を享有できるかという問題を検討する必要が出てくるのである。

（2）人権の意義・内容、外国人の人権享有主体性
　そこで、人権の意義・内容、外国人の人権享有主体性等について検討する。
　人権とは何か、という問いに答えることは難しい。まず、かつての碩学は、人間がただ人間であるということにのみ基づいて、当然に、もっていると考

えられる権利が人権だ、人間が生まれながらもっている権利、すなわち、生来の権利である、と述べている（宮澤 1989: 77）[17]。しかし、この定義は抽象的である。

次には、基本的人権と人権とは同じものであるとしたうえで、より具体的に、人間の尊厳の理念から出てくる各人の基本的な生活上の利益や要求であって憲法の保障を受けるものを指す、と定義する見解がある（内野 2005: 23）。

また、基本的人権と基本権とを区別する見解もある。すなわち、基本的人権は、前国家的な自然権であり、永久不可侵の権利であるが、基本権は、実定法上の権利であり、制限が認められる権利である。基本的人権も、日本国憲法に取り入れられて、基本権となったのである。そして、日本国憲法の中には、基本的人権を実定化した基本権だけではなく、憲法によって初めて保障される参政権・社会権・国務請求権のような基本権も含まれている。ただし、どちらの基本権であるかによって、保障に差が生じるわけではない、との見解である（渡辺ほか 2016: 16〔工藤達朗執筆〕）。

これらの定義からも、すべての権利が人権とはいえないことが理解できる。すなわち、憲法の保障を受けるものに限定されるからである。人権規定の名宛人が国家であることはすでに述べたところであるが、「人権の対国家性（人権侵害可能性主体としての国家）」の説明として、「世の中では、AさんがBさんに対して（たとえばひどいけなしことばを浴びせたり悪質ないじめをしたりするなどして）何らかの害を加えたときのことを指して人権侵害と呼ぶことが多い。しかし、憲法学にとっては、このような私人による加害よりも、国家による人権侵害（いわば厳密な意味での人権侵害）の方が重大である。すなわち、人々の人権が保障されるのは、何よりも国家との関係においてである」と述べられている（内野 2005: 24）。すなわち、憲法学上、人権侵害という場合は、国家ないし公権力により個人の人権が侵害されることが想定されており、私人間での奴隷的拘束のような場合を除けば、私人間の問題では憲法規定は直接適用されないことが示唆されているのである。

ここで、日本国憲法で定められている人権をその内容や性質によって分類すれば、包括的基本権である生命・自由・幸福追求権（第13条）や法の下の

平等（第14条）その他の総則的原理規定、受益権、自由権、社会権、参政権などに分類することができる。

このうちどの権利を外国人がもつことができるのか（享有できるか）、という問題があるが、その前に、そもそも外国人は日本国憲法上の人権をもつことができるのか、という論点があるので簡単に検討しておく。

この憲法学的論点としての外国人の人権享有主体性の問題は、学説上見解が分かれる。なお、外国人に憲法の人権規定の保障が及ばない場合は、人権としての平等権の侵害の問題は考えられず、裁判を提起することもできないということにつながるものである。

この点に関しては、まず、憲法第3章の表題が「国民の権利及び義務」であることを重く見て、外国人には日本国憲法所定の人権規定の保障が及ばないが、立法政策でできるだけ国民と同様の取り扱いを行うことが望ましいとする消極説がある（佐々木 1952: 470-471 参照）[18]。しかし、この消極説に対しては、人権が人間性に由来する前国家的性格を有するものであることを重視して妥当性に疑問を呈し、かつ、消極説をとれば、外国人の人権問題はすべて立法政策に委ねられることになり、違憲訴訟を提起することも困難になるおそれがあるとする批判的見解がある（芦部 1994: 123）。私見も、人権の前国家性や国際協調主義等を考慮すれば妥当ではないと考えるものである。

今日の通説・判例は、外国人の人権享有主体性に関する積極説の中の権利性質説と呼ばれる説、すなわち、憲法の人権規定について、「権利の性質上日本国民のみをその対象としていると解されるものを除き、わが国に在留する外国人に対しても等しく及ぶものと解すべき」（最高裁判所大法廷判決昭和 53 年 10 月 4 日：昭和 50 年〔行ツ〕第 120 号在留期間更新不許可処分取消請求事件、民事判例集 32 巻 7 号 1223 頁）とする見解である。人権の前国家性・前憲法性や、憲法の国際協調主義、人権の国際的保障の急速な進展などを考慮すれば、この立場が妥当であると考えられる（佐藤 2011: 142; 小林 1980: 286; その他参照）[19]。そして、外国人に保障されない人権として、入国の自由、国政レベルの参政権、社会権などの、従来は国民主権原則により国民に限ると考えられてきた人権が挙げられているが、再検討すべきである、あるいは少なくとも定住外国人には拡充すべきである、とする見解も多く（芦部 2015: 92 以下；浦部 2000:

54以下および507：辻村2012: 128以下等参照）[20]、妥当であると考える。

　こうして、この権利性質説に立脚して外国人も人権を享有できるとした場合、事案①、および事案②に先行して提起され和解に至った民事訴訟において、入居拒否という差別的取り扱いが、民法第709条の不法行為に該当する前提として、根拠となる法令に反したかまたは法的保護に値する利益が侵害されたかどうかの判断、すなわち、入居拒否行為が憲法第14条第1項に違反しているか否かが問題となる。違反していると認定されれば、訴訟で請求が認められることになる。

　しかし、ここで課題となるのが、私人間の問題にも憲法人権規定が直接適用できるかという、人権規定の私人間効力の問題なのである。

2．憲法人権規定の私人間効力について

（1）人権規定の私人間効力とは何か

　私人間効力については、大別して3つに見解が分かれている[21]。憲法規定が私人間も直接適用されうるのか（直接適用説）、まったく適用されないのか（不適用説）、それとも社会的に許容されうる限度を超える人権侵害について民法第90条等の私法の一般条項や民法第709条以下の不法行為に関する諸規定を媒介にして憲法や国際人権規約や人種差別撤廃条約等の趣旨が間接的に適用されるのか（間接適用説）が問題となるのである。

　この憲法規定の私人間効力の論点については、まず、近代市民法のあり方が関係している。近代市民国家は、法的には、個人が国家と関わる公的領域と、国家の介入を受けずに自由・平等な個人が法令に反しないかぎりにおいて広範に自由な活動を行うことができる私的領域とを区分したうえで、国家の組織とその作用を規律し対国民との関係で国家の統治権の発動に関わる公法と、国家と関わらない私的領域において私人相互間の関係を規律する私法とを区分するという、公法・私法二元論をとった[22]。憲法第21条第2項後段で「通信の秘密は、これを侵してはならない」というとき、その憲法規定の名宛人はあくまでも国家であるように、国民の自由や権利が国家権力によって侵害されることを防ぐために、最高の法規範である憲法における人権

第Ⅱ部　多文化共生社会の実態と課題

保障が必要だと考えられたのである。逆に考えれば、私人間の領域には、国家は必要最小限の介入しかしないということである。

　しかし、産業の発展や様々な社会の変動に伴って、企業が就業規則で女性労働者のみに結婚退職制を設けるなどして多数の女性労働者が企業と対等の関係を有することができない状況下で働く権利を侵害されるなど、私人または私企業等による他の私人への大規模な権利侵害が生じるようになり、さらに法令が未整備の領域では、私人相互間の紛争処理過程において弱い立場の人々の救済が容易ではないこともわかった。そこで、憲法の人権規定の効力を、私人間にも及ぼすことができないか、が課題となったのである。

　この論点に関しては、まず、不適用説ないし無効力説と呼ばれる見解がある[23]。これは、原則的に、基本的人権の保障は、憲法に特別の定めのないかぎり、対国家・対公権力のものであり、私人間で権利が衝突する場合の調整は、憲法ではなく法律によって行われ、個別的には裁判による調整が基本であるとする考え方である。この見解に対しては、裁判による救済が弱いこと、強きものが優先されることにより私法関係における個人の自由が失われるおそれがあること等に基づく批判がある（石村 1988: 28）。

　そこで、次に、人権は公法・私法を含む法の全領域に妥当するものであって社会のすべての関係で尊重されるべきであるとの観点から、ある種の人権規定に限定して私人間への直接適用を認めるという限定的な直接適用説ないし直接効力説が提唱された[24]。この立場は、弱者救済の観点からは社会の要請によく適合するものである。しかし、他方で、自由に契約を結んで生活関係をより豊かなものにしうるはずの私的領域において、事後的な裁判で何らかの差別が存在したと認定されるなどして契約が無効とされることになると、当事者は何を信じて行動してよいかわからなくなり、予測不可能な事態が頻発するおそれがあるという批判にさらされることになる。

　こうして、憲法が規定する人権保障の精神に反するような私人間の行為について、私法の一般条項等を通じて人権規定の価値や理念・趣旨を私人間にも及ぼそうとする間接適用説ないし間接効力説が提唱されたのである[25]。

　その代表的な論者は、人権侵害行為を３つの類型に分類して、次のように論じている[26]。すなわち、第一は、私的な人権侵害が法律行為に基づく場合

128

であり、この場合は、民法第90条が適用されるが、その際、憲法規定の理念・趣旨が「公の秩序」という一般条項の意味を充填する作用を果たすことによって、間接的に私的行為を規制する効力をもつ。第二は、私的な侵害行為は事実行為に基づくが、その事実行為自体が法令の概括的な条項または文言を根拠として行われた場合であり、法令の概括的条項ないし文言を解釈適用するにあたって、民法第90条の公序の解釈と同じく、憲法による意味充填が行われ、そのかぎりで憲法が間接的に私人相互間に効力を及ぼすことになる。第三は、私的な人権侵害が純然たる事実行為に基づく場合であり、この型の人権侵害は、間接効力説によれば、憲法問題として処理することは困難であるが、不法行為法の問題として扱えば、民法第709条の解釈に際し人権価値による意味充填を行うことができるので、そのかぎりで間接効力説の趣旨を生かすこともできることになる。

このように、間接適用説は、理論的整合性と現実問題への対処・解決の観点からは、人権の対国家性と私的自治原則とを維持しながら憲法の人権規定の趣旨を私法規定を通じて実現するという点で、最も妥当と考えられる。

しかし、他方で、理論的に見れば、日本の間接適用説は「憲法上の人権が、実は私人間においても何らかの効力をもつのだということを、こっそり前提にしている」という点で問題があるとの有力な批判にさらされる（高橋 2003: 142）。

また、上記の間接適用説の代表的な論者が認めているように、この説の問題点の一つは、純然たる事実行為に基づく私的な人権侵害行為が憲法による抑制の範囲外に置かれてしまうことであり、不法行為法の適用によりかなりの部分を救済することはできるとしても、公権としての基本権は直ちに民法第709条にいう権利ではなく、行為の違法性を証明することが困難な場合もあるので、不法行為法の領域において憲法価値を実現できるのは限られたものにならざるをえないのである（芦部 1994: 314）。

このように、結果的に見れば、いずれの説にも欠点があって、理論的整合性と現実的妥当性を兼ね備えた無欠の理論を想定することは難しいと思われるのであるが、現在のところ、間接適用説が通説・判例となっており、私見でも妥当と考えるものである。

第Ⅱ部　多文化共生社会の実態と課題

（2）私人間効力と裁判例

　実際に、裁判所の判決でも、間接適用説を採用したと解される事案がある。

　すなわち、外国籍を有し日本人と婚姻した者および日本に帰化し日本人と婚姻した者が公衆浴場に入浴しようとしたところ、外国人であることあるいは白人であって外見上は日本人に見えないことを理由として拒否された事案（小樽公衆浴場外国人入浴拒否事件・札幌地方裁判所平成14〔2002〕年11月11日判決：平成13〔ワ〕第206号損害賠償等請求事件）[27]において、人格権侵害および人権の私人間効力に関する争点につき、裁判所は、以下のように判示した。すなわち、憲法第14条第1項は、公権力と個人との間の関係を規律するものであって、原告らと被告との間のような私人相互の間の関係を直接規律するものではないというべきであり、実質的に考えても、同条項を私人間に直接適用すれば、私的自治の原則から本来自由な決定が許容される私的な生活領域を不当に狭めてしまう結果となる。また、国際人権規約自由権規約および人種差別撤廃条約は、国内法としての効力を有するとしても、その規定内容からして、憲法と同様に、公権力と個人との間の関係を規律し、または、国家の国際責任を規定するものであって、私人相互の間の関係を直接規律するものではない。したがって、原告らの主張は採用することができない。また、私人相互の関係については、上記の通り、憲法第14条第1項、国際人権規約自由権規約、人種差別撤廃条約等が直接適用されることはないけれども、私人の行為によって他の私人の基本的な自由や平等が具体的に侵害されまたはそのおそれがあり、かつ、それが社会的に許容しうる限度を超えていると評価されるときは、私的自治に対する一般的制限規定である民法第1条、第90条や不法行為に関する諸規定等により、私人による個人の基本的な自由や平等に対する侵害を無効ないし違法として私人の利益を保護すべきである。そして、憲法第14条第1項、国際人権規約自由権規約および人種差別撤廃条約は、前記のような私法の諸規定の解釈にあたっての基準の一つとなりうる、と判示している。そして、本件入浴拒否についてみると、実質的には、日本国籍の有無という国籍による区別ではなく、外見が外国人に見えるという、人種、皮膚の色、世系または民族的もしくは種族的出身に基づく区別、制限であると認められ、憲法第14条第1項、国際人権規約自由権規約

第26条、人種差別撤廃条約の趣旨に照らし、私人間においても撤廃されるべき人種差別に当たるというべきである。したがって、外国人一律入浴拒否の方法によってなされた本件入浴拒否は、不合理な差別であって、社会的に許容しうる限度を超えているものといえるから、違法であって不法行為に当たる、と判示したのである。

このように、裁判所は、直接適用説を採用しないことを明らかにしたうえで、私人により他の私人の基本的な自由や平等が具体的に侵害され、それが社会的に許容しうる限度を超えていると評価されるときは、憲法第14条第1項、国際人権規約自由権規約および人種差別撤廃条約等の規定の趣旨を民法第1条や第90条等の私的自治に対する一般的制限規定の解釈の基準として用いることによって不法行為の成立を認める旨を判示し、間接適用説に立つことを示したのである（棟居 2004: 8 参照）。

もとより、日本国憲法や、国際人権規約、人種差別撤廃条約などの国際条約の趣旨に鑑みれば、あるいは多文化共生の意義に照らせば、これらの規定は私人間には直接には適用されないものの、間接的に適用することによって、人権を保護し、人種や民族や国籍による差別に対処すべきものと考えられ、当該判決は妥当であると考えられるのである。

入居拒否の事案②に立ち戻って検討すれば、先行する民事訴訟で和解に至ったのは、入居拒否が原告の国籍または民族性を理由とする差別であることが示されており、事案①と同様に私人間における国籍による差別の違法性が含意されているとみることができるほか、事案②では、地方公共団体の不作為の違法性、すなわち、被告・大阪市が本件入居拒否が生じた時点までに人種差別を禁止する条例を制定しなかった不作為が国家賠償法第1条第1項の適用上違法であるかが争点とされたが、原告による請求内容は上記・小樽公衆浴場外国人入浴拒否事件判決と同様の構成となっているのである。

よって、最後に、私的領域における国籍や人種差別の不法行為認定に困難があることに鑑み、立法政策により人種差別を禁止するための法律や条例を制定する必要性について論じることにする。

第Ⅱ部　多文化共生社会の実態と課題

結びにかえて——今後の課題

　これまで検討してきたように、多文化共生のために、国や地方公共団体も真摯に取り組みを進めていることがわかる。

　例えば、入居拒否について川崎市の例を見ると、「川崎市多文化共生社会推進指針——共に生きる地域社会をめざして〈改訂版〉」の「Ⅱ施策の具体的推進内容　1行政サービスの充実　(6)住宅」では、国籍や文化の違い、また、日本語が不自由なためなどの理由から、民間賃貸住宅への入居差別はなくなっていない現状があるため、住宅基本条例や居住支援制度を不動産業者、家主、市民等に十分広報し、入居差別をなくしていくことが課題となっていると記されている。そして、その対策として、①住宅基本条例や居住支援制度等の広報啓発を進めるとともに、相談体制の充実に努めること、②民間賃貸住宅の入居差別の解消や安定した居住の確保に努めることを挙げている。そして、「川崎市住宅基本条例」（2000年制定・2004年改正）第2条では、「住宅及び住環境に関する政策の基本理念」として、「住宅及び住環境に関する政策は、次に掲げる事項を基本目標とし、すべての市民が安心し、ゆとりをもって、共に住み続けられる活力ある地域社会の実現を目指したものでなければならない」と定め、同条第3号で、「高齢者、障害者及び外国人をはじめとする市民の居住の安定」を規定している。

　しかし、入居拒否の裁判例を見れば、あるいは行政調査によれば、国籍や民族性による入居拒否という差別が、私人間で依然として発生していることも明らかである。民事的解決には限界があるため、法律学においても、私人間における差別を解消するための実効的な理論を構築する必要がある。

　また、多文化共生推進条例の制定だけではなく、人種差別撤廃法や外国人差別禁止条例のような法規範を制定して、広く社会の人々を啓発するための行政施策を行うとともに、個別の事案の対処のための根拠法とすることが必要であることも示している。この点で、「日本政府は1995年に人種差別撤廃条約を批准しながら、まだ民族差別を禁止する国内法を制定していない。外国人の人権侵害に関しては、すでに幾つもの訴訟が起きている。法律の制定

第5章　多文化共生社会と外国人の権利

を待たずに、外国人住民の多い自治体は民族差別禁止条例（仮称）の制定を検討すべきであろう」との提言は重要である（山脇 2008: 12）。「外国人の権利と多文化共生社会」という大きなテーマについての考察は、多様な論点と山積する課題を示すにとどまるものであったが、詳細な検討は後日の課題としてひとまず擱筆する。

注

1　本章において筆者に与えられたテーマは、多文化共生社会を外国人の権利という視点から論ぜよ、というものであり、かつ、執筆者の「専門の内容を踏まえつつも、学生・一般市民にも読みやすいもの」とせよ、というものであった。もとより、多角的観点から論じられるべき大テーマであってここで簡潔に述べることができるものではなく、適宜問題点を指摘するものの詳細な理論的考察は別稿に譲るところが多いこと、ならびに、外国人の人権享有主体性の部分および人権の私人間効力に関する部分は、堀江薫「外国人の人権──『外国人の入浴・入店お断り』訴訟」県立新潟女子短期大学研究紀要第43集（2006年）、および堀江薫「外国人の人権──入浴・入店拒否と人種差別」県立新潟女子短期大学研究紀要第44集（2007年）の記述と内容的に重複するところがあることを、あらかじめお断りしておく。人権の私人間効力については、それらの論文でも若干の考察を行ったところではあるが、「憲法学で過剰なまでに熱を帯びた『私人間効力』論争」（寺谷 2012: 9）とも評される大問題であり、かつ、多文化共生社会の構築には不可欠の論点であるために本章でも取り上げつつ、さらに詳細な検討を後日の課題とするものである。

　　また、外国人の人権享有について詳細に検討するにあたっては外国人の類型化が必要となる。本章では、執筆目的に即して、日本社会に生活の本拠を置く永住外国人および定住外国人を想定しているが、これ以上は扱わない。

2　同報告書は、アイヌ政策推進会議・内閣官房アイヌ総合政策室のホームページから参照可能である（筆者注＝以下、本章で取り上げた国の法律や市町村等の条例や多文化共生推進プランや多文化共生推進指針等の行政資料は、それぞれのホームページ【HPと略記することがある】において参照可能であるため、本章では特に必要でないかぎり注記しないことをお断りしておく。また、本章で参照したウェブサイトのURLは、特に断らないかぎり、2016年9月30日時点のものである）。またアイヌ文化振興法の規定については、国内の法令を検索できる「電子政府の総合窓口」の法令データ提供システム（URL：⟨http://law.e-gov.go.jp/cgi-bin/idxsearch.cgi⟩）参照。

133

第Ⅱ部　多文化共生社会の実態と課題

3　キムリッカの立論に関しては、例えば、浦山（2010: 201）では、「日本の憲法学で
は、多文化主義の主張の人権論的再構成に意欲的に取り組む論者においても、社会
における文化的多様性の承認への共感と同時に、憲法上の権利の担い手は個人であ
るという従来の法学を支えてきた個人主義的発想と多文化主義が主張する集団への
一定の権限の付与や集団の保護の間の緊張関係へのきわめて強い懸念が見られる」
と述べられている。なお、同214頁で、「多数派文化を基軸とした既存の政治的領域
における文化的少数者の不利益の存在を指摘したことが多文化主義の大きな功績で
ある」と認めたうえで、214-215頁において、より詳細に、「個人主義的人権論が個
人主義的である所以は、個人の権利と自由こそが究極的な権利の正当化根拠である
という正当化論における個人主義にあるというアレン・ブキャナンの主張」に立脚
して、「正当化における考慮の対象が個人であることを前提とした上で、集団を道
徳的権利ではなく法的権利の主体として認めることによって、多文化主義と個人主
義的人権観との正当性を担保することができる」と述べている。私見では、民族の
文化や伝統を維持し言語の保存に益する支援としての積極的差別解消措置を国家や
地方公共団体が行うことに異論はなく、かえって推奨する立場ではあるものの、あ
る特定の文化を公認し支援することや集団の権利を主張することには妥当性に違和
感を覚えざるをえない。

4　同報告書ならびに以下の「地域における多文化共生推進プラン」は総務省HPか
ら参照でき、引用部はその5頁である。

5　当該箇所の記述は、山脇（2006: 12; 2008: 4）による。なお、多文化共生と多民族
共生との違いについて、佐竹（2011）参照。

6　同指針は川崎市HPから参照可能であり、引用部は11頁である。人口等の数値は
4頁参照。指針策定までの経緯については、指針に付された資料の「1　指針策定
の経過」や、金（2011）等参照。

7　以下の、「大田区多文化共生推進プラン（改訂版）（平成27年度から平成30年度）」
「平成26年度大田区多文化共生実態調査」は、いずれも大田区のHPから参照可能
である。

8　「川崎市住宅基本条例」や「川崎市外国人市民意識実態調査」も川崎市のHPから
参照可能。

9　なお、判例に関連する法律や条約の規定は以下の通りである。
　　・憲法第14条第1項　すべて国民は、法の下に平等であつて、人種、信条、性別、
　　　社会的身分又は門地により、政治的、経済的又は社会的関係において、差別さ
　　　れない。
　　・民法第90条　公の秩序又は善良の風俗に反する事項を目的とする法律行為は、
　　　無効とする。
　　・民法第709条　故意又は過失によって他人の権利又は法律上保護される利益を
　　　侵害した者は、これによって生じた損害を賠償する責任を負う。

134

第5章　多文化共生社会と外国人の権利

- 人種差別撤廃条約（正式名称は、「あらゆる形態の人種差別の撤廃に関する国際条約」：1965年国際連合総会採択・1969年効力発生）第2条第1項　締約国は、人種差別を非難し、また、あらゆる形態の人種差別を撤廃する政策及びあらゆる人種間の理解を促進する政策をすべての適当な方法により遅滞なくとることを約束する。このため、（中略）
（d）各締約国は、すべての適当な方法（状況により必要とされるときは、立法を含む。）により、いかなる個人、集団又は団体による人種差別も禁止し、終了させる。

10　本判決は裁判所サイト（URL:〈http://www.courts.go.jp/〉）から参照可能で、冒頭の事案説明文は「判示事項の要旨」からの引用である。

11　本判決は、前掲注10・裁判所サイトから参照可能である。なお、大阪市市民局人権部「外国籍住民施策検討に係る生活意識等調査報告書　概要版」では、2001年「大阪市外国籍住民の生活意識についての調査」が行われ、同調査の質問項目「日本社会において外国籍住民が受けている不利益について」では、「住宅の入居時に、外国籍を理由として、入居を断られる」との回答が15.2％あったことなどが挙げられている。

12　前掲注11・判例参照。

13　「県営住宅入居案内」の「入居資格審査及び契約に必要な書類」は新潟県HPから参照可能である。

14　なお、渡辺ほか（2016: 54）（宍戸常寿執筆）では、一定の不法行為の事例に関して、憲法第13条の個人の尊厳が私法上の人格権という形で具体化されているものとみることができる、と述べている。

15　ただし、権利能力をすべての人に認める権利能力平等原則の趣旨からすれば、大村（2005: 180）が述べている通り、民法第3条第2項の規定や、外国人の権利能力を制限する規定が外国人土地法や特許法に残存していることなどは、妥当性には問題があると考えられる。

16　また、不法行為の構造や内容に関しては、内田（2011: 323; 330頁以下）参照。

17　なお、ここで人権概念の詳細な検討を行う余裕はないが、高橋（2013: 72）は、人権は、もともと、個々人が自然状態において有している前社会的・前国家的自然権に由来するものであり、人権は国家を前提としない権利であって、逆にいえば、国家の存在を前提とする権利は人権ではなかったのであり、参政権は、国家の存在を前提にするがゆえに「人の権利」ではなかった、同様に、社会権も国家に対する請求権である以上、前国家的な権利ではありえない、と述べ、102頁は、憲法の中に規定された人権の名宛人は公権力であり、公権力の目的・存在理由は、各人が留保した自然権の擁護・保障であり、それゆえ、公権力（国家）は、個人間の自然権衝突を調整する責務（国家の自然権保護義務）を負い、そのために法律を制定し、執行し、裁判を行う、と述べており、後述する人権の私人間効力に関する論争において新無

135

第Ⅱ部　多文化共生社会の実態と課題

効力説ともいわれる有力説を唱えている。

18　なお、松井（2002）では、憲法を、統治のプロセスを定めたものとみて、憲法は、国民が自己統治を行うプロセスを規定するとともに、個々の国民がその統治のプロセスに参加するための権利を保障したものとみるのである、という「プロセス的な憲法観」に立脚し（松井 2002: 41）、プロセス的基本的人権観に基づき、憲法の保障する基本的人権は市民的権利であるという立場からは、憲法の保障する基本的人権が当然のように外国人にも保障されているとは言い難いとしている（松井 2002: 313）。

19　なお、近藤編著（2015）、近藤（2016: 49 頁以下）も参照。

20　ただし、具体的に外国人がどの人権をどの程度享有できるのか、逆から見れば、外国人に関してどのような人権がどのような享有の制約を受けるのかについては、なお課題が多い（柳井 2010: 158 以下等参照）。

21　人権の私人間効力ないし私人間適用に関しては多くの見解が提示されているが、高橋（2013: 101 頁以下）、棟居（2008）の「第 1 章　私人間適用」、山本（2003: 100 頁以下）、巻（2007: 151 頁以下）、宍戸（2010: 25 頁以下）等参照。

22　公的領域と私的領域の二分論に関連して、長谷部は、「近代ヨーロッパで立憲主義が成立する経緯においては、宗教戦争や大航海を通じて、この世には比較不能な多様な価値観が存在すること、そして、そうした多様な価値観を抱く人々が、それにもかかわらず公平に社会生活の便宜とコストを分かち合う社会の枠組みを構築しなければならないこと、これらが人々の共通の認識となっていったことが決定的な意味を持っている」（長谷部 2006: 71）としたうえで、その枠組みを構築する際に「立憲主義がまず用意する手だては、人々の生活領域を私的な領域と公的な領域に区分することである。私的な生活領域では、各自がそれぞれの信奉する価値観・世界観に沿って生きる自由が保障される。他方、公的な領域では、そうした考えの違いにかかわらず、社会のすべてのメンバーに共通する利益を発見し、それを実現する方途を冷静に話し合い、決定することが必要となる。このように、立憲主義は、多様な考え方を抱く人々の公平な共存をはかるために、生活領域を公と私の二つに区分しようとする」（同 : 9-10）と述べている。なお、そこでは、続けて、「これは、人々に無理を強いる枠組みである。自分にとって本当に大切な価値観・世界観であれば、自分や仲間だけではなく、社会全体にそれを押し及ぼそうと考えるのが、むしろ当然であろう。しかし、それを認めると血みどろの紛争を再現することになる。多元化した世界で、自分が本当に大事だと思うことを、政治の仕組みや国家の独占する物理的な力を使って社会全体に押し及ぼそうとすることは、大きな危険を伴う」と述べている。この、特定の価値観を公的領域にもち込むことの危険性の指摘、および、立憲主義の基礎としての、多様な人々の共存のための公的領域・私的領域二分論の意義の確認は、現代でも重要である。

23　高橋（2003: 144）で、「私人間における人権保障は民法を中心とする私法によって

136

第5章　多文化共生社会と外国人の権利

なされる」と述べている。

24　直接適用説ないし直接効力説の内容等に関しては、芦部（1994: 284-285）、ならびに後述の直接効力説に対する批判は、同（285-293）参照。

25　間接適用説については、小林（1980: 307）や、伊藤（1995: 30-31）参照。

26　以下の第一から第三の内容は、引用順に、芦部（1994: 296, 298, 300）である。

27　小樽公衆浴場外国人入浴拒否事件判決は、判例時報 1806 号 84 頁以下参照。判例評釈としては、近藤（2003: 112）、中井（2011: 106 頁以下）など参照。

【参考文献】

芦部信喜（1994）『憲法学II　人権総論』有斐閣

＿＿.（2015）（高橋和之補訂）『憲法［第 6 版］』岩波書店

石村 修（1988）『基本論点　憲法』法学書院

伊藤正己（1995）『憲法［第 3 版］』弘文堂

内田 貴（2008）『民法I ［第 4 版］総則・物権総論』東京大学出版会

＿＿.（2011）『民法II ［第 3 版］債権各論』東京大学出版会

内野正幸（2005）『憲法解釈の論点［第 4 版］』日本評論社

浦部法穂（2000）『全訂　憲法学教室』日本評論社

浦山聖子（2010）「第 10 章　民族文化的少数者の権利」愛敬浩二編『講座　人権論の再定位 2　人権の主体』法律文化社

大村敦志（2005）『基本民法I　総則・物権総論［第 2 版］』有斐閣

キムリッカ、ウィル（1998）『多文化時代の市民権──マイノリティの権利と自由主義』角田猛之・石山文彦・山﨑康仕監訳、晃洋書房〔= 1995, Kymlicka, Will. *Multicultural Citizenship: A Liberal Theory of Minority Rights*, Oxford University Press.〕

金侖貞（2011）「地域社会における多文化共生の生成と展開、そして、課題」『自治総研』通巻 392 号（2011 年 6 月号）

小林直樹（1980）『新版　憲法講義　上』東京大学出版会

近藤 敦（2003）「入浴拒否と人種差別」『法学セミナー』585 号（2003 年 9 月号）

＿＿.（2016）『人権法』日本評論社

近藤 敦編著（2015）『外国人の人権へのアプローチ』明石書店

佐々木惣一（1952）『改訂　日本国憲法論』有斐閣

佐竹眞明（2011）「序章　東海地域の外国籍住民と多文化共生論」佐竹眞明編著『在日外国人と多文化共生──地域コミュニティの視点から』明石書店

佐藤幸治（2011）『日本国憲法論』成文堂

宍戸常寿（2010）「第 2 章　私人間効力論の現在と未来──どこへ行くのか」長谷部恭男編『講座　人権論の再定位 3　人権の射程』法律文化社

高橋和之（2003）「『憲法上の人権』の効力は私人間に及ばない──人権の第三者効力論における『無効力説』の再評価」『ジュリスト』1254号、有斐閣

──.（2013）『立憲主義と日本国憲法［第3版］』有斐閣

辻村みよ子（2012）『憲法［第4版］』日本評論社

寺谷広司（2012）「私人間効力論と『国際法』の思考様式──憲法学と国際法学の同床異夢」国際人権法学会編『国際人権』第23号、信山社

中井伊都子（2011）「51　国際人権条約の国内への適用（2）　小樽入浴拒否事件」『国際法判例百選［第2版］』有斐閣

長谷部恭男（2006）『憲法とは何か』岩波書店

堀江　薫（2006）「外国人の人権──『外国人の入浴・入店お断り』訴訟」『県立新潟女子短期大学研究紀要』第43集

──.（2007）「外国人の人権──入浴・入店拒否と人種差別」『県立新潟女子短期大学研究紀要』第44集

巻美矢紀（2007）「公私区分批判はリベラルな立憲主義を超えうるのか」『岩波講座憲法Ⅰ　立憲主義の哲学的問題地平』岩波書店

松井茂記（2002）『日本国憲法［第2版］』有斐閣

宮澤俊義（1989）『憲法Ⅱ［新版］』有斐閣、新版再版第21刷

棟居快行（2004）『憲法解釈演習──人権・統治機構』信山社

──.（2008）「第1章　私人間適用」『人権論の新構成』信山社、2008年第1版改訂版

柳井健一（2010）「第8章　外国人の人権論──権利性質説の再検討」愛敬浩二編『講座　人権論の再定位2　人権の主体』

山本敬三（2003）「基本権の保護と私法の役割」『公法研究』有斐閣

山脇啓造（2006）「多文化共生社会に向けて」自治研修研究会編『月刊自治フォーラム』561号、第一法規

──.（2008）「日本における外国人受け入れと地方自治体──都道府県の取り組みを中心に」『明治大学社会科学研究所紀要』47巻1号

渡辺康行・宍戸常寿・松本和彦・工藤達朗（2016）『憲法Ⅰ　基本権』日本評論社

第6章

玄界灘をはさんで
「EUの卵」が創れないか
——在留外国人の地方参政権付与をめぐって——

田中　宏

はじめに

「東アジア共同体」という考えがいつごろ生まれたのか定かでないが、ヨーロッパにEUが生まれ、「東南アジア諸国連合」が統合を強めていることなどが、その背景にあると思われる。世界のグローバル化が進むなか、従来の「国民国家」の枠組みは、大きく修正を迫られていることも事実である。また、グローバル化の進展に伴うヒトの異動の拡大は、不可避的に「国民国家」に変様を迫り、多文化共生社会の創出を導き出すことになる。

在日コリアン作家の金達寿氏（故人）が、「開かれた近代国民としての日本人が、外国人に対して行っているさまざまな差別を撤廃するために、この辺で一つ［外国人投票権を］真剣に考えてみる必要はないだろうか」と書いたのは1979年のこと。多文化共生社会の創出を日本で具体的に考えるとすれば、「外国人の地方参政権」付与は避けて通れない問題の一つだと思う。それが、なぜなのかについてを、少し歴史を遡りながら述べてみたい。

第Ⅱ部　多文化共生社会の実態と課題

Ⅰ．在日コリアンの差別撤廃運動の中から

　日本の大企業である日立製作所の入社試験に合格しながら、在日コリアンであることを理由に、採用を取り消されるという「事件」が起きたのは1970年秋のこと。その青年・朴君は、履歴書の氏名欄には「日本姓・新井」を、本籍欄には「日本の住所」を、それぞれ記入していた。入社手続きの過程で、当時、提示を求められていた「戸籍謄本」の代わりに「外国人登録済証明書」を提出するほかなく、その時点で彼が外国人であることが判明したのである。

　アメリカの北ベトナムへの爆撃（北爆）によって、ベトナム戦争がさらに拡大したのは1965年2月のこと。日本に「ベ平連（ベトナムに平和を！市民連合）」が誕生するのはその直後であるが、そのネーミング（仮名まじり）が象徴するように、日本に新しいタイプの市民運動が生まれたのである。政党や労働組合などの既存組織に頼らず、個別具体的な課題（例えば環境問題など）に取り組む市民の運動は、やがて在日コリアンが直面する差別の問題を射程に入れることになる。

　1970年12月、「日立就職差別裁判」はこうした流れのなかで始まった（朴君を囲む会 1974 参照）。1965年6月の日韓国交正常化の際、「日韓法的地位協定」が結ばれ、1966年1月からむこう5年間、「韓国国民」は申請により「永住（協定永住）」が許可されるとされた。日立裁判が始まったのは、この協定永住の申請期間中であり、日立裁判の原告は「協定永住」を取得していたが、協定が「在日」への差別解消には何の効果ももたらさず、単なる「日韓の妥協の産物」にすぎなかったことを、かえって明らかにすることとなる。裁判は横浜地裁で進められたが、全国各地に「朴君を囲む会」が生まれ、支援の輪が広がった。

　私は、当時名古屋にいたが、「朴君を囲む会」のある集会での二つの「在日」の発言が忘れられない。一つは、「裁判をやってまで、日本人の会社で働きたいのか！」、もう一つは「在日が、市営住宅に入れないことを知っている人は、手を挙げてください」というもの（手を挙げた人はいなかった）。こ

140

うした集会は、在日コリアンと日本人が、真に向き合う初めての貴重な場となったのである。1974年6月、横浜地裁は、朴君全面勝訴の判決を言い渡した。曰く「我が国の大企業が……朝鮮人であるというだけの理由で、採用を拒み続けているという現実や原告の生活環境等から考慮すると、原告が右詐称［氏名欄、本籍欄の記載］等に至った動機には極めて同情すべき点が多い」と、会社が採用取り消し理由として主張した「経歴詐称」を一蹴したのである。

　勝訴判決が確定し、朴君は日立製作所に入社した。この判決を契機に、各地に出来ていた「朴君を囲む会」を母体に、「民族差別と闘う連絡協議会（民闘連）」が誕生し、毎年各地の運動が横の連携をとるための交流集会をもつようになった。「やればできるではないか、泣き寝入りするのでなく、納得できないことには、異議を申し立てよう」という新しい流れが、そこから生まれていたのである。

　難関の司法試験に合格しても、帰化しなければ弁護士になれなかったが、1976年10月に合格した金敬得氏が異議を申し立て、初の外国人司法修習生となり、そして外国人弁護士第一号となった（原後・田中 1977 参照）。各地の市民運動が、日本育英会（当時）の奨学金の貸与資格の差別、日本電電公社（当時）の採用試験の国籍要件（資格を日本国籍者に限る）、公立学校教員の採用試験の国籍要件、前述の公営住宅の入居資格の差別など様々な課題に取り組み、大きな成果を手にした。そうした中にあって、1975年は重要な年となった。4月にベトナム戦争が終結し南北が統一されたが、大量の「難民」が流出することとなった。11月には、主要国首脳会議（サミット）の第一回がフランス・ランブイエで開かれ、日本はアジアからの唯一の参加国となり、当時の三木武夫首相が参加した。

　ベトナム難民の発生を契機に、日本政府は、国連の人権諸条約の批准を余儀なくされ、1979年には国際人権規約（自由権規約・社会権規約）を、1981年には難民条約をそれぞれ批准した。当時、フランスのルモンド紙（1978年5月25日）が、在日朝鮮人や中国人への差別が日本の難民受入れ消極策の背景にある、との図星の指摘をしたことを思い出す。3つの人権条約の批准に伴って、公営住宅など公共住宅関連の「国籍要件」が撤廃され、また国民年

第Ⅱ部　多文化共生社会の実態と課題

金法・児童手当3法の「国籍条項」が法律から削除され、それぞれ外国人に開放された。日韓条約締結では微動だにしなかった日本の「自国民中心主義」が、難民の受入れを機に大きく修正されたのである。

「民闘連」という"内なる闘い"に、「国際人権」という"外からの圧力"が加わるなかで、「差別の象徴」「屈辱の烙印」といわれた外国人登録の指紋押捺義務の撤廃を求める戦いが始まったのは1980年のこと。指紋押捺拒否については刑事罰が定められている。逮捕・起訴されても屈することなく、各地の法廷では「被告人」ではなく、あたかも「原告」であるかの如く、自らの主張を展開したのである（田中 1986）。裁判が"勝利"することはなかったが、1992年の外国人登録法改正では「永住者」について廃止、1999年改正で指紋押捺がついに全廃されたのである。

毎年、「民闘連」の全国交流集会が開かれたが、岡山での第13回集会（1987年）で、「定住外国人に対する差別撤廃及び人権保障に関する提言」が発表された。その後の様々な意見を取り入れ、第14回集会（1988年・大阪）では、「在日旧植民地出身者に関する戦後補償及び人権保障法（草案）」が提案された。「民闘連」運動が生み出した包括的な政策提言といえよう。それに解説を加えて『在日韓国・朝鮮人の補償・人権法』（新幹社、1989年）として刊行。その第10条には、「特別永住権者は、地方自治体の参政権を有する」とある。ちなみに、ここにある「特別永住」という概念は、在日の旧植民地出身者（その子孫も含む）を包括的に示すものとして、初めて登場したもの。後に、政府により「入管特例法」（1991年）が制定されるが、そこで初めて「特別永住」が実定法上で使われることになる。ともあれ、民族差別撤廃運動の到達目標の一つとして、「地方参政権」が掲げられたのである。日立訴訟以来の流れは、別の面からみると、旧植民地出身者（およびその子孫）を排除する「自国民中心主義」を克服しつつ、内外人平等主義を受容し、さらには多民族・多文化共生社会への転換を模索する営為ということができよう。

II．70年代に遡る参政権を求める声

　外国人の参政権を求める声は、日本でいつごろ生まれたのだろうか。北九州市在住の崔昌華牧師（故人）が、1975年9月1日（関東大震災の日、朝鮮人虐殺事件発生）、北九州市長あての公開質問状の中で、「市会議員の選挙権・被選挙権は認められてしかるべきだと考えますか」と指摘したのが最初ではなかろうか。前述の金達寿氏が、「在日外国人に投票権を」との文章を寄せたのは1979年10月2日付『朝日新聞』夕刊だった。そこには、「私は投票というものをしたことがない。したくないから、しなかったのではない。在日朝鮮人の私たちには、そういう選挙権がないのである。1976年9月19日付の朝日新聞の論壇に、柳沢由美子氏の『外国人にも選挙権を、スウェーデンの英断に学べ』というのがあった。『ほう、これは──』と思ったので、切り抜いていまも持っている。……開かれた近代国民としての日本人が、外国人に対して行っているさまざまな差別を撤廃するために、このへんで一つ真剣に考えてみる必要はなかろうか」とある。

　1983年6月、参議院選挙を前に、政治学者の白鳥令教授が、「投票できぬ人へ配慮を」（6月10日付『朝日新聞』論壇）のなかで、「18、19歳」「在外邦人」と並んで「永住外国人」を挙げたのが、日本の専門家の初の "反応" だったのではなかろうか。また、ドイツ法学者の広渡清吾教授が、「私は、黄氏のこのような主張の当否が "途方もない空想" などとして却けられるのではなく、真剣に、かつ積極的に議論されるべきであると考える」と書いたのは1986年のこと（「定住外国人の選挙権」『法律時報』9月号所収）。少し前の6月13日付『朝日新聞』（論壇）で、黄甲植氏が「途方もない空想だというかもしれないが、せめて地方レベルでもいい、自らの手で選んだ選民たちによって、在日の人権や汗水垂らしておさめた税の行方ぐらいただす権利が保障されてしかるべきだと思う」と書いたことに、広渡教授が "応答" したのである。

　「在日」の発言、そして、それに対する日本人サイドの反応の、いくつかをここに紹介した。「民闘連」が発表した前述の「法律（草案）」に、外国人

に地方参政権を開放する規定が盛り込まれた背景には、それまでの民族差別撤廃の様々な運動のほかに、こうした発言が重なったことは言うまでもない。

　私が子どものころは、井戸水をくみ上げて飲料水とし、風呂を沸かし、裏山の枯葉や枯れ枝、雑木を燃料に充てていた。庭先で鶏を飼って卵を得、やがてはそれをつぶして食肉としていた。味噌、醤油もすべて自家製だった。しかし今や、水道が敷かれ、ガスを使って料理し、食材のほとんどはスーパーやコンビニで買う生活に代わってしまった。生活の「都市化」が進み、朝起きて夜床につくまで、日々の生活の隅々に「公共料金」や「物価」が入り込んでくる。それらを決めるのが「政治」であり、それへの発言権が「参政権」であり、それは日本の民主主義の基本に関わる問題である。

　在留外国人の政治参加を考えるとき、在留国の国籍法制も重要である。世界の国籍法は、子の国籍取得を親の血統による「血統主義」と、その出生地による「出生地主義」とに大別される。日本は典型的な血統主義を採用しており、外国人は何世代交代しても外国人であり続けることになる。アメリカ大陸に代表される出生地主義を採用する国であれば、外国人の子は出生地の国籍を取得するので、「二世」はもはや外国人ではない。参政権の問題は、所詮「一世」限りの問題ということになる。

　現在の日本では、「特別永住者」である在日コリアン約35万人が、最も大きな外国人のグループである。「特別永住」を定めた法の正式名は「日本国との平和条約に基づき日本の国籍を離脱した者等の出入国管理に関する特例法」(1991年)である。すなわち、対日平和条約が発効した1952年4月28日に「日本国籍」を失い「外国人」とされた人々（その子孫を含む）が特別永住者であり、まさに特別な歴史的背景をもつ外国人なのである。

　日本のかつての同盟国ドイツも、隣国オーストリアを併合したが、ドイツの敗戦によってオーストリアは独立を回復しており、日本と朝鮮の関係に似ている。日本は、平和条約発効を前に、法務府民事局長の発した一片の「通達」で、一方的に日本国籍を喪失すると宣告した（日本国憲法第10条は「日本国民たる要件は、法律でこれを定める」と「法律」主義を定めるのに、「通達」によった）。ドイツは東西に分断されたため、日本のように平和条約締結には至らなかった。西独は、1956年6月、「国籍問題規制法」を制定し、併合により

付与した「ドイツ国籍」はすべて消滅すると定める一方で、ドイツ国内に居住するオーストリア人（在日コリアンに相当）は、意思表示によりドイツ国籍を回復する権利を有する、と定められた。すなわち国籍選択権が保障されたのである（川上 1976）。在日コリアンの地位処遇に関連して、こうした日独比較にも注目する必要があろう。

　在日コリアンが、裁判という形で日本の地方参政権を求めたのは、1990年 11 月、金正圭氏ら 11 名が、大阪地裁に選挙人名簿不登録処分取り消しを求めて提訴したのが最初であり（その 1 年前、英国人ヒックス・アラン氏の提訴があったが、それは国政レベルの参政権を問うもの）、新しい展開の始まりといえよう。金氏らの裁判は、1995 年 2 月、最高裁判決（公職選挙法の規定により、地裁判決の後、いきなり最高裁での上告審）によって棄却されたが、重要な「付言」（後述）が盛り込まれた。

III．日韓またがる「課題」に

　日韓法的地位協定（1965 年）には、協定永住者については、「大韓民国政府の要請があれば、この協定の効力発生の日から 25 年を経過するまでは協議を行うことに同意する」（第 2 条）とある。1991 年が「25 年」に当たり、いわゆる「91 年協議」といわれた。それを受けて、1991 年 1 月に調印された日韓外相間の「覚書」には、子々孫々にわたる「永住」の保障、指紋押捺制度の廃止などが盛り込まれたほか、最後に「地方自治体選挙権について、大韓民国政府より要望が表明された」とある。

　外国人の地方参政権付与の「当事者」ともいえる地方議会が、それを政府に要望する「意見書」を初めて採択したのは、大阪府岸和田市議会で、1993年 9 月のことである。その後同様の意見書が全国で相次いで出され、2005年 5 月には、1526 議会が採択していた。

　日本の政党で、外国人の地方参政権について初めて具体的な政策を掲げたのは「新党さきがけ」で、1994 年 11 月のこと。その法案要綱によると、「5年以上在住の外国人に対し、地方参政権（選挙権・被選挙権）を開放する」と

第Ⅱ部　多文化共生社会の実態と課題

いうものだが、国会提出には至らなかった。

　国会に具体的な法案が提出されたのは、1998 年 10 月、民主党、公明・平和改革の両党（当時ともに野党）がそれぞれ提案した[1]。それは、「永住外国人」に限られ、また「選挙権」のみであり、「新党さきがけ」のものよりも、後退した内容だった。なお、同年 12 月、日本共産党が法案を提出するが、それは「被選挙権」をも含むものだった。法案が国会に提出された背景には、前述の金正圭氏らの提訴について、1995 年 2 月、最高裁は棄却判決を言い渡すが、一方で「法律をもって地方選挙権を付与する措置を講ずることは、憲法上禁止されているものではない」「右のような措置を講ずるか否かは、専ら国の立法政策にかかわる事柄」と付言したことがある。すなわち、憲法上の問題はクリアされたのである。

　「永住外国人地方選挙権付与法案」が日本の国会に提出された 1998 年 10 月は、ちょうど韓国の金大中大統領が来日し、小渕恵三首相との間に「日韓共同宣言　―21 世紀に向けた新たな日韓パートナーシップ」が調印されたときでもある。そこでは、「1965 年の国交正常化以来築かれてきた両国間の緊密な友好協力関係をより高い次元に発展させ、21 世紀に向けた新たな日韓パートナーシップを構築するとの共通の決意を宣言した」と新しい日韓関係がうたわれた。日本側で地方選挙権付与法案が国会に提出されたことは、91 年の日韓外相間の「覚書」にあった韓国側の要望に応えたことになり、また、新しい「日韓共同宣言」の精神に沿うものであったといえよう。

　同法案の内容は、前述のように「永住外国人」のみで、しかも「選挙権」のみだった。しかし、一方で「条例の制定、改廃、監査請求、議会の解散請求、議員・首長の解職請求」などの「直接請求権」を永住外国人に開放するものであった。また、「投票立会人などへの就任資格、人権擁護委員、民生委員、児童委員への就任資格」を同じく認めるものとなっていた。ちなみに、人権擁護委員など 3 つの委員は、「市町村議会議員の選挙権を有する者」から任命すると、それぞれの法が規定しているので、地方選挙権の開放に伴って、それぞれ永住外国人にも認めるとしたのである。

　1998 年に議員立法として提出された法案は、翌 99 年の通常国会の会期末（8 月）に 2 日間審議され、次期国会で継続審議するとされた。1999 年 10 月

には、自民、自由、公明３党の連立内閣が発足し、その「政策協定」の中に、公明党の要望で「外国人地方選挙権付与法を成立させる」との項目が盛り込まれた。外国人地方選挙権付与に熱心な公明党が与党入りしたことによって、法案成立の可能性が生まれ、それはやがて政治問題化することになる。

　一方、1999年３月の小渕首相訪韓時の「日韓首脳会談」の席上、金大統領は、在日韓国人への地方参政権付与を日本側に要請するとともに、韓国でも同様に在住外国人への地方参政権付与を検討すると表明していた。すなわち、外国人地方参政権付与の問題は、名実ともに、日韓にまたがる「課題」になったのである。

　日本の市民運動が「定住外国人の地方参政権を実現させる日・韓、在日ネットワーク（以下、参政権日韓ネット）」と名付けられたのも、そのことが念頭にあったことは言うまでもない。

Ⅳ．日本における賛否両論の検証

　与党３党の政策協定に盛り込まれたものの、自民党内の意見がまとまらないまま、2000年１月、公明・自由両党のみの議員立法として新しい法案が国会に提出された。しかし、そこには意外なことに、突然「朝鮮籍除外」が登場した（正確には、附則に「当分の間、外国人登録の国籍が国名によりなされているものに限る」とされた、傍点は筆者）。1991年制定の入管特例法によって、ようやく「韓国籍」「朝鮮籍」の別なく一括して「特別永住者」とされたのに、再びそこに楔を打ち込むものである。

　その後も「法案」は提出されるが、衆議院の解散などにより廃案、また提出・廃案を繰り返し、2009年７月の解散による廃案以降、国会に「法案」が提出されたことはない。その間の各法案の内容などの異同を知るために、表１を掲げる。

　1998年に提出された表１のＡ案、Ｂ案、そして「朝鮮籍除外」が登場する2000年のＣ案については前述したところである。Ｄ案、Ｅ案の内容は当初のＡ案と同じで、批判を受けた「朝鮮籍除外」はここでは姿を消してい

第Ⅱ部　多文化共生社会の実態と課題

表1　永住外国人地方参政権付与法案の内容と審議経過

提出者	提出年月	結果	主な内容など
A．民主案、明改案	1998年10月	2000年6月解散により廃案	・各種直接請求権を認める ・人権擁護委員などの就任資格を認める
B．共産案	1998年12月		・A案に加えて、被選挙権も付与。それに伴い、公安委員、教育委員への就任資格を認める
C．明改・自由案	2000年1月		・A案と異なる点は、外国人登録の国籍の記載が国名によるものに限る（朝鮮籍除外）
D．公明・保守案	2000年7月	2003年10月解散により廃案	A案と同じ。2000年11月参考人質疑
E．民主案	2000年7月		A案と同じ。2000年11月参考人質疑
F．公明案（旧）	2004年2月	2005年8月解散により廃案	C案と同じ。
G．公明案（新）	2005年10月	2009年7月解散により廃案	A案と異なる点は、①日本国民に地方選挙権を認める国の国民に限る（相互主義）、②直接請求権などについては検討事項とする。

（出所）：『永住外国人地方参政権付与法案関係資料』衆議院調査局第二特別調査室（2006年）をもとに筆者作成。

る。そして、与党議員提出のD案と野党議員提出のE案とが同時に審議され、2000年11月には参考人質疑も行われた。通常は参考人質疑が行われると、後は「採決」となるのが慣例といわれるが、この件はそうはならなかった。

　公明党が与党の一角を占め、法案成立の可能性が出たことから、1999年秋ごろ、外国人に地方参政権を付与することへの反対論が、にわかに登場することになる。例えば、評論家櫻井よし子氏の「永住外国人の地方参政権は、亡国への第一歩である」（『週刊新潮』1999年11月18日号）が人目を引いた。また『産経新聞』は、社説「国の主権を脅かす付与法案」（2000年9月16日）に続けて、「主権の危機──永住外国人の地方参政権」を連載（同年9月18日～23日、6回）、反対論をリードした。こうしたなか、自民党有志議員による「外国人参政権の慎重な取り扱いを要求する国会議員の会」（奥野誠亮会長）も発足する。10月に入ると、週刊誌なども、相次いで特集記事を組ん

148

だ[2]。

　反対論の一つ「参政権が欲しければ、帰化すればいい」という言説の延長
線上に、2001年1月、自民・自由・公明の与党3党は「国籍等に関するプ
ロジェクト・チーム（PT）」（太田誠一座長）を発足させ、国籍取得の緩和を
目指して作業を進め、5月「特別永住者等の国籍取得の特例に関する法律
案」をまとめた。同法案では、特別永住者は、法務大臣への「届出」によっ
て日本国籍を取得する。「届出」は、当事者の意思表示がすべてで、法務大
臣が可否を決する「帰化」とはまったく異なる。また、国籍取得後の「氏
名」についても、「従前の氏又は名を称する場合は、その漢字を用いること
ができる」とあり、「帰化」時のように「漢字制限」は受けないとしており、
なかなか思い切った法案で興味深い。しかし、どうやら参政権法案をつぶす
のがその狙いだったようで、その後、参政権法案が成立する可能性が遠のく
と、この興味深い法案は話題に上らなくなった。

　「参政権が欲しければ、帰化すればいい」論について、若干言及しておき
たい。かつて、外国人登録の指紋押捺問題のときも、大阪府警外事課長が、
テレビ画面で「（指紋押捺が）いやなら、本国に帰るか、（日本に）帰化すれば
いい」と言い放ったことはきわめて象徴的である。司法試験に合格した金敬
得氏が司法研修所への入所を申し込んだときも、最高裁は「帰化」するよう
求めた。金氏が韓国籍のままの入所を強く求めた結果、最高裁が方針を改め
て入所を認め、今では100人を超える外国籍弁護士が誕生している。

　「帰化論」は、結局のところ、帰化しない外国人の側が問題なのであって、
日本側には何の問題もない、ということに落ち着くことになる。もう一つの
疑問は、外国人が帰化したとして、その人のどこが、どう変わると考えるの
だろうか。参政権論議で、「国籍は忠誠の証し」という言説によく出くわす。
法務省の定める帰化要件において、日本国への確かな忠誠度を測る物差しが
あるとは思えない。帰化許可後、一定の時間をおき、テストに合格してから
参政権を認めるわけでもない。帰化論は、妙なドグマにとらわれているとい
うほかない。

　表1に戻ると、2004年には与党の公明党が、単独で「朝鮮籍除外」を再
び提出するも、解散により廃案となる（表1ではF案）。さらに、2005年、公

第Ⅱ部　多文化共生社会の実態と課題

明党がやはり単独で法案を提出。そのG案では、初めて「相互主義」（日本国民に地方選挙権を認める国の国民に限り、日本の地方選挙権を認める方式）が導入された。また、従来の法案にあった「直接請求権など」については単に「検討事項とする」とのみあり、大きく後退している。しかし、それも成立を見ることなく、2009年7月の解散でやはり廃案となる。その解散・総選挙で、民主党への政権交代が行われるが、選挙権法案が国会に提出されることはなかった。約3年後、再び政権交代によって自・公政権に戻るが、その政策協定にはもはや参政権への言及もなく、かつて熱心だった公明党も法案を出す気配はまったくない。外国人地方参政権付与法の話は「永田町」からすっかり姿を消してしまった。

　表1にあるように、2000年11月、衆議院の政治倫理・公職選挙法改正特別委員会にて、D・E両案についての参考人質疑が行われた（参考人の一人として、筆者も意見陳述）。私の意見の一つは、参政権は「国政レベル」と「地方レベル」を分けて考える必要があるというもの。反対論者は、参政権は「国民固有の権利」で、外国人に認めるには憲法改正が必要であると主張する。日本でも2000年の総選挙以降、「在外投票」が認められるようになった。しかし、それは衆参両院議員の国政選挙に関してのみである。地方レベル（都道府県と市町村）の首長・議員の選挙については、投票することができない。すなわち、「国籍」を媒介とする国政選挙権と「居住」に基づく地方参政権とに分かれているのである。在外邦人は、日本の「国民」なので、海外にいても参政権を行使することができるが、日本の「住民」ではないので、地方参政権を行使することはできない、ということになる。前述の最高裁判決（1995年2月）の「付言」も、国政と地方の区別がその前提になっている。

Ⅴ．韓国では実現した外国人地方参政権付与

　金大中大統領が、韓国でも外国人地方参政権付与を検討したいと表明したことは前述したところである。韓国国会に「長期在留外国人に対する地方選挙権付与特例法案」が初めて提出されたのは2001年11月であり、日本より

３年ほど遅い。参政権は、憲法上「自国民」にのみ保障されているのではないか、などの異論が出て議論が進まず、翌年の統一地方選挙までの成立は断念せざるをえなかった。

次の盧武鉉大統領の時代に入った2004年１月、韓国で成立した地方自治体に関する「住民投票法」は、定住外国人に住民投票の「請求権」と「投票権」を認めるものだった。日本では、滋賀県米原町が、町村合併に関して実施した「住民投票条例」で、初めて永住外国人に投票資格を認めたのは2002年１月のことで、韓国より一足先だった（以降、200以上の自治体で行われた住民投票が、外国人に投票資格を認めた）。

2004年11月、市民運動の「参政権日韓ネット」は、東京とソウルで、外国人参政権に関するシンポジウムを開いた。日韓双方の報告は、後に『日・韓「共生社会」の展望――韓国で実現した外国人地方参政権』(2006) として出版された[3]。その訪韓の機会に韓国国会の各党を訪ね、その実現を要請した。私が会った若い議員は、「この国は、従来から華僑を差別冷遇してきた過去をもっている。真の民主主義国になるには、外国人の人権を保障しなければならない。その点からも、地方参政権の実現は、一つの象徴だと考えており、ぜひ実現させたい」と熱く話してくれたのが印象深かった。

2005年６月の日韓首脳会談を前に、「参政権日韓ネット」では、日本の小泉純一郎首相と韓国の盧武鉉大統領の双方に、地方参政権の開放を求める「要請書」を送った。日本政府からはまったく応答がなかったが、韓国政府からは「民願に対する回答」として「19歳以上の外国人に地方自治体の議会議員および長の選挙権を付与する法改正案が、６月30日、国会を通過したことをお知らせします」との返書が届いた。韓国では、ついに実現したのである。もちろん、アジアで初めての外国人選挙権付与である。

2005年の秋、東京のある席上でお会いした与党ウリ党の文喜相党首の発言が忘れられない。「韓国は、日本よりナショナリズムが強い国なるがゆえに、思い切って地方参政権の開放に踏み切ったのです。日本の与党首脳にも、その話はしました」と。

韓国は、地方参政権開放だけでなく、外国人との共存・共生を目指して様々な取り組みを進めている。韓国の人口は約5000万人、在住外国人が約

第Ⅱ部　多文化共生社会の実態と課題

100万人で、外国人の比率も日本に近い。日本の日系ブラジル人に近い存在として、韓国には中国朝鮮族が存在する。日本における外国人の研修生・技能実習生制度は、第三世界への技術移転という「国際貢献」が建前であるが、実際は零細企業の労働者不足を補うものとして機能し、低賃金、未払い賃金、長時間労働、様々なハラスメント、逃亡などの労働実態が伝えられている。

　韓国でも様々な矛盾が噴出したが、政府から独立した「国家人権委員会」が実態調査を行い、2003年2月、研修生制度の廃止と外国人雇用許可制の導入などを勧告。それを受けて、同年7月、「外国人雇用法」が制定され、性格が曖昧な研修生制度は廃止された。

　韓国で実態調査を行った国家人権委員会とは、国連が各国に設置を促している「国内人権機関」に当たり、韓国では2001年にすでに設置されている。しかし、日本では、国連からその設置を2000年以来たびたび勧告されていながら、いまだに実現していない。また、韓国では、2007年に「在韓外国人処遇基本法」を制定し、その目的には「国民と在韓外国人が相互を理解し尊重する社会環境を作り、大韓民国の発展と社会統合に寄与する」とある。同法は、重要政策の審議・調整のため、国務総理を長とし、関係閣僚を委員とする「外国人政策委員会」の設置を定め、外国人の人権擁護の条項も盛り込まれている。韓国でも結婚移住者が増えており、2008年には「多文化家族支援法」が制定され、多言語によるサービス提供や多文化家族支援センターの設置などが定められた。日本には、外国人を「管理」し、取り締まるための法制はあるが、その社会支援や人権擁護に関する法制は何一つない。すなわち、多民族・多文化共生を目指す方向性を、見出すことはできないのである。

　国際人権の視点から見ると、国連への個人通報を認めるかどうかの問題がある。国連には9つの重要な人権条約がある。各条約は、いずれも、条約批准国に条約実施状況を定期的に国連に報告することを求め、それを審査する専門家委員会が設置されている。また、各条約には、人権侵害を受けた個人が、国内手続きでは救済されない場合、事案を国連に通報し、専門家委員会の審査を受ける道が開かれている（個人通報手続き）。その場合、各条約批准国は、それを受諾する旨を別途表明するか、条約によってはそれを定めた

第6章　玄界灘をはさんで「EUの卵」が創れないか

「選択議定書」を別途批准する必要がある。

　韓国は、自由権規約に関する個人通報を定めた「第一選択議定書」を批准しているが、日本は未批准のため国連への個人通報の途は閉ざされている（国連人権機関は、たびたび日本に批准を勧告）。ちなみに、日本は、「すべての移住労働者及びその家族の権利保護に関する条約」以外の8条約は、すべて批准しているが、個人通報制度は何一つ受け入れていない。2015年現在、自由権規約については韓国を含む115か国が、人種差別撤廃条約についても韓国を含む57か国が、そして女性差別撤廃条約についてはやはり韓国を含む106か国が、それぞれ個人通報を受け入れているのに、である。自由権規約の「第二選択議定書」は死刑廃止に関するものである。韓国は、この「議定書」は未批准で、しかも法律上も死刑が残っているが、21世紀に入って死刑執行を行っていないという。10年以上、死刑を執行していない国は、死刑廃止国とみなされている。

　韓国のこうした様々な政策展開の背景には、次のような「認識」があるようだ。

　「日本の植民地支配に抵抗する過程で形成されてしまった単一民族論と純潔主義は克服されなければならない。……朝鮮社会の文化的優越主義や文化的同質性をもって民族のアイデンティティを形成することは間違いであるに止まらず、現実にも合わないことをまず認めるべきである。新しく再編される韓国社会又は韓国人が、民族と文化の多様性を通して新しい歴史を創っていくべきであるからだ」（韓健洙・江原大学校文化人類学科教授）（韓健洙 2008）。なお、韓教授の論文が掲載された韓国国際交流財団の『Koreana』誌は日本語版を含め8か国語で出版されている（ちなみに、同財団は日本の国際交流基金に相当する機関、日本の『国際交流』は日本語、英語の2誌のみ）。

　韓国が2005年の法改正によって外国人に地方選挙権を付与したことは前述したところである。ところで、国政選挙を見ると、韓国では、2012年、在外国民の「在外投票」がようやく実現し、在日韓国人は、その年4月の国会議員選挙（一院制）および年末の大統領選挙から、初めて自国の国政選挙に一票を投じたのである（2016年には国会議員選挙が行われた）。その結果、自国民の在外投票は日本が早かったが、外国人の地方選挙は韓国が早かったこ

153

第Ⅱ部　多文化共生社会の実態と課題

とになる。日本人を含む在韓外国人は、2006年、2010年、2014年と、すでに3回の統一地方選挙で投票したことになる。したがって、在韓日本人は、衆・参両院の国政選挙では日本大使館などで投票し、地方選挙では韓国の居住地で投票しているのである。

一方、在日韓国人は、国会議員選挙ならびに大統領選挙は今では駐日韓国大使館などで投票できるが、日本の地方選挙は依然として投票することはできない。しかし、こうした「非対称」が、なぜか日本で話題になることはない。韓国の統一地方選挙で一票を投じた外国人のインタビュー映像が、日本の「お茶の間」に流れないかと期待しているが、いまだにそれを見ることはできない。なぜなのだろう。

外国人の参政権について、諸外国の実情はどうだろう。日本の国会に「法案」が上程されたことを受けて、国立国会図書館が「OECD加盟30か国およびロシア」について行った調査がある。それが**表2**である。

表2は「国政選挙」と「地方選挙」に大きく分かれ、また「選挙権」と「被選挙権」に分かれている。「国政選挙」を認める国はほとんどないが、一方、「地方選挙」をまったく認めないのは日本だけである。表中で注目してほしいのは、太字で示したサミット参加7か国である。

EUには、域内で相互に地方参政権を開放する条約があり、「地方選挙」欄の△印は、それを表している。フランス、ドイツ、イタリアなどは△印であり、相手国が認めればこちらも認める方式（相互主義）なので、これらの国に居住する日本人は投票できない。しかし、同じEU加盟国でも、オランダ、スウェーデン、デンマークなどは○印なので、これらの国に在住する日本人は投票できる。お隣の韓国は○印なので、永住者であれば日本人を含むどこの国の人でも認められる。前述の表1のG案（相互主義）が、もし日本で成立した場合、韓国は認められるが、朝鮮籍や中国などは選挙権が認められないことになる。

154

第6章　玄界灘をはさんで「EUの卵」が創れないか

表2　OECD加盟30か国およびロシアにおける外国人参政権

国 名	国政選挙		地方選挙	
	選挙権	被選挙権	選挙権	被選挙権
オーストラリア	△	×	△▲	△
オーストリア	×	×	△	△
ベルギー	×	×	○	△
カナダ	×	×	△	×
チェコ	×	×	△	不明
デンマーク	×	×	○	○
フィンランド	×	×	○	○
フランス	×	×	△	△
ドイツ	×	×	△	△
ギリシャ	×	×	△	△
ハンガリー	×	×	○	×
アイスランド	×	×	○	○
アイルランド	△	×	○	○
イタリア	×	×	△	△
日 本	×	×	×	×
ルクセンブルク	×	×	○	×
メキシコ	不明	不明	不明	不明
オランダ	×	×	○	○
ニュージーランド	○	×	○	×
ノルウェー	×	×	○	○
ポーランド	不明	不明	不明	不明
ポルトガル	△	×	△	△
韓 国	×	×	○	×
ロシア	×	×	○	○
スロバキア	×	×	○	○
スペイン	×	×	△	△
スウェーデン	×	×	○	○
スイス	×	×	▲	▲
トルコ	不明	不明	不明	不明
イギリス	△	△	△	△
アメリカ	×	×	▲	▲

(注)　○：居住または永住権取得を条件として参政権を付与
　　　△：居住または永住権取得以外の要件を条件として参政権を付与
　　　▲：一部地域で付与
　　　×：付与していない
(出所)：国立国会図書館調べより作成。

第Ⅱ部　多文化共生社会の実態と課題

おわりに

　さきに韓国の韓健洙教授の「認識」を紹介したが、植民地支配のもう一方の当事者である日本は、どういう「認識」をもつのかが問われている。日本側で考えた場合、朝鮮植民地支配に起因する在日コリアンの存在と、戦後日本社会はどう向き合うべきなのか、それを正面から受け止めたうえで、国と国、人と人との間に新たな関係を築くことこそが優れた歴史認識の問題なのである。それがまた、日本が多民族・多文化社会に向かう担保ともなる。地方参政権の開放はそれと深く結びついているが、日本は、残念ながらこうした視点に立っているとは思えない。

　2009年7月以降、外国人地方参政権付与法案は「永田町」からも姿を消し、今や話題にもならない。外国人参政権反対を主張する最後の手ごろな本は、井上薫『ここがおかしい、外国人参政権』（文春新書、2010年）であろう。著者は、10年の裁判官歴をもつ弁護士である。「国民主権」の原理主義者らしく、まず、1995年2月の最高裁判決が、主文で請求を棄却しながら「付言」によって道を開いたと攻撃。そして、「締め」は、「人口の少ない地方公共団体を見ると、資料8のとおりです。このような地に、外国人が集団で移住すれば、その地方政治への影響は決定的となる危険があります」と説き、人口3000人以下の町村を「資料8」として掲げる。あまりにも乱暴な議論にちょっと首を傾げたくなるが、今日の日本は、ヘイトスピーチもそうであるように、この「締め」が、ややもすると"受ける"傾向があるように見える。

　ふと、日本の植民地研究の第一人者とされる矢内原忠雄を思い出した。矢内原の『帝国主義下の台湾』（1929）は名著とされ、東京帝国大学では「植民政策論」を担当。しかし、政府の政策を批判したため、1937年12月、教授職を辞さざるをえなくなった。戦後、東京大学に復帰、1951年から57年まで、東大総長を2期務める。東大復帰の時、矢内原は、「植民政策論の名称も、私はもう植民地はなくなったし、植民政策でもあるまいと言って、植民政策論の講座を国際経済論という講座に変えました」という（和田 2010）。和田春樹は、「非常に深刻な問題が、簡単に扱われています」と指摘する。

156

第6章　玄界灘をはさんで「EUの卵」が創れないか

　矢内原編『戦後日本小史　上・下』（東京大学出版会 1958・1960 年）があり、その「総説」は、矢内原が書いている。しかし、そこには在日する旧植民地出身者の存在、その国籍処理（一方的な日本国籍剝奪）、さらにはその国籍処理がもたらした「公的差別」には何一つ触れていない。そして、矢内原は「あとがき」において、「上、下両巻を一つとして、戦後日本民主化の諸問題の所在を明らかにし、今後の進むべき方向を示唆することが出来れば幸である」と書くが、在日コリアンに関する諸問題は、「戦後日本民主化の諸問題」には含まれないのである。「植民地はなくなっても」、それに伴う在日コリアンが「戦後日本」に存在するにもかかわらず、それにまったく触れないで「戦後日本小史」がまとめられたのである。

　戦後 70 年が過ぎ、今までも、しばしば「未来志向」が説かれてきた。もしも、日本が外国人の地方選挙権付与に踏み切れば、玄界灘をはさむ双方において選挙権付与が完成し、そこに "EUの卵" が生まれたことになる。小論に "EUの卵" と掲げたのは、そこに一つの未来があると信ずるからである（田中 2010）。また、その未来は、必ずや日本の多民族・多文化共生社会への展望を生み出してくれるはずである。しかし、それは決して過去と切り離して生まれるものではない。小論が、その証明になることを願いたい。

注

1　正式法律名、148 国会、衆法 1、「永住外国人に対する地方公共団体の議会の議員及び長の選挙権等の付与に関する法律案」。民主党が提出したものも同一の法案（衆法 2）。

2　『ＳＰＡ！』2000 年 10 月 4 日号、『週刊文春』10 月 26 日号、『週刊ポスト』10 月 27 日号、『サンデー毎日』10 月 29 日号、『ジャパン・タイムス』11 月 29 日〜12 月 2 日など。

3　韓国の状況については、同書所収の李錫兌「韓国の民主化と外国人の人権」および鄭印燮「韓国における外国人参政権——その実現過程」は貴重な報告である。

157

第Ⅱ部　多文化共生社会の実態と課題

【参考文献】

川上太郎 (1976)「西ドイツの国籍問題規制法」『戸籍』367 号

韓健洙 (2008)「歴史的背景から見た韓国の多文化社会——民族の優越性を乗り越えて多様性の時代へ」『Koreana (日本語版) 特集：多文化社会に向かっている韓国』15巻 2 号、韓国国際交流財団、2008 年夏号

田中 宏 (1986)「外国人の尊厳と指紋登録義務——その必要性と合理性を問う」『法学セミナー』375 号

——. (2010)「疎外の社会か、共生の社会か——外国人参政権はなぜ必要か」『世界』803 号

田中 宏・金敬得編 (2006)『日・韓「共生社会」の展望——韓国で実現した外国人地方参政権』新幹社

朴君を囲む会編 (1974)『民族差別——日立就職差別裁判』亜紀書房

原後山治・田中宏編 (1977)『司法修習生＝弁護士と国籍——金敬得問題資料』日本評論社

民族差別と闘う連絡協議会編 (1989)『在日韓国・朝鮮人の補償・人権法——在日旧植民地出身者に関する戦後補償および人権保障法制定をめざして』新幹社

和田春樹 (2010)『これだけは知っておきたい　日本と朝鮮の 100 年史』平凡社新書

第7章

韓国「多文化政策」の実態と課題

権　寧俊

はじめに

現在韓国は、国際移住による人口構成の多様化によって多文化社会に変化している。韓国社会で「多文化」という用語が政府の政策と移住労働運動の陣営で広範囲に使用されはじめたのは2005年ごろであった。この時期に国際結婚の移住女性の数が急速に増加しはじめ、支援団体と韓国政府は韓国人男性と結婚して移住してきた外国人女性（以下、結婚移住女性）の問題の対案として「多文化」を採択した。特に、2008年に制定公布した「多文化家族支援法」によって、法律用語だけでなく、実際にも結婚移住女性の家族を多文化家族と呼び、移住労働者に対するプログラムにも「多文化」という名称を多く使用するようになった。この「多文化家族支援法」によって現在全国で200か所を超える多文化家族支援センターが設立され、「多文化家族」に対する様々な支援が行われている。

「多文化家族」とは、一般的には異なる民族と異文化的背景をもつ人々で構成されたもので、外国人労働者、結婚移住者、留学生、難民などをすべて含む広範な概念である。しかし、韓国では結婚移住者と帰化者に限定されているように思われる。現在「多文化家族支援法」（第2条）によると「多文化家族」とは、「在韓外国人処遇基本法」で規定している結婚移住者と国籍法

第Ⅱ部　多文化共生社会の実態と課題

によって韓国国籍を取得した者、またはその家族と規定されている。しかし、一般的には二つの国家あるいは文化をもつ構成員で形成されたのが「多文化家族」である。そのため「多文化政策」の対象には韓国国籍者だけでなく、国籍が異なる外国人とその家族や永住権者も含まれるものであるが、韓国では結婚移住者と帰化者に限定されているのである。また、政策においても、大きく「外国人政策」と「多文化政策」に区分して考える傾向がある。すなわち、「外国人政策」は主に出入国管理政策と外国人労働者に対する政策であり、「多文化政策」は国際結婚移住者と帰化外国人の社会統合政策を指している。しかし、「外国人政策」と「多文化政策」を分けて考えることはできない。外国人労働者、在留外国人、留学生、結婚移住者なども国籍に関係なく「多文化政策」の対象であるからである。

　そこで、本章では韓国における「多文化政策」の実態とその問題点について考察したい。具体的にはまず、在韓外国人の現状について述べ、現韓国政府が行っている外国人政策の管理体制について検討する。第二に、外国人に対する労働政策について外国人研修制度、外国人雇用許可制、「在外同胞法」と特例雇用許可制に分けて分析する。第三に、結婚移住女性とその家族の支援政策について考察する。最後に社会統合教育問題、兵役問題、参政権問題などを取り上げ、現在の韓国における多文化社会の実態について考察する。それによって韓国で本格的に始まった10年間の「多文化政策」を検討し、その問題点と課題について考えてみたい。

Ⅰ．在韓外国人の現状と「多文化政策」の実態

1．韓国に住む外国人の概要

　韓国法務部（出入国・外国人政策本部）の統計によると、2014年に韓国に入国した外国人は約1426万人であり、2004年から年々増加傾向にある。これは日本よりも多い数である。日本も近年外国人訪問者が増加し、2014年度には1314万人を超えた。その内訳をみると、アジアからの訪問者が1082万人で全体の80.6%を占めており、そのうち東アジア地域（韓国、中国、香港、

160

台湾）からの訪問者が 892 万人で 66.5％を占めていた（権寧俊 2016）。韓国も同様で出身地の 188 か国・地域（2015 年現在）のうち、アジアからの訪問者が 84.3％を占めていた。そのうち中国が 615 万 4730 人（46.1％）で最も多く、次に日本の 185 万 9190 人（13.9％）、米国の 85 万 9361 人（6.4％）、台湾の 55 万 1362 人（5.1％）、香港の 52 万 4116 人（3.9％）、タイの 37 万 5021 人（3.5％）の順であった。2012 年までは日本人の入国者が一番多かったが、2013 年から中国からの入国者が上回り、中華圏（中国、台湾、香港を含む）からの入国者が半数以上を占めた（出入国・外国人政策本部編 2015a: 29）。

　この現象について韓国法務部は、外国人乗り継ぎ客を対象とした「ビザなし入国プログラム」、クルーズ観光客の出入国審査の簡素化、数次ビザおよび電子ビザの発給拡大、在外公館のビザ発給手続きの簡素化などが中国人観光客の増加につながったとみている。日本人の入国者が減少した要因としては円安による旅行費用の増加などを挙げた。

　このように、韓国を訪れる外国人が増加するなかで、3 か月を超える在留資格をもつ外国人も増えるようになった。韓国における在留外国人の数は 2005 年までは約 75 万人であったが、その後急速に増え、2007 年には 100 万人を超えた。そして 2016 年 7 月現在には 203 万 4878 人となり、過去最高を記録した。これは韓国総人口の 3.7％に達する数値である。出身地は、中国が 104 万 5533 人（51.4％）で最も多く、その次に米国、ベトナム、タイ、フィリピン、日本の順であった。日本人は、「入国者」は中国人の次に多かったが、在留者は 4 万 1236 人で全体の 2.0％にとどまった（出入国・外国人政策本部編 2016: 23-24）。

　また、在留資格別にみると、一番多いのは就業者であった。韓国で働く外国人労働者は 2015 年 3 月現在、94 万人に至っている。その内訳をみると、アジアからの労働者が 86 万で全体の 91.4％を占めている。そのうち中国が 49 万 3000 人と最も多かったが、それには中国朝鮮族が含まれている。朝鮮族だけで 44 万人と全体の約半数を占めているのである。その次にベトナムの 7 万 6000 人、インドネシアの 3 万 8000 人、フィリピンの 3 万 3000 人、ウズベキスタンの 3 万 2000 人の順であった。それらの外国人は安山市をはじめとする農・工地帯に密集して生活している。安山市は人口約 76 万人の

161

第Ⅱ部　多文化共生社会の実態と課題

都市だが、そのうち 7.6％に当たる約 5 万 8000 人が外国人である。安山市には 1980 年代に工業団地が作られて以来、公害問題などが原因で、ソウルなどから 3 Ｄ（Dirty, Danger, Difficult）職業といわれる中小企業が移転してきた。そして低所得の外国人労働者が職を求めて来るようになり、自然と安山市は外国人が密集する都市となった。

２．多文化政策の管理体制

（１）「在韓外国人政策」

　韓国で「在韓外国人政策」の基本計画を立て施行しているのは在韓外国人政策委員会であり、その主幹部署は法務部の出入国管理本部である。出入国管理本部は「国籍法」と「出入国管理法」、そして「在韓外国人処遇基本法」を管轄している。「在韓外国人処遇基本法」は 2007 年 5 月に公布された。この法律は在韓外国人および難民に対する処遇と国籍取得および外国人「社会統合」の全般の法的規定を定めている。この規定によって在韓外国人の政策基本計画が立てられ、在韓外国人政策委員会の審議・確定が行われるのである。2009 年に第一次外国人政策基本計画（2009〜2012 年）が、2013 年には第二次外国人政策基本計画（2013〜2015 年）が審議・推進された。特に第二次計画では、外国人差別の禁止と文化多様性の尊重を高く掲げ、外国人差別禁止法の制定を計画した。また、「ベトナム人妻殺人事件」[1] を契機に国際結婚による被害を防止するため国際結婚のビザ発給を厳しくした。具体的には国際結婚者とのインタビュー調査、身体や精神的健康状況、犯罪歴などの確認を行うことになり、基本的な意思疎通能力（韓国語能力）に対する検証制度が導入された。また、偽装結婚の防止体制や結婚仲介所の管理監督を強化するようになった。その結果、国際結婚率が大幅減少した（韓国多文化センター編 2015: 35-36）。

　このように、韓国の多文化政策における法務部（出入国管理本部）の主な役割は①外国人処遇に関する総括的で基本的な任務を遂行する、②出入国に必要なビザ審査、③不法滞在者の取締りなどの滞留監理、④外国人の国籍取得監理、⑤難民審査、などである。したがって韓国における外国人の滞留資格

162

に関する総括機能は、法務部と在韓外国人政策委員会にあるといえる。

（2）多文化家族政策

　現在、韓国の多文化家族政策は多文化家族政策委員会の審議を経て、女性家族部と地方自治体傘下の多文化家族支援センターを通して実施されている。多文化家族政策委員会は 2009 年に保険福祉部によって設置された。この会は「多文化家族支援法」が設定された 2008 年に、多文化家族支援に対して民間や政府各部署との協調が必要であるとの認識で設置された。最初は保険福祉部が主な部署であったが、その後、女性家族部が担当するようになった。多文化家族政策委員会では 2010 年に第一次多文化家族政策基本計画（2010 ～2012 年）を立て、多文化家族への支援政策の土台を構築した。また、国際結婚移住者の韓国生活定着のための支援を拡大し、「結婚仲介業の監理に関する法律」を改定して国際結婚制度の改善を図った。2013 年には第二次多文化家族政策基本計画（2013 ～ 2017 年）が審議され、第一次より適用対象と内容が拡大された。多文化家族に対する韓国語教育、経済的自立と社会統合、子女の学校生活の支援などが含まれている（韓国多文化センター編 2015: 37-38）。

　女性家族部の多文化家族政策に対する施行も大きく拡大している。2008 年 3 月に制定された「多文化家族支援法」は 3 回も改正されており、多文化家族支援センターは 2008 年から 2013 年までの 4 年間で 200 か所を超えるようになった。多文化家族支援センターでは、結婚移住者に対する韓国語教育、韓国生活・出産・育児・子女教育に対する相談、経済自立のための職業教育などが行われている。

（3）外国人労働政策

　韓国において外国人労働者と在外同胞（韓国系外国籍者）の国内就業を管掌するのは「外国人力政策委員会」であり、この主幹部署は雇用労働部である。外国人力政策委員会によって推進される外国人労働政策は、大きく①外国人労働者受入れ、②在外同胞（主に中国朝鮮族と高麗人）の就業、③専門人材の受入れ、に区分されている。主な法律は 2004 年に制定された「外国人労働者の雇用許可等に関する法律」（以下、「雇用許可制法」）と 1999 年 8 月に制

163

定された「在外同胞の出入国と法的地位に関する法律」（以下、「在外同胞法」）
である。特に、「雇用許可制法」は2007年に外国人労働者の受入れ体制が雇
用許可制に一元化され、外国人労働政策の代表的な法律となった。また、韓
国ではこれとは別に在外同胞に対する特別な政策も実施されている。それは
「訪問就業制」である。「訪問就業制」は外国人労働政策とは別に在外同胞政
策の一環で行っている。すなわち、「在外同胞法」によりH−4ビザの取得が
できなかった中国とCIS（独立国家共同体）地域に居住している25歳以上の
在外同胞は3年間の訪問就業ビザ（H−2ビザ）を発給し、最長4年10か月ま
で滞在させるのが「訪問就業制」（特例雇用許可制）である。また、38の分野
に就業ができ、就業所の変更も他の外国人労働者より自由となっている。外
国人労働政策の具体的な内容については後述する。

2004年度からは外国人勤労者支援センターが開設された。その取り組み
の一つ目は教育支援事業である。外国人に必要な知識を提供するために韓国
語、韓国文化教育やコンピューター教室、法律教育、帰郷支援教育などが行
われている。二つ目は相談支援である。外国人労働者の韓国での生活をサ
ポートするために生活相談からその他金融相談まで、相談内容は多岐にわ
たっている。また、リアルタイムでの通訳支援も行われている[2]。三つ目は
医療定期支援プログラムである。場所によっては無料で健康診断を実施して
いる所もある。大きく分けるとこの三つの支援が外国人勤労者支援センター
で行われているが、地域によって支援内容は異なっていることが多い。

II. 外国人労働者政策について

1. 外国人研修制度

韓国が外国人労働者を受け入れはじめたのは1980年代末からであった。
1987年の民主化宣言以降、景気の上昇と高学歴化などによって「きつい、
汚い、危険」といわれる3K産業の労働力不足が深刻になり、それを補うた
めに外国人労働者の受入れ要請も高まっていった。そこで韓国政府が導入し
たのが、日本の研修生・技能実習制度をモデルにした「海外投資業の研修制

度」であった。この制度は後に「産業技術研修生制度」「研修就業制度」等に整備された。これらの制度についての概要を以下に述べておく。

1991年に実施された「海外投資企業研修生制度」は、海外投資企業が海外の小会社で雇用した労働者を本社のある韓国で研修を受けさせた後、再び雇用国の元のポストに配属させることができる制度であった（白井 2007: 33）。この制度の研修生の滞在期間は6か月であり、最大さらに6か月まで延長することができた。しかしこの制度は海外に投資している大手企業だけが「研修」という名目で外国人労働者を雇うことができるものだった。そのため中小企業は外国人労働者を雇う合法的な政策を得られないままでいた。これを改善するために政府が次に導入したのが「産業技術研修制度」であった。

「産業技術研修制度」は従業員数300人以下の中小製造企業は外国人を1年間雇用することができるというもので、これは最大3年間研修期間を延長することができた。最初は製造業の職に限定されていたが、韓国は深刻な労働力不足であったため、業種の範囲は沿岸漁業、建設業などに拡大されていき、研修生も増加していった（柳吉相 2004）。実際に制度が実施された1994年には、2万人の産業研修生が韓国国内の中小企業に雇用された。この制度は日本の研修生・技能実習制度とよく似ている。日本で行われた研修制度の目的は、開発途上国への国際貢献と国際協力として、外国人による日本の優れた技術や知能、知識の習得の支援であった。しかし実際は様々な問題が発生していくことになる。名目は研修生として受け入れながらも労働者として活用し、パスポートの取り上げや賃金未払い、時間外労働、暴行などの被害を受ける外国人が続出していた。表向きでは研修制度といったものの実態は悲惨なものであり、韓国でも同じような問題が起こっていた。

このような問題が続出するなかで外国人労働者の数は減少しはじめ、中小企業が求めている労働力に対応できなくなってしまった。そこで政府が新しく打ち出したのが2000年4月に導入された「研修就業制度」であった。これはある企業で2年間就業した産業研修生がその後さらに1年間韓国に滞在することができ、研修生としてではなく就業者として働くことができる制度であった（同）。この法は2002年に改正され当初2年間であった研修期間は1年に短縮され、研修後の就業は2年間に延長された。続いて2002年

第Ⅱ部　多文化共生社会の実態と課題

12月には就業管理制（雇用管理制度）が導入された。今までは外国人がサービス業に従事することは禁止されていたため、韓国語能力が充分にある韓国系外国国籍者（中国朝鮮族等）でも不法滞在をしつつ、サービス業に従事している現状であった。しかし、この制度によって一部の韓国系外国国籍者がサービス業に従事できるようになった。40歳以上の韓国系外国国籍者に限り、韓国内の飲食業、社会福祉サービス業、看護・家政・清掃関連サービス業などの6種のサービス業において最長3年間従業員として働く許可が下りた（同）。だが、この法は韓国系外国国籍者に限定されており一般の外国人には許可が下りなかった。

　このように韓国政府は不法労働滞在者の増加などの問題解決のためにも様々な法改正を行ってきた。しかし、不法滞在者は増える一方で、問題も深刻化していった。そこで2004年、外国人労働者の権利を守りながら不法滞在者の問題に対応するために外国人雇用許可制を含む「外国人労働者の雇用許可等に関する法律」が新たに制定された。2006年まではこの法と1993年から実施されていた産業技術研修制度が続けて並行運用されていたが、2007年からは「雇用許可制度」に完全移行した。

2．外国人雇用許可制

　外国人雇用許可制とは、国内中小企業が労働力の不足により外国人労働者を雇用したい場合、雇用労働部の許可が下りれば外国人労働者を雇うことができる制度である。「雇用許可制度」では、労働者の受入れを明確に行うために、政府自らが受入れを管理するシステムになっている。そのため政府が受け入れる外国人労働者の人数、業種、送出国を決める。現在、韓国政府は国内就業を希望する15か国出身の外国人労働者に対して就業ビザ（E-9）を発給し、滞在期間を最大3年間、韓国人労働者と同等の待遇で保障している[3]。派遣が可能な国は、韓国政府と「移住労働者に関する覚書（MOU）」を締結したフィリピン、タイ、インドネシア、スリランカ、中国などの15か国である[4]。その15か国から毎年、導入する人数を審議・決定する機関が「外国人力政策委員会」である。

166

第7章　韓国「多文化政策」の実態と課題

　当委員会は毎年、「外国人力導入計画」を審議・決定して公布することに
なっている（白井 2009）。その理由は、韓国人労働者の雇用の場が奪われて
しまうのを避けたいからである。また、外国人労働者の就業対象の業種は、
韓国人労働者だけでは人手不足となっている単純労働分野に限定されている。
具体的には製造業、建設業、サービス業、漁業、農畜産業である。業種ごと
の導入の割合は次のように定められている。まず労働力の不足率、全労働者
数、外国人比率の3つの項目から業種別に外国人の需要規模を求め、そして
需要規模に外国人労働者の出国予定数および不法滞在者の推定出国数を加え
たものが新規導入必要数となる[5]。さらに景気情勢や現状の失業率を考慮し
て新規導入必要数に調整を行う。

　2016年度の「外国人力の導入・運営計画」は 2015年 12月 15日の第 27
回「外国人力政策委員会」によって確定された[6]。「2016年外国人力導入
計画」によると、外国人労働者（非専門就業）の導入人数は 5万 8000人と
なっており、前年より 3000人多くなっていた。また、5万 8000人のうち、
4万 6000人は新規入国者に、1万 2000人は再入国者にそれぞれ割り当てら
れる。産業別には、深刻な労働力不足に直面し、かつ韓国人労働者の採用が
困難な製造業が 4万 6000人で最も多く、次に農畜産業、漁業が大きな割合
を占めている。

　この雇用許可制度によって実際にどんな変化があったのか。一つ目は中小
企業の人手不足が解消されたことである。2011年度は約 46万人の外国人単
純技能労働者が約 8万か所の中小企業で労働力を補っていた。二つ目は外国
人送出時の不正が見直されたことである。これは韓国の雇用労働部が送出国
政府と協定を結び、労働者の斡旋業務をその政府が担うことで送出費用を大
幅に下げたという[7]。三つ目は外国人労働者の人権保護が大きく見直された
ことである。この法によって韓国の国内労働者と同じ労働関係法が適用され
たため、事業主による賃金の未払いが減った。また外国人労働者の退職金を
保証するため、事業主が出国満期保険や出国満期一時金信託に加入する「国
民健康保険法」によって、雇用された外国人労働者は加入者としてみなされ
ることになった[8]。

　また、雇用許可制の導入以前は、外国人労働者の不法滞在率は 80％にも

167

第Ⅱ部　多文化共生社会の実態と課題

上っていたが、それが16.3％にまで下がったこと、送出国側の汚職や不正の防止にも効果があったこと、が挙げられる[9]。さらに、国際労働機関（International Labour Organization: ILO）から、外国人労働者導入の好事例として挙げられたこと、国連の公共行政賞の大賞を受賞したことも、雇用許可制による10年間の功績の結果であった。

　しかしながら雇用許可制には、例えば、退職金の助成や仕事の選択の自由の付与等の点で、様々な見方もある。また就労には、業種や事業所の規模による制限が設けられているうえ、韓国系外国籍者以外の外国人は、事業主の責に帰すべき事由による場合などを除き、最初の勤め先を変更することはできない。すなわち、職場の移動の自由が保障されていない。最初の勤務先から離脱することは、就労ビザを失うことになり、そのため、劣悪な労働条件にも甘んじなければならない外国人労働者が現実として存在することを指摘する声もある。

3.「在外同胞法」と朝鮮族

　1960年代から「反共」を掲げ、軍事独裁政権を維持した韓国は1980年代に入って「民主化」の波に乗り、1986年のソウル・アジア競技大会と1988年のソウルオリンピック大会を契機に今まで国交のなかった中国やソ連との関係が強化されるようになった。1990年9月には韓ソ国交正常化が、1992年8月には中韓国交正常化が成立され、この両国と韓国との交流が新しい道に入ることとなった。それは国家間の交流だけでなくその地域の「朝鮮人社会」にも大きな影響を与えた。当時中国には約192万人の朝鮮族が、ソ連邦には約53万人の高麗人が居住していた。これらの人々を韓国では在外同胞と呼んだ。韓国における在外同胞政策は、金泳三政権から推進され、金大中政権初期である1999年8月には「在外同胞法」が公表されることで本格化された。同法により外国籍同胞も出入国と韓国滞在において韓国人とほぼ同等の法的地位と保護を受けるようになった[10]。

　しかし、同法の対象範囲は外国に居住する韓国国籍者または大韓民国政府樹立以後、韓国籍をもっていた現外国国籍者とその直系卑属に限定されて

168

いた。すなわち、韓国籍の在日朝鮮人と米国籍の在米韓人が主な対象者となり、大韓民国政府樹立以前に外国に移住した中国朝鮮族、在CISの高麗人、朝鮮籍の在日朝鮮人は除外されたのである。そのため、その法案の撤回を求める市民団体の撤回運動が広がり、その結果、2001年11月29日に憲法裁判所は海外に移住した同胞を政府樹立の以前と以後に分けて差別するのは平等原則に違反するものであるとし、中国朝鮮族などを対象規程から除外した「在外同胞法」を憲法違反であると判断し、2003年末までの法改正を政府に命じた（鄭雅英 2008; 李振翎 2002）。ところが、2004年3月に「在外同胞法」の改正が行われたが、対象者を拡大する具体的な改正案はなく、部分的手直しに終始して、事実上中国朝鮮族や在CISの高麗人などは在外同胞としての権利を制限された。その理由は、「在外同胞法」改正に対する中国政府の反対があったからである。憲法裁判所の違反判決が下された1週間後の12月6日に国会での韓中フォーラムで特別講演を行った駐韓中国大使・李濱は、「朝鮮族は血統としては韓国国民の同胞だが、中国国籍をもっている56民族の大家族の一員でもある」とし、「韓中両国家間の関係をよく考慮して処理してほしい」と述べ、「在外同胞法」に関する韓国政府の動きを牽制した。さらに翌7日に行った韓国新聞放送編集人協会の招聘講演では「中国は二重国籍には賛成しない」と表明し、「いったん中国国籍をもった以上、中国国民とすべきだ」と主張した[11]。この李濱駐韓中国大使の理解は中国政府の認識であった。そのため、韓国政府は中国政府との外交摩擦を考慮して全面改正を控えることになったのである。

　改正後の現「在外同胞法」第2条（定義）では「在外同胞」を次の各号のいずれかに該当するものであると定めている。①大韓民国の国民であって外国の永住権を取得した者または永住する目的で外国に居住している者（以下「在外国民」という）。②「大韓民国の国籍を保有した者（大韓民国政府樹立前に国外に移住した同胞を含む）またはその直系卑属であって外国国籍を取得した者のうち大統領令で定める者（以下「外国国籍同胞」という）。

　同法の定義での中国朝鮮族は、②に該当すると思われるが、中国政府の反対により「大韓民国の国籍を保有した者」と「大統領令で定める者」が強調され、事実上、改正後にも在外同胞としての権利には制限が加えられていた。

第Ⅱ部　多文化共生社会の実態と課題

表1　雇用許可制の一般と特例の比較表

区　分	一般雇用許可制（E-9）	特例雇用許可制（H-2）
滞　留 （就業期間）	・非専門就業ビザ（E-9）として3年間就業（滞留期間満了前に事業主の要請があるとき、1年10か月まで再雇用可能）	・訪問就業ビザ（H-2）として3年間就業（滞留期間満了前に事業主の要請があるとき、1年10か月まで再雇用可能）
対象者要件	韓国語試験、技能試験および健康診断などの手続きを経て求職登録した者	・韓国国内に親族・戸籍がある韓国系外国籍同胞（クオータ制限なし） ・国内縁故ない韓国系外国籍同胞（クオータ制限あり）
就業許容の業種	外国人力政策委員会が定める製造業、建設業、サービス業、漁業、農畜産業の5業種	一般雇用許可制で許可されている業種にサービス業種（飲食、宿泊、介護、家事等）を加えた38業種。
就業過程	韓国語試験→勤労契約→入国→就業教育→企業配置 ※事業場変更3回制限	訪問就業ビザ（H-2）で入国→就業教育→雇用労働部雇用センターの斡旋または自由求職の選択→勤労契約後就職 ※事業場変更無制限
各企業の雇用手続き	韓国人求人努力→雇用労働部雇用センターに雇用許可申請→雇用許可書発給→勤労契約後の雇用	韓国人求人努力→雇用労働部雇用センターで特例雇用可能確認書発給→勤労契約後の雇用
事業場別雇用許可人員	事業場の規模別に外国人労働者の雇用許可の上限人数設定	一般外国人労働者の雇用許可された人数分、韓国系外国籍同胞を追加雇用可能（建設業、サービス業除く）

（出所）：雇用労働部等各種資料より作成。

　このように、韓国政府は「在外同胞法」の違憲審判の決定に対して、中国との外交問題を考慮したうえで「在外同胞法」の全面改正を控えた。そして「在外同胞法」で事実上排除された同胞に対して出入国や就業に関する制度改正で対処する方策を採った。それが2002年12月に導入した就業管理制（雇用管理制度）であった。2004年には外国人雇用許可制が導入され、就業管理制は雇用許可制の特例制度（特例雇用許可制：訪問就業制ともいう）として雇用許可制に吸収統合された。一般雇用許可制と特例雇用許可制との差異を比較したのが表1である。

　表1の通り、一般雇用許可制より特例雇用許可制では数多くの特恵が含まれている。一般雇用許可制で定められた業種のほかに38の業種で働くことができ、事業場を変えることも制限なくできるのである。これは韓国政府の

170

外国人労働者に対する政策が単一民族主義、血統主義を考慮した在外同胞優遇政策であるともいえる。

4．外国人労働者の定住問題

　韓国政府は 2004 年に外国人雇用許可制がスタートして以来、その制度を補足するために改善を行ってきた。また 2009 年度には外国人労働者権益保護協議会も設立された。この協議会では主に外国人労働者の職場離脱におけるトラブルや問題を扱っており、その改善に向けて活動している。例えば、2010 年 1 月に外国人労働者雇用関係法の改正が行われ、そこでは、①外国人労働者のより安定的な雇用のための改善、②外国人労働者の就労場所変更に対する規制の緩和などが規定された[12]。それ以前は事業主が就労期間である 3 年を過ぎた外国人を再雇用する場合、その労働者は少なくとも 1 か月母国へ帰国し、再入国する必要があった。しかし改正後はそのような帰国なしにさらに最長 2 年間雇用できるようになった[13]。ここで一つ注意しておきたいのは、この新しい雇用システムは労働者を雇用する事業主に適用されるため、外国人労働者が自ら就労を延長したいといっても事業主の許可が下りなければできないことである。また、雇用許可制により定められている雇用期間が終わっても出国しない労働者が増加している。2010 年度から雇用期間満了者がでてきており、2011 年には 3 万人、2012 年には 6 万人になっている。そのうち超過滞在者は 30％ほどに及ぶといわれている[14]。2011 年度にもさらに法改正が行われ、4 年 10 か月間の雇用許可制期間が終わった労働者は、さらに 4 年 10 か月間働けるようにすることが決定されたが、それには次の条件がある。一つの事業所だけで 4 年 10 か月間働いた人、かつ農畜産業、漁業または 30 人以下の製造業で働いている人に限定するということである。「4 年 10 か月」の期間に限定する理由は、韓国では永住権を申請するためには「5 年以上継続して大韓民国に住所を有していること」が一つの条件になっているからである（李善姫 2013）。つまり、外国人労働者が 5 年間継続して居住できないようにし、彼らに永住権を申請する資格を与えないようにする仕組みになっている。また、労働環境に不満があったとしてもそれ

171

第II部　多文化共生社会の実態と課題

を理由に職場を変えることをさせない意図もあったと思われる。しかし、いくら滞在期間を延ばしていっても結局は期間満了期がきてしまうことは確実である。そして超過滞在者は増える一方だろう。そのことを考えると、この外国人雇用制度の抜本的な改善の必要性があると考える。

III. 国際結婚移住者への支援政策

1. 国際結婚移住者に対する出入国管理政策

韓国の多文化政策は表2の通り200万人の在韓外国人の存在を通してその政策の必要性が提議されるようになったが、実際にはその政策の主な対象は15万人の結婚移住者であるように思われる。特に、結婚移住者のなかで86％を占めている結婚移住女性とその家族が多文化家庭とされているのである。韓国の多文化政策の対象における結婚移住女性と移住労働者を区分する基準は血縁である。結婚移住女性は韓国人二世の母として統合の対象になるが、移住外国人労働者は排除の対象になるのである。また、移住外国人労働者の場合にも前述したように、中国朝鮮族を特別に優遇している。中国朝鮮族は韓国が結婚移住者と移住外国人労働者を受け入れる際に特別扱いをしていたのである。韓国は彼らを同胞として受け入れた。そのため、在韓外国籍者のなかで彼らが占める割合は一番高い。

韓国において国際結婚による結婚移住者は2015年3月現在、25万人だが、そのうち韓国に帰化した人が10万3000人で、帰化しなかった人が15万人であった。韓国における全結婚のうち10件に1件は国際結婚であるといわれている。国籍別では中国出身（特に朝鮮族）が一番多く、続いてベトナム、日本、フィリピン、カンボジア、タイなど東南アジア女性が多くを占めている（出入国・外国人政策本部編 2015b）。例えば安山市における結婚移住民センターでのデータを参考にしてみると、結婚移住者8219人中6278人が中国出身で、次にベトナム（939人）、フィリピン（245人）、日本（163人）であった（韓国安山市外国人住民センター 2014）。また、農漁村地域の男性が外国人女性と結婚するケースが多い。これは、結婚相手が見つかりにくい農漁村地域の

第 7 章　韓国「多文化政策」の実態と課題

表 2　在韓外国人の現況

年 度	在韓外国人	結婚移住者	年 度	在韓外国人	結婚移住者
2007 年	1,066,273	110,362	2012 年	1,445,103	148,498
2008 年	1,158,866	122,552	2013 年	1,576,034	150,865
2009 年	1,168,477	125,087	2014 年	1,797,618	150,994
2010 年	1,261,415	141,654	2015 年	1,899,519	151,608
2011 年	1,395,077	144,681	2016 年	2,034,878	152,023

（注）：2016 年は 7 月現在の統計である。
（出所）：出入国・外国人政策本部編『出入国・外国人政策統計年報』2007 ～ 2015 年、移民情報課。
同『出入国・外国人政策統計月報』2016 年 7 月号より作成。

男性が結婚仲介業を通して外国人女性と結婚することが多いためである。
　韓国社会での国際結婚は朝鮮戦争以後の米軍人との結婚をはじめ、それ以降も先進国の男性との結婚が主とされていた。しかし高度経済成長と共に都市化が進み、1980 年代末からは農村地域の男性らは結婚適齢期が過ぎても結婚できない現象が現れた。そこで韓国政府と地方自治体は農村における結婚難を解消するために、1995 年から「農村の未婚男性の結婚プロジェクト」政策を推進した。そのプロジェクトでは国際結婚費用の半分に相当する金額を政府が支給するという条例があり、農村地域の男性が外国人妻と結婚することに大きな拍車をかけた。その結果、結婚移住女性の数は、2005 年まで、時に多少の落ち込みはあるものの増加していた。2005 年には全体結婚人口の 13.5％まで増加した。
　しかし、国際結婚による家庭内暴力など様々な問題が発生し、結婚移住女性の人権問題が国際問題にもなってきた。そのため、国際結婚移住者に対する出入国規制が強化され、2006 年度から国際結婚者が減少しはじめた。特に、2010 年以降は急速な減少傾向となっている。その理由は、同年カンボジアでは韓国人男性との国際結婚を中断することが発表され、そのほか、ベトナム出身の外国人妻（国際結婚移住者）が韓国人夫に殺害される事件が発生して、国内外に大きな衝撃を与えたことから、韓国政府が国際結婚に対する規制を厳しく強化するようになったからである。不法な結婚仲介業の取締り強化、国際結婚ビザの審査強化など国際結婚に対する厳しい制度が設けられ

第Ⅱ部　多文化共生社会の実態と課題

るようになった（韓国多文化センター編 2015: 8-13）。

　このように、90 年代には積極的に奨励した国際結婚に 2006 年度から規制を加えるようになったが、その反面、結婚移住者家庭の支援事業を本格的に行うようになった。それは量より質を上げる政策への転換といえる。

2．法律による「社会統合」のための支援事業

　韓国の多文化家庭支援事業は、2006 年 4 月に大統領諮問機構である貧困格差・差別是正委員会と女性家族部などの 12 部署が共同で作成した「女性結婚移住者家族の社会統合支援」と「混血人および移住者支援方案」から本格的に始まった。「女性結婚移住者家族の社会統合支援」の内容は次の 7つの政策課題を掲げている[15]。①結婚移住女性の人権保護支援（家庭内暴力の被害者の緊急救済および医療システムなど）、②結婚移住女性の定着支援および教育（韓国語教育と職業訓練）、③結婚移住女性と多文化家族子どもの教育支援（教科課程および教科書の多文化教育強化、外国人と共にする文化教室運営、多言語で作られた教育支援システム、放課後教室など）、④国際結婚を管理する法律を制定する計画（婚姻ビザ発給、電話相談サービス、結婚仲介業管理、国際結婚関連広告および消費者保護など）、⑤結婚移住女性に対する福祉支援（生活能力のない国籍を取得していない結婚移住女性の最低生計費支給、職業教育斡旋、医療サービス提供、産婦コンパニオンなど）、⑥公共部門の多文化家庭支援サービスおよび認識強化（地域社会の雰囲気転換、政府広報媒体活用）、⑦結婚移住女性とその家族に対する包括的支援体系の構築（女性家族部主管下の結婚移民者家族支援センター指定）。これは女性家族部を主管部署として、結婚から生活適応、子どもの出産・保育・教育に至るまで支援し、結婚移住者およびその家族たちを韓国社会に一日も早く適応させようとする「社会統合」のための総合対策であった。

　続いて 2006 年 5 月 26 日には第 1 回外国人政策委員会が開かれ、「外国人政策基本方向および推進体系」が審議・承認された。これは、韓国の外国人政策を大きく転換させるものであった。この会議には大きく 3 つの意義があった。第一に、国際結婚の増加や少子高齢化など社会環境の変化に応じた

174

第7章　韓国「多文化政策」の実態と課題

外国人政策の基本方針を確立したこと。第二に、外国人政策に関する審議・調整を行うために外国人政策委員会を設置し、外国人関連業務を総括する法務部が外国人政策の中心部署（組織）に指定したこと。第三に、外国人の人権尊重と社会統合および優秀な外国人の誘致と支援を外国人政策の主要目標として設定し、多文化社会に対する理解増進と国家発展の転機とする準備ができたことである[16]。また、多文化家族支援事業のサービス伝達機構として「多文化支援センター」（旧結婚移民者家族支援センター）が各地において設置された[17]。

　さらに同会議以後、法務部を中心として関係部署は総合的な外国人政策の推進に取り組みはじめ、2007 年 4 月 27 日には「在韓外国人処遇基本法」が国会を通過した（同年 5 月 17 日公布、7 月 18 日施行）。一方、地方自治を統括する行政自治部も 2006 年 8 月に「居住外国人地域社会統合支援業務推進指針」を策定し、地域における外国人の社会統合の推進に力を入れている。

　「在韓外国人処遇基本法」は韓国に居住している外国人が韓国社会に適応し、個人の能力を発揮できるように韓国国民と在韓外国人がお互いに理解して尊重し合う社会環境を作る社会統合を目的（第 1 条）に制定されたものである（韓国多文化教育研究学会 2014: 304）。

　またこれら一連の外国人政策の流れのなかで、2008 年 3 月には、国際結婚による移住に焦点を当てた「多文化家族支援法」（9 月 22 日施行）という社会統合のための法律が制定された。この法律は多文化家族の構成員が、安定的な家族生活を営むことができるようにすることで、彼らの生活の質の向上および社会統合に貢献することを目的（第 1 条）に制定された。また、同法で国の支援対象になる「多文化家族」は、韓国人との結婚により韓国に移住した外国人（結婚移住者）や韓国に帰化した者、それにその夫婦から産まれた韓国国籍を有する子どもがいる家庭に限定される（第 2 条）。すなわち、韓国以外の異なる国同士の外国人で形成された家庭に対しては、国としての支援は行わない。あくまでも韓国国籍を取得する者、韓国国籍の子どもを出産し養育していく結婚移住者家族に対しての支援である（自治体国際化協会 2011）。「多文化家族支援法」の主な内容は以下の通りである[18]。

　第一に、生活情報の提供および教育支援（第 6 条）である。「多文化家族」

にとって最も大きな問題は言葉の問題である。多くの結婚移住者は、ほとんどの場合韓国語能力が十分ではない。そのため、国および地方自治体は、言語疎通能力向上のための韓国語教育の支援を行う。また、韓国で生活するのに必要な基本的情報を提供し、社会適応教育および職業教育・訓練を行う。

第二に、平等な家族関係の維持（第7条）である。国および地方自治体は、多文化家族が民主的で夫婦平等な家族関係を享受することができるように、家族相談、夫婦教育、両親教育、家族生活教育などを推進する。この場合、文化の差等を考慮した専門的なサービスが提供されるように努力する。

第三に、家庭内暴力被害者に対する保護・支援（第8条）である。国および地方自治体は、「家庭内暴力防止および被害者保護等に関する法律」により多文化家族内家庭暴力の予防、保護、支援を行う。また、被害を受けた結婚移住者に対する保護および支援のために言語通訳、法律相談および行政支援などを行う。

第四に、児童保育・教育（第10条）である。結婚移住家族の場合、母親の韓国語や文化の理解度が低いため、子どもにまで影響を及ぼしていることが多い。子どもの学業が不振でも両親が家庭でサポートできず、ほとんどの家庭が経済的に豊かではないため子どもを塾に通わせる余裕がない。これは教育熱が高い韓国社会ではより深刻な問題である。また、言葉や子ども・母親の皮膚の色によって友人からからかわれたり、いじめられたりして学校生活に適応できず、社会から逸脱してしまうこともある。そのため、国および地方自治体は、児童のための韓国語教育支援や学科他または放課後教育プログラム等を行う。

このように、「多文化家族支援法」は多文化家族構成員が韓国社会の一員として統合され、安定的な家族生活を営むことができるように、各種サービス提供を行うなど、多文化家族支援政策の制度的な柱を作るものであった。同法は2011年、2012年、2013年に改正され、多文化家族の範囲を拡大し、多文化家族支援のための基本計画および年度別施行計画などが規定された。

次に政策の執行機関になっている多文化家族支援センターで実際に行われている取り組みについて見ていきたい。多文化家族支援センターは地域社会に居住している国際結婚移住者の韓国社会への適応を助け、多文化家族の安

定的な定着とその生活を支援する機関である。2006年に「女性結婚移住者
家族の社会統合支援方案」が制定され、全国に21か所で出発した「結婚移
住者家族支援センター」は、2008年度から「多文化家族支援センター」へ
と名称を変更された。2013年7月現在、全国的に212か所が運営されている。
「多文化家族支援法」の第12条によって設置・運営されている「多文化家族
支援センター」では教育事業、相談事業、文化事業を主に行っている。

　結婚移住女性に対してセンターで主に行われている事業内容は次の通り
である。①韓国生活適応および文化理解（韓国語教育、料理教育、文化理解教育、
情報化教育）、②家族関係増進（家族教育、家族関係相談、家族関係教育の情報提
供）、③多文化家庭子女の言語教育、育児方法教育、④結婚移住者自助集団
育成支援および指導者養成、⑤情緒的・文化的支援（里親および後援家族の紹
介や結婚移住者家族単位ネットワーク構築）、⑥多文化社会受入れの「社会雰囲
気」づくり、⑦関連機関・団体と協議団体構成および運営、⑧管内結婚移住
者支援機関・団体とのネットワーク構築、⑨女性福祉増進（妊娠・出産の健
康教育、心理治療、健康検診）、⑩職業技術教育および就職先斡旋、⑪一般住民
との文化交流会、⑫その他（暴力被害者が休める場所を提供、緊急生計支援、実
態調査など）（宋隱營 2010; 2011）。

　このように多文化家族支援センターの事業は、社会適応教育、相談、職業
教育等を通して、多文化家族が韓国社会に早期適応し、安定した家族生活が
営めるような支援を行っている。特にこれらの事業のうち、最も中心的な取
り組みは韓国語教育と文化理解教育である。韓国語ができなければ、コミュ
ニケーションの困難が生じ、家族や親族との葛藤があり、言葉が通じないた
めに就職ができないなど、様々な問題が発生する。文化や生活習慣の違いに
よる生活上の困難も大きい。さらに行政の仕組みや地域に関わる情報や知識
が不足して行政サービスを受けられない場合も多い。したがって、このよう
な教育内容は結婚移住者たちが定住するためのきわめて必要な取り組みであ
ると思われる。しかし、このような内容に関して、結婚移住者に韓国語と文
化を一方的に注入することは「同化主義」政策であるという批判もある。そ
れは同センターで行う事業で圧倒的に多いのが韓国語教育と韓国文化理解教
育であるからでもある。

第Ⅱ部　多文化共生社会の実態と課題

Ⅳ. 韓国の多文化政策の問題と課題

1. 韓国政府主導の韓国語および韓国文化教育事業

　韓国社会は単一民族国家であるという自負心を長い間強調して教えてきたために、多民族と多様な文化と共存する多文化現象に対して批判的である。その結果、異文化に対する拒否・葛藤、移住外国人に対する偏見、差別などの問題が発生する。韓国で行われている多文化政策は、「多文化」を広げるための政策ではなく、韓国に移住してきた外国人に、「単一民族」のものとして形成された韓国文化に統合させようとする政策であると考える。すなわち、韓国の言語と文化を維持し、外国から移住してきた人々が韓国人と共生するためには韓国語と韓国文化を身につけることが一番重要だという考えが、韓国での多文化主義なのである。現在、多文化政策で一番多くの予算を使っているところは女性家族部であるが、女性家族部の核心政策は全国230か所の市・郡の中で212か所に設置されている多文化家族支援センターを通して行う「多文化家族」への韓国語教育および韓国文化教育、児童育児支援、相談および情報提供、妊娠・出産支援事業などである[19]。教育部などの主な事業も結婚移住女性の子弟に対する教育プログラムである。

　このように、移住労働者より結婚移住女性とその家族に、より多くの予算を使っている理由は、移住労働者はいずれ自分の国に帰る存在であるが、結婚移住女性とその家族は韓国社会の一員として定着し、韓国社会に統合すべき対象なので同化させなければならない存在であるからである。そして、その同化政策の手段として主に韓国語教育と韓国文化教育を行っているのである。

　外国人に対する韓国語教育事業は、1990年代半ばから宗教団体や市民団体で行いはじめ、その後、政府と地方自治体も行うようになった。今現在、法務部、女性家族部、教育部、雇用労働部などが各自のプログラムを設け韓国語教育事業を行っている。現在各部署で施行している韓国語教育事業は表3の通りである。

　表3の通り、女性家族部を中心に「多文化家族」への韓国語教育および韓

178

第7章　韓国「多文化政策」の実態と課題

表3　韓国政府各部署別の韓国語教育事業の現況

区 分	女性家族部	教育部	法務部	雇用労働部
関連法律	多文化家族支援法	教育基本法	在韓外国人処遇基本法、国籍法、出入国管理法	外国人勤労者の雇用等に関する法
政策対象	・結婚移住女性 ・多文化家族の就学前の子女	多文化家族の就学児童	・結婚移住女性 ・帰化希望者	外国人労働者
教育機関	多文化家族支援センター	・全国初・中・高等学校 ・多文化学生のための代案学校	社会統合プログラム指定機関	外国人勤労者支援センター
主要事業	・韓国語教室教育および訪問教育 ・子女対象の言語発達教育	・韓国語課程導入・運営 ・多文化家庭学生の韓国語および基礎学力指導	国籍取得のための社会統合プログラム運営	・韓国語教育支援 ・就業前の現地韓国語教育

（出所）：金淳陽（2013）、チョン・ヒウォン（2013）より作成。

国文化教育が行われている。女性家族部の韓国語教育事業は「教室教育」と「訪問教育」に区分される。「教室教育」は多文化家族支援センターに直接行って韓国語教育を受けることであり、「訪問教育」は育児や家庭の事情で参加できない人のため、多文化家庭を訪問して行うものである。2011年現在、全国で1787人の訪問指導者が1万864家庭を訪問して韓国語を教えていた。また、法務部では結婚移住女性と帰化を希望している外国人に対して国籍取得のための「社会統合プログラム」を運営している。このプログラムは韓国語課程と韓国社会の理解課程に区分されている。韓国語課程は事前評価を通して、受講生の韓国語能力によって履修時間を決める。入門は15時間で、初級と中級は各1段階と2段階に分けられ、各100時間を受講しなければならない。韓国社会の理解課程は韓国の政治、経済、社会、文化、歴史、生活、法律などで構成され、50時間の履修となっている。このプログラムの終了者には「出入国管理法」により、帰化筆記試験および面接試験の免除、国籍取得のための待機時間の短縮、査証取得および変更の際の特恵が与えられる。このプログラムは2009年3月から始まったが、2013年3月まで総3万人あ

第Ⅱ部　多文化共生社会の実態と課題

まりがこの教育を受けたという（チョン・ヒウォン 2013）。

　これらの教育によって確実に韓国語の実力が向上している。「安山市外国人住民センター」でのインタビュー調査でも、次のような結果が出ている。①韓国語教育を受けたおかげで夫婦喧嘩の数が少なくなり夫婦関係も改善されるようになった。②韓国語を子どもに教えることができるようになった。③理解できなかった韓国文化が少し理解できるようになった、など（宋隠營 2011）。同センターでは韓国語教育のほかにも結婚移住者などに向けての就業能力開発教育も行われている。内容はパソコンや運転免許、美容などであり、就業支援も行っている[20]。

　雇用労働部においても外国人労働者に対して韓国語教育を実施している。しかし、外国人労働者に対する韓国語教育はそれほど充実していない。2004 年の雇用許可制の実施によって韓国入国前に事前教育として 38 時間の韓国語授業を受けることが義務づけられている。また、韓国語能力試験（ESP-KLT）を受け、その点数の高い順で雇用が決められるが、それで十分な意思疎通ができるわけではない。入国後には 16 時間の作業安全と現場適応のための就業教育を受けるが、16 時間の教育のなかに韓国語教育は 2 時間しか含まれていない[21]。韓国で働いている外国人労働者は、３Ｄといわれている劣悪的環境で働く場合が多く、言葉もわからないので危険回避ができずに労災事故に遭う確率が高い。このような事故を防ぐためにも外国人労働者に対する韓国語教育の充実は切実な問題であると思われる。

2.「兵役法」による多文化政策

　韓国では「兵役法」により「大韓民国国民である男子は、憲法及びこの法律で定めるところにより、兵役義務を誠実に遂行しなければならない」（第３条第 1 項）とされ、一定年齢に達した男性には兵役義務が課されている。これは健康な男性には避けては通れないものである。ところが、今まで「韓国人と異なる人種や外観上明らかに識別できる混血児」は徴兵検査判定 5 級（第二国民役）となって現役としての兵役義務の免除対象であった。混血児以外に「第二国民役」になるものは、心身の障害が激しい者、家族生計扶養者、

180

第7章　韓国「多文化政策」の実態と課題

外国国籍取得者、孤児、性転換者、一部実刑宣告者であった[22]。「第二国民役」の対象者は兵役義務の免除にはなるが、有事時には戦時勤労召集に応じなければならない存在である。韓国では解放と朝鮮戦争を経て米軍基地が設置されて多くの米軍が韓国に居住するようになり、「米軍基地村」が形成されて米軍と韓国女性との間に生まれた混血二世が増加していた。これが韓国「多文化家庭」の初期の形であった。韓国政府は朝鮮戦争以来、駐韓米軍を継続的に駐屯させるために「米軍基地村」での性売買を積極的に調整、幇助、黙認、許容してきた。実際に1960年代の「米軍基地村」産業は、当時の韓国GNP全体の25％を占めるほどであった（李娜榮 2011）。にもかかわらず、混血児を「第二国民役」の扱いにしたのは国家が人種差別をしたことになる。このような問題に対して2007年8月に国連人種差別撤廃委員会（Committee on the Elimination of Racial Discrimination: CERD）は、韓国の単一民族主義と人種的優越主義を批判し、それを教育や文化、情報などの分野から改正するように勧告したことがある[23]。

　韓国はこのような世界的な批判や多文化家族の増加を背景として、2007年12月に兵役法の第3条第3項「第1項による兵役義務及び志願は人種・皮膚色等を理由に差別してはならない」という項目を新たに入れた。また、2010年には「兵役法」を改正して、2011年1月以降は「外観上明らかに識別することができる混血人」であっても、現役兵として兵役義務を課すことにした[24]。さらに韓国では、現在の少子化現象が続くと2029年ごろには軍兵力も3万人不足すると予想されている。そのために国防部（国防省）は多文化家庭出身の「多文化兵士」を積極的に受け入れる政策をとるようになった。軍当局による「多文化兵士」とは、外国人帰化者、脱北住民家庭出身、国外永住権者、結婚移住家庭者などである。2012年の多文化家庭子弟のなかで満19歳男子の徴兵検査対象者は1100余名であったが、2019年には3000余名に増加し、2028年には1万2000余名を超えると予測されている。また、国防部は2012年2月から「軍人服務規律」（大統領令）を改正した。そこで「将校任官宣誓文および入営宣誓文」にあった「国家および民族」が「国家および国民」に改められた（パク・ソンジン 2014）。これには大きな意義がある。韓国では国民と民族は法律的に明白に区分されている概念である。

181

第Ⅱ部　多文化共生社会の実態と課題

国民は大韓民国（国家）という政治的共同体の構成員（nationals or citizens）であり、民族は「韓民族」「韓人」という文化的共同体の構成員（ethnic group）である。すなわち、「将校任官宣誓文および入営宣誓文」において「民族」が「国民」に変わったのは、最大保守団体である軍が、今まで韓国社会を支配してきた「単一民族主義」を捨て、多文化主義を指向したことである。これは大きな変化であると思われる。

3.「公職選挙法」と参政権問題

　韓国では2005年8月4日に「公職選挙法」が改正され、永住資格（F-5）を獲得して3年以上が経過した19歳以上の外国人に対して地方参政権を付与した。2006年5月31日の統一地方選挙の時点で選挙権を有していた外国人の数は合計6726名であった。その内訳をみると台湾（中華民国）国籍者が6580人で最も多く、その次に日本国籍者100人、中国国籍者23人、米国国籍者14人、その他9人であった（白井 2010）。韓国では2000年から長期滞在の外国人に対しての永住権導入問題が活発に議論され、2001年9月に「長期滞在外国人の永住権取得とその法的地位に関する法律案」が国会に提出された。この法案は日本の在日朝鮮人のように長期間韓国に住み続けている華僑問題を解決するための一案として作られたものであった。この問題が解決できれば、今まで5年ごとに更新しなければならなかった「居住」資格の延長手続きは不要となり、査証も不要となる。しかし、この法律案は「法制司法委員会」の審査を通過できず、廃案となった。その理由は、華僑に対して永住権を認める場合、長期的には中国朝鮮族の永住権取得申請が殺到するおそれがあったからである。そこでその代案として2002年4月に「出入国管理法施行令」が改定された。同法には永住権に関する条項が新設され、5年以上韓国に滞在していることと生計維持能力が「永住資格」申請の要件となった（王恩美 2008: 459-462）。

　このように、外国人に対する地方参政権の付与は外国人に対する永住権の付与と同時進行で行ったものである。また、「永住資格」申請の要件である「5年以上韓国に滞在」は先述したように、2011年に行った「外国人労働

者雇用関係法」の改正による「4年10か月」の期間限定と深く関係がある。すなわち、これは永住権者をできるだけ増やさない政策であった。結局、現行法上では高額の投資者や高学歴・先端技術資格の所持者など「出入国管理法施行令」第12条の「永住滞留資格基準」[25] に該当しない移住労働者は、事実上永住資格をもつことは難しい。したがって現行「公職選挙法」では、選挙権を付与されるのはほとんど華僑となり、これからもその対象者が拡大する可能性は低い。

　しかし被選挙権に関しては、華僑には付与せず、韓国国籍者である結婚移住女性を中心に積極的に付与している。韓国「公職選挙法」では、「25歳の国民は国会議員の被選挙権がある」（第16条2項）とされており、第16条3項には「選挙日から継続して60日以上滞在した者、当地方自治体の管轄区域に住民登録されている住民として25歳以上の国民はその地方議会の議員および地方自治団体長の被選挙権をもつ」となっており[26]、住民登録されている韓国国籍者に限定されている。同法によれば百数十年間韓国に住み続けている華僑には権利がなく、この数十年の間に移住してきた結婚移住者は資格があることになる。

　2008年に韓国女性部後援によって「2010年地方選挙第1号国際結婚移住女性議員作りプロジェクト」が始まった。この事業は2010年6月2日に実施される第5回地方選挙に備え、地方政治に関心がある結婚移住女性を発掘して2010年の地方選挙を通して地方議会に進出させようという支援プロジェクトであった。これは結婚移住女性が、韓国社会で一市民として政治的にも、社会的にも重要であり、必要であることを認識させる目的で作られたものである。この事業によって第5回地方選挙に多文化家庭出身の6人の女性が出て、モンゴル出身のイラ氏（33歳、結婚移住女性）が当選した。外国人が帰化して地方議員になったのは地方選挙が始まって以来、初めてのことであった。イラ氏は京畿道議員として多文化家庭出身の政治家第1号である。また、第19代国会議員選挙（2012年4月11日実施）では与党のセヌリ党候補から立候補したフィリピン出身の結婚移住女性の李ジャスミン氏が当選した。李ジャスミン氏は韓国に帰化した外国人で初の国会議員である。

　このように、韓国「公職選挙法」には韓国華僑と結婚移住女性との間で差

183

第Ⅱ部　多文化共生社会の実態と課題

別問題が存在しているが、アジア地域で初めて地方参政権を認めたということは、大きな意義がある。外国人住民に参政権を付与することは、彼らを共生社会の平等な隣人として認めることであり、彼らに地域住民としての自覚はもちろん、権利意識と共助心をもたせることでもある。また、国家間の相互主義によって在外朝鮮人社会の参政権問題にも影響すると思われる。ただし、外国人の永住権者拡大や華僑の被選挙権問題などに関しては今後の課題として残されているのである。

おわりに

　韓国では多文化政策（multicultural policies）または多文化（multicultural）という概念が元来の意味とは違った、異なる用法で使用されているように思われる。多文化政策と言いながら同化政策を行っており、多文化という概念が多様な文化の共存と繁栄を意味するのではなく、むしろ異なる文化をもつ外国人に対して韓国語や韓国文化教育が中心となる「社会統合プログラム」を通して同化を促進させる方式、すなわち多文化よりは単一文化を強化する用法を強調したと考える。

　韓国で多文化政策が強化される背景には「低出産問題」（少子化問題）がある。この問題を解決するため、韓国は未熟練外国人労働者と国際結婚移住者を増やす政策に取り組んだ。しかし、両者の政策での取り扱いは異なっていた。外国人労働者には定住化防止を原則として厳しく統制と管理をしてきたが、結婚移住女性に関しては寛大でむしろ積極的な支援政策を行ってきた。その理由は、外国人労働者は将来的にいずれ自分の国に帰る人々であるが、結婚移住者は韓国に定着し、韓国籍の子どもを産んで育てる存在であるからであった。この結婚移住女性は韓国政府が農漁村の人口減少、「低出産」など社会問題を解決するために、地方自治体と共に推進した「結婚奨励政策」によって増加した。地方自治体は国際結婚にかかる費用まで支援するなど積極的支援政策を行ってきた。これらの点からみると、韓国の多文化政策は国家主導型の政策であるといえる。つまり、結婚移住女性の増加は市民

184

社会で自然に形成されたものではなく、国家の主導で作られたものであった。言い換えれば、長い歴史の間に韓国社会で形成された単一民族主義、血統主義、家父長主義が、政府の政策的選好と相まって国際結婚のブームを引き起こし、国家主導型の多文化社会が形成されたのである。この社会はEU諸国が行っている移民政策によるものではなく、むしろ外国人移住者の定住化を防止しながら、単一民族主義、血統主義などが内包されている結婚移住女性を中心とする非常に偏狭な韓国型多文化主義社会であるといわざるをえない。そのため、共存する外国人移住民の市民権の実現や異文化とその価値の認定などが無視され、韓国社会への同化のための支援と適応だけが焦点となっているのではないだろうか。

　次に韓国における「多文化政策」の問題点とその課題について述べておきたい。問題点としてはまず、「多文化政策」を主導する政府機関の混乱が見られる。韓国での「多文化政策」は大きく、在韓外国人政策、多文化家族政策、外国人労働政策に分けられるが、それぞれ担当している部署が異なっている。在韓外国人政策は法務部の主幹で「在韓外国人政策委員会」が主導し、多文化家族政策は女性家族部の主幹で「多文化家族政策委員会」が、外国人労働政策は雇用労働部が主幹で「外国人力政策委員会」が主導している。その他にも教育部、行政自治部、保険福祉部が加わって政策全体の混乱が見られ、各種サービス提供において問題点が現れているのである。

　第二に、「多文化政策」関連国家予算の問題がある。現多数の部署で「多文化政策」を行うために、その事業の施行において予算の重複・偏重する傾向がみられる。例えば、女性家族部の「多文化家族支援センター」が行われている韓国語教育と法務部の出入国管理本部が行う「社会統合履修制」の韓国語教育が重複している。また、予算の90％以上が国際結婚移住者とその家族・子女の支援に充てられている「偏重予算」が問題になっている。現在、韓国に居住している「多文化政策」の対象者が留学生、外国人労働者、脱北者、難民、在外同胞など多様化している。その中で「国際結婚移住者とその家族」への「偏重予算」は現実的な政策ではないのである。

　第三に、外国人労働者に対する「社会統合」への支援と雇用許可制度における労働条件の改善が挙げられる。現在、韓国政府と地方自治体による外国

第Ⅱ部　多文化共生社会の実態と課題

人労働者政策は、外国人労働者に対する雇用許可条件や労働現場での権利・保護などに重点が置かれ、韓国社会での円満な「社会統合」のための支援はほとんど行われていない。また、雇用許可制度は比較的、雇用主に有利な制度である。例えば、「4年10か月」の期間に限定し、その労働期間の延長には一つの職場で継続的に働かねばならないという厳しい労働条件がある。それは外国人に対して永住権を与えない政策の一環であるが、外国人にとっては非常に不満を呼び起こさせる制度である。永住者を増やさない政策としては評価できるが、今後はもう少し外国人労働者の立場を考慮した制度改革が必要になると思われる。もう一つの課題は雇用許可制により定められている雇用期間が終わっても出国しない労働者が増加していることである。現在、超過滞在者は全体の30％を超えている。不法滞在者が多くなると治安問題にもつながることが多いため、一日も早く改善すべき問題であろう。

　以上のように、外国人と共に「多文化社会」を実現するためには、数多くの政策の壁があり、それを乗り越えるためには相互理解や相互対話が必要であると思う。お互いの文化や言語を尊重し合いながら、平等な立場で共存していく社会づくりのために何をすべきなのかを私たちは考えていく必要がある。

注

1　2011年5月24日、慶尚北道でベトナム人妻のホアン・ティ・ナムさん（23歳）が韓国人夫のイム（37歳）にナイフで刺殺される事件が発生した。同日の午前近隣住民から通報を受けた警察が現場に駆けつけ、夫を殺人容疑で逮捕した。同容疑者の供述によると、これまで妻から何度も離婚を迫られており、事件前日も言い争いになったという。夜遅くになって、ナムさんが生まれたばかりの息子を連れて家を出て行こうとしたところ凶行に及んだ。ナムさんは2010年4月に韓国に渡り、結婚した。事件発生の19日前に子どもを出産したばかりだった。韓国では2010年7月にも、結婚して1週間のベトナム人妻が精神病を患った韓国人の夫に殺害される事件が起きていた。

2　김해 외국인 노동자 지원센타（金海外国人勤労者支援センター）HP、事業案内参照（URL:〈http://jpn-multiculturelib.gimhae.go.kr/sub/03_04.asp〉2014年5月9日閲覧）。

第 7 章　韓国「多文化政策」の実態と課題

3　雇用期間は原則 1 年で最長 3 年まで延長することができる。

4　現在、韓国政府と MOU を締結している国は、フィリピン、タイ、インドネシア、スリランカ、中国、ベトナム、モンゴル、ウズベキスタン、パキスタン、カンボジア、バングラデシュ、キルギスタン、ネパール、ミャンマー、東ティモールの 15 か国である。

5　高安雄一「単純労働者を受け入れた韓国の制度とその影響」(『日経ビジネス新聞』2011 年 9 月 20 日)。

6　「2016 年外国人勤労者 5 万 8 千名導入」(雇用労働部の公式 HP：2016 年 1 月 25 日閲覧)。

7　雇用許可制が導入される以前の「研修就業制」では、研修生(外国人労働者)は送出国側の機関に、莫大な賄賂を支払っているケースがあった。その費用を賄ったうえでさらに稼ぎを得て帰国するとなると、研修就業制の規定である 3 年間の研修・実習期間では短すぎ、その結果、オーバーステイとなり、不法滞在者は増え続けた。労働トピック「岐路に立つ外国人雇用許可制度」独立行政法人労働政策研究、研修機構 HP (URL：〈http://www.jil.go.jp/foreign/jihou/2011_7/korea_01.htm〉2014 年 6 月 23 日閲覧)参照。

8　出国満期一時金信託とは、外国人労働者が出国時に一時金を請求できることである。外国人労働者への一時金(労働基準法上の退職金)の支給を保証するための保険である。

9　2002 年 12 月、韓国国内には外国人労働者は 36 万 3000 人がいたが、そのうち、不法滞留者は 79.8% に該当する 28 万 9000 人であった(イ・ジェジョン 2002 参照)。

10　同法により、今まで住民登録なしにはできなかった国内での各種金融取引や不動産売買が自由にできるようになった。国内就業過程での不利益も受けず、居所申告証のみ発給を受ければ 2 年間再入国許可なしに出入国ができるなど、国内韓国人とほぼ同等の法的地位と保護を受けるようになった。

11　李振翊 (2002) 論文。『中央日報』2002 年 12 月 7 日、12 月 8 日などを参照。

12　独立行政法人労働政策研究研修機構内記事「外国人労働者受け入れ制度の一部改正」(2010 年 1 月)(URL：〈http://www.jil.go.jp/foreign/jihou/2012_5/korea_01.htm〉2014 年 6 月 30 日閲覧)。

13　独立行政法人労働政策研究研修機構内記事「外国人労働者、帰国後の再雇用を容易に——改正案を公布、韓国語能力試験など免除」(2012 年 5 月)(URL：〈http://www.jil.go.jp/foreign/jihou/2012_5/korea_01.htm〉2014 年 6 月 30 日閲覧)。

14　チョン・ヨンソプ「雇用許可制　矛盾に満ちた再雇用の条件」(移住労働者運動後援会、2012 年 6 月 2 日)(URL：〈http://www.labornetjp.org/worldnews/korea/knews/strike/readings/issue/migrant/1338774586247Staff/view〉2014 年 5 月 9 日閲覧)。

15　2000 年から法務部、女性家族部、保健福祉部を中心に国際結婚女性移住者に対する支援が部分的に施行されはじめた。まず初めに発表されたのは 2006 年 4 月「結

第Ⅱ部　多文化共生社会の実態と課題

婚移住者家族の社会統合支援対策」である（宋隱營 2009）。

16　外国人政策委員会とは、国務総理を委員長として、法務部（部は省に該当）、雇用労働部、女性家族部、教育部、行政自治部等の各長官（大臣）が参加し、外国人政策に関する審議を行い、部処（省庁に該当）間の調整を行う組織である。

17　2006 年だけで各市・郡・区において 21 か所の「多文化支援センター」（旧結婚移住者家族支援センター）が設置された。2007 年度は 38 か所、2008 年度は 80 か所に増設された。結婚移住者センターは、2008 年 9 月から「多文化家族支援センター」に名称を変更した。さらに、2009 年度は 20 か所が増設され 100 か所で運営されている（ガン・ボクジョン 2012）。

18　여성가족부 다문화가족과（女性家族部多文化家族課）「다문화가족지원법（多文化家族支援法）」の 2011 年 4 月 4 日（2011 年 10 月 5 日施行）改正案を参考。

19　コン・ウンスク（2009）では、多文化政策で一番多くの予算を使っているところは福祉部であると記されているが、2009 年当時の福祉部は、保険福祉家族部のことである。2010 年 3 月に保険福祉家族部と女性部が統合して女性家族部となった。

20　「韓国安山市外国人住民センター」の関係者とのインタビュー調査（2014 年 8 月 21 日、於安山市外国人住民センター）。

21　同上

22　2015 年から「第二国民役」は「戦時支援役」に名称変更された。「대한민국 병역제도（大韓民国の兵役制度）」（URL:〈https://ko.wikipedia.org/〉2016 年 7 月 20 日閲覧）。

23　UN CERD（United Nations Committee on the Elimination of Racial Discrimination）. 2007. Consideration of Reports Submitted by States Parties under Article 9 of the Convention: Concluding observations of the Committee on the Elimination of Racial Discrimination, Republic of Korea. CERD/C/KOR/CO/1, 17 August 2007.（URL:〈http://www.ohchr.org/english/bodies/cerd/docs/CERD.C.KOR.CO.1.pdf.〉

24　「대한민국 병역법（大韓民国兵役法）第 8852 号」（URL:〈https://ko.wikisource.org〉2016 年 7 月 20 日閲覧）。

25　「出入国管理法施行令」第 12 条の「永住滞留資格基準」は「韓国における外国人参政権」（URL:〈https://ja.wikipedia.org/〉2016 年 8 月 9 日閲覧）を参照。

26　「대한민국 공직선거법（大韓民国公職選挙法）」（URL:〈https://ko.wikisource.org/〉2016 年 8 月 9 日閲覧）。

【参考文献】

〔日本語〕

李善姫（2013）「韓国における『多文化主義』の背景と地域社会の対応」『GEMC journal』5 号、6-19 頁

第7章 韓国「多文化政策」の実態と課題

権寧俊（2016）「東アジア地域における『人的・文化的交流』の現状と課題」李東哲主編『日本語言文化研究』第四輯、延辺大学出版社

白井京（2007）「韓国の外国人労働者政策と関連法制」『外国の立法』231号（2月号）、国立国会図書館調査立法考査局、31-41頁

＿＿．（2009）「立法情報 韓国 外国人労働者の現在——雇用許可制の現状と評価」『外国の立法』238号（1月号）、国立国会図書館調査及び立法考査局、16-17頁

＿＿．（2010）「立法情報 韓国 永住外国人への地方参政権付与の現状と今後の展望」『外国の立法』242号（2月号）、国立国会図書館調査立法考査局、18-21頁

自治体国際化協会編（2011）「韓国における多文化政策の取組み」『Clair Report』No. 367（October 28, 2011）、自治体国際化協会

宋隠營（2009）「韓国における国際結婚移住者に対する政策の転換とその要因」『政策科学』17巻1号、立命館大学政策科学部、77-90頁

＿＿．（2010）「韓国における国際結婚女性移住者に対する多文化政策の運営実態——自治体の多文化家族支援センターの事業執行の事例からみる問題点」『政策科学』17巻2号、立命館大学政策科学部、97-111頁

＿＿．（2011）「韓国の多文化家庭支援センターの教育事業が女性移住者の生活適応に及ぼす効果——全羅南道におけるインタビュー調査から」『政策科学』18巻2号、立命館大学政策科学部、21-32頁

鄭雅英（2008）「韓国の在外同胞移住労働者——中国朝鮮族労働者の受け入れ過程と現状分析」『立命館国際地域研究』26号、立命館国際地域研究所、77-96頁

柳吉相（2004）「大韓民国における外国人雇用許可制」『日本労働研究雑誌』No.531（10月号）、労働政策研究・研修機構、48-54頁

李娜榮（2011）「日本軍『慰安婦』と米軍基地村の『洋公主』——植民地の遺産と脱植民地の現在性」呉仁淑訳『立命館言語文化研究』23巻2号、立命館大学国際言語文化研究所、209-228頁

王恩美（2008）『東アジア現代史のなかの韓国華僑——冷戦体制と祖国意識』三元社

〔韓国語〕

이진영（2002）「한중외교관계와 재중동포——재외동포법 헌법 불일치 결정을 중심으로」『국가전략』제8권4호（李振翎「韓中外交関係と在中同胞——在外同胞法の憲法不一致決定を中心に」『国家戦略』第8巻4号、2002年）

이재정 의원（2002）『외국 인노동자의 고용허가 및 인권보호에 관한 법률에 대한 국회상임위원회의 심의 보고서』11월 13일（イ・ジェジョン議員『外国人労働者の雇用許可および人権保護に関する法律についての国会常任委員会の審議報告書』2002年11月13日）

공은숙（2009）「다문화정책인가 동화정책인가——한국에서의 다문화 개념에 대한 반성적 고찰」『건지인문학』제2집，전북대학교 인문학연구소（コン・ウンスク「多

第Ⅱ部　多文化共生社会の実態と課題

文化政策なのか、同化政策なのか──韓国での多文化概念に対する反省的考察」
『乾止人文学』第 2 集、全北大学校人文学研究所、2009 年)

강복정 (2012)「한국의 다문화가족정책 및 서비스의 현황분석」(『다문화사회연구』제
5 권 1 호、숙명여자대학교 다문화 통합연구소 (ガン・ボクジョン「韓国の多文化
家族　政策およびサービスの現況分析」『多文化社会研究』第 5 巻 1 号、淑明女
子大学校多文化統合研究所、2012 年)

정희원 (2013)「한국의 다문화사회화와 언어교육정책」『새국어생활』제 23 권 4 호,
국립국어원 (チョン・ヒウォン「韓国の多文化社会化と言語教育政策」『新国語生
活』第 23 巻第 4 号、国立国語院、2013 年)

한국안산시 외국인주민 센터편 (2014)『다문화 중심도시 안산』안산시 (韓国安山市外
国人住民センター編『多文化中心都市安山』安山市、2014 年)

한국다문화교육연구학회편 (2014)『다문화교육 용어사전』교육과학사 (韓国多文化教
育研究学会編『多文化教育用語事典』教育科学社、2014 年)

박성진 (2014)「『다문화 장병』도 소중한 병력자원」『주간경향』제 23 권 22 호 (パク・
ソンジン「『多文化将兵』も大事な兵力資源」『週刊京郷』第 23 巻 22 号、2014 年)

한국다문화센터편 (2015)「정부 다문화정책 10 년, 그 성과와 한계──다문화정책에서
이민정책으로의 전환 모색」(2015 세계 이주민의 날 기념 토론회)、한국다문화
센터 (韓国多文化センター編「政府多文化政策 10 年、その成果と限界──多文
化政策から移民政策への転換模索」(2015 年世界移住民の日記念討論会)、韓国多文
化センター、2015 年)

출입국 외국인정책본부편 (2007-2014)『출입국 외국인정책 통계연보』이민정보과 (出
入国・外国人政策本部編『出入国・外国人政策統計年報』2007 ～ 2014 年、移民
情報課)

──. (2015a)『출입국 외국인정책 통계연보』이민정보과 (出入国・外国人政策本部編
『出入国・外国人政策統計年報』2015 年、移民情報課)

──. (2015b)『출입국 외국인정책 통계월보』1 월호、이민정보과 (出入国・外国人政
策本部編『出入国・外国人政策統計月報』2015 年 1 月号、移民情報課)

──. (2016)『출입국 외국인정책 통계월보』7 월호、이민정보과 (出入国・外国人政策
本部編『出入国・外国人政策統計月報』2016 年 7 月号、移民情報課)

김순양 (2013)『한국 다문화사회의 이방인 : 사회적 배제와 정책적 대응』집문당 (金淳
陽『韓国多文化社会の異邦人──社会的排除と政策的対応』集文堂、2013 年)

第8章

華僑社会からみる多文化共生社会
──日本と韓国の華僑社会を中心に──

王　恩美

はじめに

　現在、中国や台湾[1]、日本では、中国人の血統のある者をすべてまとめて「華人」と呼ぶ傾向がある。そうすると、海外に移住した中国人のみならず、中国や台湾にいる人々も華人の範疇に入る。しかし、華僑・華人の研究では、華僑とは中華民国や中華人民共和国の国籍を所持し、外国に定住している中国人を指す。華人とは、居住国の国籍を所持する中国出身者で「華人意識」[2]をもつ者である。このように、華僑・華人は、血統・国籍・アイデンティティを合わせた概念である[3]。

　それでは、なぜ中華人民共和国の国籍のみならず、中華民国の国籍所持者も華僑と定義されるようになったのだろうか。1911年の辛亥革命により清朝は崩壊し、1912年に中国で中華民国が成立した。1927年に第一次国共内戦、1945年に第二次国共内戦が勃発し、共産党が勝利を収めた。1949年、中国で中華人民共和国が成立し、中華民国政府は台湾に移転する。中華民国は、中国にいた時期から華僑政策を採っており、台湾への政府移転後もそれを引き継ぎ、自ら華僑の宗主国と位置づけた。海外にいる華僑のなかでも、中華民国を支持し、そのまま中華民国国籍を維持する者も多かった。それゆえ、中華民国の国籍者も華僑と定義されるようになった。

191

第Ⅱ部　多文化共生社会の実態と課題

　2014 年の中華民国の僑務委員会[4]の統計によれば、アジア、アメリカ大陸、ヨーロッパ、オセアニア、アフリカなど、世界各地に分布している華僑・華人の数は 4250 万人である（僑務委員会 2015: 10）。一つの地域から移住した移民のなかでは世界最大の人口である。こうした華僑・華人の大多数は、東南アジアに集中している。2014 年の僑務委員会の統計では、東南アジアにおける華僑・華人の数は約 2930 万人と、全華僑・華人人口の約 70％を占めている。華僑・華人の定義は、東南アジアの華僑社会の状況に合わせて作られた用語である。1945 年以降、東南アジアの植民地は次々と独立し、国民国家を作っていく。1970 年代ぐらいになると、ほとんどの華僑が居住国の国籍を所持するようになる。こうした事情に合わせ、華僑以外に華人という言葉で居住国の国籍を所持する中国人を指すようになった。

　日本と韓国は、東アジアに属しているが、一般的に東アジアというのは、日本、中国、台湾、韓国[5]を指す場合が多い。そうすると、この東アジアで華僑・華人がいる地域は、日本と韓国のみになる。日本と韓国の華僑社会には、二つの共通点がある。第一に、華僑は日本・韓国で形成された最初の移民集団だということ、第二に、移住時期が 19 世紀後半と、東南アジアの華僑の移民時期と比べると遅い時期であることである。日本で華僑社会が形成されるのは、1854 年の日本開国以降であり、朝鮮半島で華僑社会が形成されるのは、1882 年に「清・朝水陸貿易章程」を締結してからである。

　日本と韓国の華僑は、100 年以上日本人・韓国人と共に近・現代史を歩んできた人たちである。共生とは、文字の通り、共に生きることを意味する。現在、日本と韓国では多文化社会や共生社会を目指すようになり、外国人とマイノリティの研究が注目されている。華僑も外国人とマイノリティの一つである。しかし、華僑がほかの外国人やマイノリティ集団と比べ、著しく異なる点は、日本と韓国で生活しはじめた時期である。つまり、日本華僑は約 160 年、韓国華僑は約 130 年前から日本人・韓国人と共にその土地で生きてきたのである。

　本章では、国民国家のどこにも属すことのできない、国民国家の矛盾と葛藤を表す「境界者」という概念を提示したい。日本と韓国の華僑は、中華民国・中華人民共和国・日本・韓国の国民国家の狭間で、その境界線を行き来

192

しながら生きている。その意味で、日本と韓国の華僑は、国民国家の境界で生きている「境界者」であるといえる[6]。

本章では、「境界者」という概念を使用し、日本と韓国の華僑の境遇から、日本と韓国が多文化共生社会を形成していくための手がかりを模索してみたい。華僑は大きく分けると、老華僑と新華僑に分けることができる。老華僑は1945年以前に外国に移住し、そのまま中華民国や中華人民共和国の国籍を所持している者をいう。新華僑とは、主に中国の改革・開放後、1980年代末から外国に移住し、中華人民共和国の国籍を所持している者をいう[7]。日本の場合は、1972年「日中国交正常化」以降、華僑の日本への帰化者が増加し、1945年以前に日本に移住した華僑のほとんどは、華人となった。しかし、彼らを指す際に、華人ではなく華僑という用語を用いるのが一般的である。日本華僑も自分を華人とは言わずに、華僑と称す。したがって、本章では、日本国籍の取得にかかわらず、1945年以前に移住した中国人を老華僑の範疇に入れる。本章ではこうした日本と韓国の老華僑を主な研究対象とする。

Ⅰ．日本と韓国の華僑社会

1．日本の華僑社会

日本華僑の移住には二つの説がある。16世紀後半の長崎開港（1571年）説と、19世紀後半の日本開国（1854年）説である。しかし、現在の日本の華僑社会の原型となり、はじまりとなったのは日本開国以降である。長崎開港時期は日本華僑の前史としてみるのが一般的である。日本華僑社会は、初めは一時滞在の単身稼ぎ型であったが、1910年ぐらいになると、女性人口が増加し、家族づれの定住型へと変化する。それは、日本が彼らにとって生活の手段としての単なる働く場から、生活の本拠であり、家族の生活の場へと変化したことを意味する（過放 1999: 22, 54-56）。

戦後、日本華僑社会の最も大きい変化は、戦前は日本国民であった台湾人が華僑社会に編入されたことである。1946年、日本にいる台湾人に中華民

第Ⅱ部　多文化共生社会の実態と課題

国の国籍が与えられ、彼らは華僑となった。1948年7月の日本法務庁の統計によると、日本華僑の人口は3万4482人であり、そのうち台湾出身者は1万4046人と約40％を占めていた（同：60）。1945年以前に移住した台湾出身者が華僑社会の一員となっているのは、世界の華僑社会のなかでも日本が唯一であり、日本華僑社会の大きな特徴である。

　1949年、中華人民共和国の成立により、日本の華僑社会は、中華民国派と中華人民共和国派に分裂した。華僑の組織も二つの派に分裂し、中華民国政府の指導を受ける東京華僑総会と中華人民共和国の代理機関である東京華僑総会の二つの機関が誕生した（許瓊丰 2009: 125-126）。

　日本華僑社会の分裂により、1952年にいわゆる「学校事件」が発生し、中華学校も二つの派に分裂する。1952年、中華民国の軍事代表団が中華民国派が校長を務めていた「横浜中華学校」の学校事務に介入しはじめ、日本の武装警察機動隊約200人を動員し、中華人民共和国派の教師と生徒を学校から追い出した（裴曉蘭 2012: 117）。1957年、追い出された教師と生徒は「横浜山手中華学校」を設立した。中華民国派は、1968年に「横浜中華学校」の校名を「横浜中華学院」に変更した（張澤崇 2005: 132）。1988年、中華民国派の系列である「長崎華僑時中小学校」は児童・生徒の減少と財政難により学校を閉鎖した（同：136）。現在は、「横浜山手中華学校」「神戸中華同文学校」「東京中華学校」「横浜中華学院」「大阪中華学校」の5つの中華学校が運営されている。前二校は中華人民共和国系であり、後三校は中華民国系である。また、「東京中華学校」と「横浜中華学院」は小学校から高校まで、「横浜山手中華学校」「神戸中華同文学校」「大阪中華学校」は小学部と中学部のみ運営している。

　1972年9月29日、日本は中華人民共和国と国交を樹立し、中華民国と国交を断絶した。この「日中国交正常化」は華僑社会に大きな衝撃を与えた。特に中華民国派にとっては日本における華僑社会の力関係が逆転する衝撃的な事件であった。駐日中華民国大使館には日本に帰化するために中華民国の国籍放棄を申請する者が相次ぎ、多くの華僑が日本に帰化した。その後も帰化者は増え続け、1994年、日本国籍を取得した華僑は約5万人に達した（過放 1999: 75-78）。日本華僑社会は、華人化したのである。

194

中華人民共和国の改革・開放後、1980 年代半ばから日本における中国からの新華僑が増加し、1988 年を境に 10 万人を超えた。2015 年 12 月の日本法務省の統計によると、長期滞在の在留中国人（中華人民共和国国籍者）は 66 万 5847 人である。そのうち、定住性が強く、華僑と思われる者は、29 万 9407 人である[8]。

2．韓国の華僑社会

朝鮮半島に中国人が移住し、華僑社会を形成しはじめるのは、1882 年の「清・朝水陸貿易章程」の締結後である。この章程により、漢城（今のソウル）都城が初めて中国人に開放され、中国人は漢城での定住と商売が認められた。中国人は漢城で初めて定住できる外国人となったのである（王恩美 2010: 140-155）。1884 年に仁川、1887 年に釜山、1889 年に元山で清の租界地が形成され、朝鮮半島の各地で華僑社会が形成されはじめた。そして、朝鮮半島における華僑社会は女性人口の増加により、1930 年代半ばに定住型となる（王恩美 2008: 72-73）。

戦後、朝鮮半島に起きた大きな変化は、朝鮮半島の分断による華僑社会の分断である。38 度線を境に北の華僑社会は中華人民共和国に、南の華僑社会は中華民国によって統合された。韓国における華僑社会は日本のように二つの派に分裂することはなかった。厳しい反共体制のなかで中華人民共和国の勢力が韓国に浸透することはできなかった。韓国では、北朝鮮のみならず、共産勢力である中華人民共和国も「敵」としてみなされた。

1970 年代、韓国華僑社会にも変化が生じる。1970 年代半ばに入り、韓国華僑社会では米国や台湾など別の地域への再移住のブームが起きた。華僑に対する韓国の様々な規制に耐えられず、よりよい生活環境を探し求めて移住したからである（同: 244）。

1992 年、韓国は中華人民共和国と国交を樹立し、中華民国と国交を断絶した。強い反共意識をもち、中華民国を祖国として認識する韓国華僑にとって、中華人民共和国との国交樹立は受け入れ難いものであった。また、日本華僑社会のように、中華人民共和国との国交樹立が華人化をもたらすこと

第Ⅱ部　多文化共生社会の実態と課題

はなかった。韓国華僑の中華民国に対する祖国意識が崩壊しはじめるのは、2000 年以降である（同：434-438）。しかし、現在も多数の韓国華僑は中華民国の国籍をそのまま維持している。したがって、韓国華僑は現在も「華僑社会」である。2015 年の『出入国・外国人政策統計年報』によると、韓国華僑（中華民国国籍者＋老華僑）の人口は、1 万 7825 人である[9]。

　韓国には華僑学校の数が非常に多い。2009 年の統計によると、小学校が23 校、中学部と高校部を一緒に運営する華僑中学が 4 校と、合計 27 校の華僑学校が運営されている。小学校は韓国全国各地に分散しており、中学はソウル、仁川、大邱、釜山にある。華僑人口と合わせると、世界一の華僑学校の密度である。現在、韓国華僑学校は、すべて中華民国のカリキュラムに合わせており、教科書も台湾の教科書を使用している（王恩美 2012: 147-190 参照）。

　韓国と中華人民共和国との国交樹立後、中国からの新華僑（朝鮮族を除く）が増加するようになり、2015 年の『出入国・外国人政策統計年報』によると、長期滞在者は 32 万 9216 人であり、定住性が強い新華僑といえる者は、6 万 6693 人である[10]。

Ⅱ.「境界者」となった日本と韓国の華僑

　「境界者」は国民国家の境界で生きており、国民国家の境界線を行き来する存在であると定義できる。「境界者」の特徴は、ホームランド（出身地）・祖国・国籍・血統が必ずしも一致しないことである。

　日本と韓国の華僑の移住時期は、東アジアの近代化の時期と重なっている。近代化以降、東アジアの国々では、一つ共通の特徴が形成された。それは、「父系血統主義」による「国籍法」の採択であった。日本は 1899 年に「国籍法」を、清国は 1909 年に「大清国国籍条例」を制定し、初めて「父系血統主義」によって国民の範囲を定めた。つまり、日本と韓国の華僑は、移住してからしばらくすると日本と清国で「国籍法」が制定され、日本人、朝鮮人と清国人の間にははっきりと境界線が引かれることとなった。

　「大清国国籍条例」の「父系血統主義」の原則は、後に中華民国と中華人

民共和国に継承されている。1948年に樹立した韓国政府も「父系血統主義」
に基づき「国籍法」を制定した。

　以下では、ホームランド（出身地）・祖国・国籍・血統に焦点をあわせ、日
本と韓国の華僑が「境界者」になった経緯を説明する。

1. 「境界者」である日本華僑

　前述したように、日本華僑の大きな特徴は、戦後、旧植民地出身者の台湾
人が華僑社会に編入され、華僑の一員となったことである。それは、戦前、
中国出身の日本華僑は、中華民国の国籍をもつ「外国人」であり、旧植民地
出身者の台湾人は日本国籍をもつ「日本国民」であったことを意味する。彼
らは、それぞれ別の集団として日本に居住していたのである。しかし、日本
敗戦後、中華民国が台湾を接収し、台湾に中華民国の「国籍法」を適用し、
台湾人は中華民国の国民となった[11]。1949年10月、中華人民共和国が中国
で樹立され、同年12月、国共内戦に敗北した中華民国が台湾に政府を移し、
日本華僑社会が中華民国派と中華人民共和国派に分裂することで、日本にお
ける華僑の状況はより複雑になった。

　1952年「サンフランシスコ条約」の発効により、主権を回復した日本政
府は、旧植民地出身者の日本国籍離脱を正式に宣告し、彼らに「外国人登録
法」を適用した（何義麟 2014: 54）。そして、日本と中華民国は、1952年に締
結された「日華平和条約」に基づき、台湾人の中華民国の国籍所持を認め
た[12]。

　日本は、中華人民共和国との接触を完全に遮断せず、民間貿易も維持して
いたが、日本国内で正式に認められていた「中国政府」は、中華民国であっ
た。それゆえ、日本における華僑は、中華民国派であれ、中華人民共和国派
であれ、すべて中華民国の国籍のみが与えられた。つまり、中華人民共和
国を支持し、祖国として認識していても中華人民共和国の国籍を選択するこ
とは正式には認められなかった。戦前から日本に留学した台湾出身の留学生
や台湾出身の華僑は、台湾の「二二八事件」に衝撃を受け、中華民国政府に
マイナスの評価をもつようになった。そのうえ、中華人民共和国の樹立と日

第Ⅱ部　多文化共生社会の実態と課題

本文化界と学術界の左傾化した言論に刺激され、多くの台湾出身の華僑は、
「新中国」を支持するようになった（何義麟 2012: 152）。

　中国出身の華僑の故郷は、中国の広東省・福建省・三江（江蘇、浙江、安徽、
江西の四省）・山東省などであり（過放 1999: 54）、彼らからすれば、台湾とい
う土地は、ホームランドではなかった。しかし、戦後、ホームランドの中国
に政府をおく中華人民共和国ではなく、台湾に政府をおく中華民国の国籍が
与えられた。

　このように、戦後すぐに、日本華僑は、ホームランド（出身地）・祖国・国
籍・血統が一致しない「境界者」となった。台湾出身の日本華僑は終戦直後
国籍が日本から中華民国に転換された。しかし、左傾化した多くの台湾出身
の日本華僑は、中華民国の国籍をもちながら中華人民共和国を支持し、祖国
として認識した。出身地・祖国・国籍が一致しない者が数多く存在していた
のである。中国出身の日本華僑は、戦後に国籍転換はなかったものの、ホー
ムランドの中華人民共和国の国籍を所持することはできなかった。中国出
身の日本華僑も中華民国派と中華人民共和国派に分裂したが、中華民国派は、
自分のホームランドとは別に、台湾に政府をおく中華民国を支持し、祖国と
して認識していた。また、中国出身の中華人民共和国派は、中華民国の国籍
をもちながら中華人民共和国を支持し、祖国として認識したのである。中国
出身の日本華僑は、中華民国派や中華人民共和国派を問わず、ホームランド
（出身地）・祖国・国籍が一致しない状況であった。

　1972年の「日中国交正常化」、つまり「日華断交」は、日本華僑の国籍が
再び変化する契機となった。日本華僑の出身地とは別に、中華民国の国籍の
みが与えられたのは、東アジアの冷戦体制による結果であった。日本が米国
を先頭とする反共陣営（自由主義陣営）に属するようになり、中華民国が正
式な「一つの中国」として認められ、日本と国交を樹立するようになったた
め、日本では中華民国の国籍のみが承認された。日本は二重国籍を認めな
いため、日本に帰化するためには、先に中華民国の国籍を離脱せねばならな
かった。1960年代末から日本華僑の中華民国の国籍離脱者が増加するよう
になる。日本華僑の国籍離脱者数は、1960年代半ばまで毎年100人を大き
く超えることはなかったが、1968年に300人を超え、1970年には436人と

198

なった（鶴園 2014b: 27）。

こうした変化の背景には、中華民国の国際的地位の墜落が大きく関わっていた。1960 年代末、ベトナム戦争の泥沼化により米国の国内状況は不安に陥り、中華人民共和国とソ連との間に軍事衝突が起き、米国とソ連という二極対立の冷戦構造に変化が生じるようになった。こうした情勢を受け、1969 年 1 月、米国の大統領に就任したニクソンは、新しい「平和の構造」を描くようになる。その骨格は、既存の対中封じ込め政策から離脱し、中華人民共和国に接近し、中華人民共和国を国際社会に復帰させ、国際政治における二極構造から、米中ソ三極構造に転換させることであった。そして、その三極構造を操るバランサーの役割を占めるのは、米国であるという前提であった（李東俊 2010: 58）。1969 年 7 月、米国務省は、中国との貿易・旅行制限を緩和する旨を発表し、8 月には米中関係改善を公式に発表した。1971 年 7 月、米国政府はキッシンジャー補佐官が秘密裏に中国を訪問したこと、および翌 1972 年 5 月までにニクソンが訪中する計画があることを公表した（戴天昭 2001: 284, 333）。

米国の対中政策の変化により、中華民国の国際的地位は危機に直面するようになる。中華民国が国際的に「一つの中国」政府として認められた最も重要な原因は、国連における「中国代表権」を有していたからである。米国の対中政策の転換は、国連参加国の中華人民共和国に対する態度に影響を与え、1971 年 9 月に開催された国連大会で中華人民共和国の「中国代表権」が承認され、中華民国は国連を脱退した（王恩美 2011: 196）。

中華民国の国連脱退は、日本華僑社会に大きな衝撃を与えた。中華民国の国籍離脱を申請する日本華僑がさらに増加したのである。1971 年 5 月、中華民国政府は、日本華僑の国籍離脱申請を阻止する方針を立てたが、12 月にはその方針を撤回した（鶴園 2014b: 28, 31）。1972 年 6 月、田中内閣が誕生し、「日中国交正常化」の実現が目の前に迫ると、日本華僑の国籍離脱の申請者がさらに増加した。1972 年 8 月、中華民国政府は、日本華僑に対して国籍離脱を阻止するとかえって日本華僑の反感を買うおそれがあると判断し、日本華僑の国籍離脱に協力する方針に転換した。中華民国政府が最も恐れたのは、日本華僑が中華人民共和国の国籍を取得することであった。それを阻

第II部　多文化共生社会の実態と課題

止するために、中華民国政府は日本華僑の国籍離脱の制限を緩和し、日本国籍を取ることに協力した[13]。日本政府もそれに合わせ華僑に対する帰化条件を緩和し、多くの華僑が日本に帰化した。

　その結果、中華民国の行政院主計処の統計によると、1972年、許可された国籍離脱申請者は1万3090人と日本華僑全体の4分の1にも達した（鶴園 2014a: 101-102）。日本華僑の帰化者は、1971年には249人であったが、1972年に急増して1303人、1973年には7338人、1974年には3026人になり、1972年から1974年までに合わせて1万1667人が帰化した[14]。日本華僑が積極的に日本国籍を取得したのは、「日中国交正常化」以降、中華民国の保護を受けられず、日本に居住できなくなることを恐れていたからである（黄自進訪問、簡佳慧記録 2003: 87）。戦後、中国出身者の華僑には「永住資格」が認められたが、台湾出身者には明確な居住資格がなく、日本での居住が非常に不安定であった。1952年4月28日、日本は「外国人登録法」を公布すると同時に、「法126号」[15]も公布した。その「法126号」は、日本に居住する旧植民地出身者の居留問題を処理するために作られたが、それによると旧植民地出身者は、日本での居住は許可されたものの、居住資格と滞在期間が明記されなかった（何義麟 2014: 54）。つまり、台湾出身の日本華僑は、居住資格と滞在期間がないまま日本に居住していたのである。それゆえ、「日中国交正常化」の際に、多くの台湾出身者が帰化を決断するようになる。

　そして、「日中国交正常化」直後、日本政府は中華民国政府が発行するパスポートを日本国内法に基づき「無効」とした。したがって、日本に帰化せず、また中華人民共和国の国籍も取得せず、中華民国の国籍を維持する者は、「無国籍者」となった（鶴園 2014b: 34）。

　1970年代、元日本国民だった多くの台湾出身の日本華僑は、国籍を再び日本に転換した。そして、多くの中国出身の日本華僑も、1970年代から1990年代にかけて日本国籍を取得した。1990年代になると、大多数の台湾出身と中国出身の日本華僑は、日本の国籍を有する「日本国民」になったのである。ところが、彼らは、ホームランド（出身地）・祖国・国籍・血統が一致しない状況が続いている。戦後、日本華僑は、中華民国・中華人民共和国・日本という国民国家の境界で生きており、国籍の転換から理解できるよ

うに、その境界線を何回も行き来している。

2.「境界者」である韓国華僑

　前述したように、韓国では、反共体制が徹底的に実施されていたため、中華人民共和国の勢力は、韓国に一切侵入できなかった。それゆえ、韓国華僑の状況は、日本ほど複雑ではない。戦後、韓国においても中華民国は、国交をもつ「一つの中国」を代表する正式な「中国政府」であった。韓国華僑にも中華民国の国籍のみが与えられ、それには選択の余地はなかった。

　韓国華僑は、99％が中国大陸（そのうち90％が山東省）出身である[16]。韓国華僑社会には、台湾出身者もおらず、中華人民共和国派が形成されることもなかったため、日本の中華民国派と類似した状況が形成された。しかし、異なるのは、日本に比べ華僑に対する中華民国の統制はよりシステム化し、強力であったことと、韓国華僑の中華民国に対する祖国意識もより強かったことである。

　1947年2月10日、中華民国の総領事館がソウルで開館した[17]。それ以降、華僑に関するすべての業務は領事館が行うこととなった[18]。総領事館の開館は、華僑社会にとって大きな意味をもっている。総領事館はすべての韓国華僑社会を連携する組織を作った。朝鮮南部を48か所の華僑自治区に分割し、ソウル・仁川・釜山などの各自治区に「区公所」という事務所を設置し、ソウルには「南韓自治総会」を設置した（盧冠群 1956: 20）。自治区の事務所は、日本の市役所や区役所のような役割を果たしており、華僑の間の紛争の調停、華僑証の登録、戸籍の発行、結婚登録、出生申告など業務を処理する機関である。中華民国は、自治区組織の設置により、組織的に華僑を管理できるようになった。

　1950年から1953年まで朝鮮戦争が発生したが、韓国華僑で構成された「中国捜索隊」という戦闘部隊と「S. C. 支隊」という遊撃・情報部隊が朝鮮戦争に参戦した。そして、米軍と協力し、心理戦にも参加した。直接朝鮮戦争に参戦しなかった韓国華僑も戦争に巻き込まれ、釜山など南部への避難を余儀なくされた。また、多くの華僑が共産主義者の嫌疑で逮捕されたが、中

201

第Ⅱ部　多文化共生社会の実態と課題

華民国大使館の交渉によって、ほとんどが釈放された（王恩美 2008: 第2章参照）。

　朝鮮戦争が韓国において国民統合の契機になったのと同様に、韓国華僑にとっても朝鮮戦争は、中華民国の国民としての意識を自覚させる契機になった。また、韓国国民にとって、朝鮮戦争が自己と他者、「敵」と「味方」を区別する経験になったのと同じように、韓国華僑も中華人民共和国を「他者」として、「敵」として、認識するようになった。

　朝鮮戦争で中華人民共和国を「敵」として戦うことを直接的、あるいは間接的に経験したことによって、韓国華僑は、反共陣営に属する中華民国への帰属意識を自覚した。このように、朝鮮戦争を通して、韓国華僑の祖国意識は、中華民国という国家を中心として確立することになった。朝鮮戦争は、韓国華僑の祖国意識が政治化する決定的な契機となったのである。

　朝鮮戦争期に自治区組織のネットワーク化がさらに進み、華僑社会の深部まで浸透していった。華僑組織は自治区組織に一元化されたのである（華僑史編纂委員会 1958: 119）。朝鮮戦争後、自治区組織は、韓国におけるすべての華僑を連結する唯一の組織になり、自治区ネットワークを通して、中華民国政府の影響力はすべての華僑に及ぶようになる。中華民国大使館はこの自治区ネットワークを利用し、華僑社会の状況を理解することができ、厳密に華僑政策を展開できるようになった。1961 年に自治区は、「華僑協会」という名称に変更する。韓国の自治区（華僑協会）は、今も戸籍に関する出生・結婚・死亡業務を行っており、区役所や市役所の役割を果たしている。

　日本にも韓国の自治区（華僑協会）と類似した組織が存在していた。戦後直後、駐日代表団の指導を受け、東京に「中華民国留日華僑総会」が設立され、東京・横浜・大阪・京都・神戸など 43 か所の地域にその下部組織である「華僑連合会」を設立した[19]。神戸の華僑連合会を例に挙げると、1952年「日華平和条約」が締結される前は、戸籍や国籍の登録業務を行っており、半官半民の組織であった（許瓊丰 2011: 152-153）。「日華平和条約」締結により、日本で中華民国の大使館が設立されてからも戸籍や国籍の業務を続けていたようである。しかし、中華民国政府が、「華僑連合会」を通して統制できるのは中華民国派の華僑のみであり、日本の華僑社会を完全に統制することは

できなかった。それに比べ、韓国の華僑協会の統制力は華僑社会全体に及んでおり、すべての華僑が華僑協会と密接な関係を維持せざるをえなかった。

韓国華僑は、日本の中国出身者の華僑と同じように、戦前から中華民国の国籍を所持していたため、戦後国籍が転換されることはなかった。また、韓国華僑のホームランドも中国であり、台湾という土地には愛着をもっていなかった。それにもかかわらず、台湾に政府をおく中華民国の国籍をもち、中華民国を祖国として認識していた。韓国華僑もホームランドと祖国が一致しない状況が形成され、「境界者」となった。

1992年8月24日、韓国と中華人民共和国が北京で国交樹立協定に署名した6時間後の午後4時、ソウルの中華民国大使館で国旗降納式典が行われた。当日、2000人余りの韓国華僑が式典に参加した[20]。そして、国旗降納式が始まると、華僑たちは国歌を歌うものの、涙で声が続かなかった[21]。韓国が中華民国と国交を断絶しても韓国華僑における中華民国の求心力は衰えることはなかった。

韓国政府は、「既存の中華民国の国籍者が中国〔引用者注：中華人民共和国〕の国籍を希望する場合は、中国国籍に変更する」と表明したが[22]、国籍を変更した華僑はいなかった。韓国華僑は、むしろ、中華人民共和国から「国籍変更」の圧力が加えられることを恐れ、韓国政府がその攻撃を効果的に防いでくれる「安全弁」になってくれることを期待していたのである[23]。

また、韓国華僑は1992年「韓華断交」の際、日本華僑のように韓国に帰化しようとしなかった。それは、あまりにも突然な「断交」であったため、華僑がそれに備えることができなかったかのが原因かもしれない。しかし、それよりも、「韓華断交」直後、出入国管理局における国籍欄が「中国」から「台湾」に変化したのみで、韓国華僑の韓国滞在条件は変わらなかったからだと思われる。

ここで簡単に韓国華僑の居住状況を説明しておく。1949年11月17日、韓国政府は「外国人の入国出国と登録に関する法律」を制定し、「滞留期間終了後、継続して滞在しようとする場合は、外務部長官に申告し、滞留期間延長許可を受けなければならない」と規定したので、韓国華僑は、韓国に居住するため、毎年「滞留期間」を延長せねばならなかった[24]。1960年代に

第Ⅱ部　多文化共生社会の実態と課題

「滞留期間」が 3 年に延長された[25]。

　韓国では「韓中断交」により、日本のように、中華民国のパスポートが「無効」になることはなく、中華民国の国籍を維持しても「無国籍者」になることもなかった。そのうえ、中華民国に対する祖国意識が崩壊しなかったため、韓国に帰化しようともしなかった。現実的に、その時期の帰化が容易ではなかったのも帰化を選択しなかった原因であろう。

　1990 年代末から、韓国と台湾で生じた変化により、韓国華僑の祖国・国籍事情は大きく変化する。まず、1997 年 12 月、韓国の「国籍法」の全面改定により、国籍付与の原則が「父系血統主義」から「父母両系血統主義」に変化した。

　この「国籍法」の改定がもたらした華僑に対する影響は、以下の通りである。第一に、華僑と韓国人と結婚して生まれた子どもは、韓国の国籍を選択できる。つまり、父親が華僑でも母親が韓国人であれば、韓国の国籍が与えられるようになった。こうした子どもの二重国籍の所持を防ぐため、韓国の「国籍法」では、22 歳になるまでにどちらか一つの国籍を選択するよう定められている[26]。その期間内に韓国籍を選択しなかった者は、自動的に韓国籍を失うことになる[27]。

　第二に、韓国人と結婚した外国人男女は、共に 2 年間の韓国居住後、帰化の審査に通過すれば韓国国籍を取得できる。これまで韓国人女性と結婚した華僑の男性は、韓国国籍を取得することが困難であったが、この規定により帰化の対象となった。

　第三に、この「国籍法」改定により、華僑の帰化も容易になった。華僑は、簡易帰化の申請が可能になったが、その条件は以下の通りである。①韓国で 3 年以上継続して住所があること、②韓国で出生した者で父または母が韓国で出生した者、③韓国の民法上成年であること、④品行が方正であること、⑤生計を維持する能力があること、⑥国語能力があり韓国の風習を理解しているなど韓国の国民として基本的な素養を備えていること、これらの条件を満たせば華僑も帰化が可能になった[28]。

　1998 年 6 月 14 日、「新国籍法」の実施により、韓国華僑の帰化は非常に容易になった。望めばほとんどの韓国華僑は帰化が可能であった。韓国の

204

「国籍法」が改善された2年後の2000年、台湾における総統選挙で民主進歩党の陳水扁が総統に当選した。民主進歩党政府の誕生は、韓国華僑が中華民国という国家を再認識する切っ掛けになり、祖国意識が崩壊するようになる。韓国華僑からすれば台湾独立を主張してきた民主進歩党政府は、中華民国を代表することができなかった。民主進歩党政府の誕生は、韓国華僑にとっては、中華民国の「正統性」の喪失を意味した。それを契機に、韓国華僑は、中華民国と国民党を同一視することに限界を感じるようになった。

　その結果、2000年以降、韓国華僑社会における中華人民共和国の影響力が急上昇する一方、中華民国の影響力は急低下した。2002年には中華人民共和国の指導を受ける「漢城中国僑民協会」が誕生した。2003年、漢城華僑協会は、中華人民共和国大使館に公式に登録することを決定した[29]。漢城華僑協会の登録を皮切りに、各地方の華僑協会も中華人民共和国の大使館に登録した。現在、華僑協会は、中華民国大使館と中華人民共和国大使館に二重登録状態になっている。中華人民共和国の勢力が韓国華僑社会に侵入するようになっても、韓国華僑社会が日本のように中華民国派と中華人民共和国派に分裂することはなかった。しかし、中華民国の国籍を所持しながら中華人民共和国を支持する華僑が現れたのは確かである。

　中華民国に対する祖国意識の崩壊、中華民国の影響力の低下と中華人民共和国の影響力の上昇、韓国「国籍法」改善により、国籍取得と帰化が容易になったために、韓国華僑社会に大きな変化が起きている。まず、若い世代を中心に韓国への帰化者が増加している。2005年には1328人、2006年には1389人、2008年には1547人、2009には1727人、2010年には1920人の中華民国の国籍者が韓国に帰化した[30]。その帰化者の多数が華僑であると考えられる。そして、中・高年層を中心に、中華民国の国籍を維持しながら、中国の山東省に帰還し、居住する韓国華僑が増加している。2000年以降、「包み貿易」[31]や包装業などで蓄積した資本をもとに、中国山東省の煙台と威海に居住しながら、事業を行う韓国華僑が増加した（李正熙 2005: 227-229; 梁必承・李正熙 2006: 79）。また、2000年以降、煙台では退職後の健康回復と老後生活を目的にした70歳以上の韓国高年層を中心に韓国華僑が増加の傾向にある。

205

第Ⅱ部　多文化共生社会の実態と課題

　このように、2000年以降、韓国華僑の20～30代の若い世代は、韓国国籍を取得する者が増加し、ホームランド（出身地）・祖国・国籍・血統が一致しない状況が形成された。そして、中・高年層は、中華民国に対する帰属意識は弱くなったものの、中華人民共和国を祖国として認めることはできない。中華民国に対する未練を抱き、中華民国の国籍を維持しながら、ホームランドの中国に再移住する中・高年層の韓国華僑が増加している。現在も、韓国華僑社会では、ホームランド（出身地）・祖国・国籍が一致しない状況が続いており、2000年以前より複雑化している。若い世代や中・高年の世代を問わず、韓国華僑は、韓国・中華民国・中華人民共和国の国民国家の影響を受け、その境界で生きている。

Ⅲ.「境界者」と多文化共生社会への模索

1.「境界者」と国民国家

　多文化共生社会を実現していくためには、まず、国民国家の発想から自由になる必要がある。日本・韓国・中華民国・中華人民共和国の国民国家は、主に「父系血統主義」によって国民を生産してきた。日本と韓国の華僑は、日本と韓国の近・現代史を日本人・韓国人と共に歩んできた。しかし、華僑は何世代経っても帰化しないかぎり、日本と韓国の国民にはなれない。日本と韓国の華僑はそこで生まれ、そこが生活の場であり、そこで一生を終え、死を迎えても「外国人」なのである。つまり、日本と韓国では華僑はいつまでも境界の向こうに存在する「よそ者」であった。帰化というのは、国民に生まれなかった者に与えられたチャンスである。

　1972年まで華僑の日本国籍への帰化は容易ではなかった。そのうえ、帰化にあたっては国民にふさわしいかどうか審査を受けなければならない。こうした事情は、韓国も同様であった。1998年、韓国で国籍法が改定されるまで、華僑の帰化は非常に難しかった。それ以前は、5000万ウォン以上の財産を所有しているか、技能資格証を所持していること、4級以上の公務員や言論機関・金融機関・国営企業などの部長以上の者2人以上による推薦書

206

第8章 華僑社会からみる多文化共生社会

を提出する必要があった。韓国華僑にとって推薦書の要求を満たすのは容易
ではなく、帰化は困難であった。すべて帰化の条件を満たしても、韓国政府
から帰化が許可されるとも限らなかった。

日本と韓国では「単一民族」のもとで華僑が国民になることを許さなかっ
たのである。「単一民族」による国民国家の建設の傾向は、韓国のほうが日
本より強く、華僑はその国民国家建設の邪魔者として扱われた。韓国は、華
僑に対して厳しい規制を設けた。前述したような居住の制限以外に、1968
年の「外国人土地法」の制定により、韓国華僑は50坪以下の商業用地と
200坪以下しか所有できなかった。韓国華僑は韓国で投資のために不動産を
購入することも、株を購入することも許されなかったのである。その意味で、
韓国は華僑の経済的勢力の抑制に最も成功した国であろう。韓国で外国人に
対する土地制限がなくなるのは、1998年以降である。こうした「外国人土
地法」改定の背景には、1990年代末に韓国を襲った経済危機（IMF金融危機）
の影響があった。韓国政府は外国人の投資を韓国に誘致するために、外国人
に対する経済的制限を緩和したのである。

日本華僑の場合は、韓国ほど厳しい経済的規則はなかった。華僑に対する
経済的制限は、金融業を行うことが禁止されたぐらいである。しかし、日本
華僑も韓国華僑と同じように日本を出入国する際には、「再入国許可」が必
要であり、日本国内では「外国人登録証」の携帯が義務づけられている。

日本は1985年に、韓国は1998年に「父母両系血統主義」に「国籍法」が
変化され、帰化も容易になった。日本と韓国は「外国人」の華僑に国民にな
れる選択肢を与えたのである。それでは、その選択肢をどのように解釈すれ
ばよいのだろうか。日本と韓国の華僑がこれまで受けてきた「差別」は、国
民ではなく外国人だからである。こうした「差別」から抜け出すには、国民
になればよいのだろうか。はたして、それで問題は本当に解決されるのだろ
うか。

日本と韓国の国民は「血統主義」によって生み出されるため、帰化しても
日本人と韓国人の「血統」をもたない華人は「真の国民」として認められる
のは簡単ではない。1970年代以前、日本華僑の日本国籍への帰化は非常に
難しかった。しかし、日本華僑の方も帰化に抵抗感をもっていた。日本に

第Ⅱ部　多文化共生社会の実態と課題

帰化すれば、日本の名前に変えることを暗黙に要請された（戴國煇 1980: 125）。帰化は日本への同化を前提としていたのである。それゆえ、華僑にとって、日本への帰化は、華僑の伝統や文化の消失、自分のルーツとの決別を意味した。

　こうした事情は、韓国も同じであった。華僑の帰化に対して、韓国は名前の変更は勧めなかったが、韓国への同化を前提にしたのは、同様であった。それゆえ、韓国華僑も 1990 年代末まで帰化に強い抵抗感をもっていた。「国家人権委員会」の依頼で聖公会大学が行った調査によると、649 人の華僑のうち 98％の 636 人が帰化せずに中華民国の国籍を所持していたが、帰化しない理由として「中国人であるため、必ず中国（台湾）国籍を守らねばならない」が 1 位を占めた（非常に重要 37.8％、若干重要 24.2％）。次に、「帰化すると華僑のアイデンティティや文化を失うかもしれない」が 2 位を占めた（非常に重要 18.5％、若干重要 22.5％）。第 3 位を占めたのは「帰化手続がややこしい」であった（非常に重要 19.8％、若干重要 18.2％）（朴キョンテ 2003: 62-63）。このように、多くの韓国華僑にとって帰化は、華僑の伝統や文化の消失を意味していたのである。

　日本と韓国の華僑が帰化を恐れていたのは、与えられた選択肢には国民か外国人という選択しかなかったからである。国民を選択すれば、完全に日本や韓国の国民になることを強いられる可能性があった。日本と韓国の華僑が華僑のアイデンティティを維持しながら国民になれば、中途半端な国民としてみなし、自身の都合に合わせて日本や韓国の国籍を便利に使う日和見主義者だと思う日本人や韓国人がいる。国民と外国人の境界線ははっきりしており、外国人がそれを簡単に乗り越えるのを許すことはできなかった。そして、その境界線を乗り越えてきた帰化者に対しては、境界線の向こうにいる「よそ者」と決別しないかぎり、完全な国民として認めなかった。選択肢は、国民と外国人のみで、その中間地帯は存在しない。

　日本人と韓国人からすれば、ホームランド（出身地）・祖国・国籍・血統が一致するのが当たり前なことで、非常に自然なことであった。それがすべて一致する者こそ「真の国民」であった。「単一民族」としての思考が強い日本と韓国では、とりわけ「血統」は非常に重要な意味をもっている。しか

し、これまで検討してきたように、日本と韓国の華僑は、ホームランド（出身地）・祖国・国籍・血統が一致しない「境界者」なのである。その「境界者」が帰化しても依然として「境界者」のままであるため、国民でも外国人でもない存在になる。

２．「境界者」の苦痛と苦悩

　2015 年 1 月 21 日、陳舜臣が享年 90 歳で死去した。陳舜臣は、1924 年神戸の台湾出身の貿易商人の家庭で生まれた。陳は神戸市第一神港商業学校（現・市立神戸高校）から大阪外国語学校（現・大阪大学外国語学部）印度語科へ進学した。1961 年推理小説『枯草の根』で江戸川乱歩賞を受け文壇にデビューした。その後、歴史小説に転じ、1967 年に『阿片戦争』を書き、1969年に『青玉獅子香炉』で直木賞を受賞した（「陳舜臣さん死去」『神戸新聞』2015年 1 月 21 日）。その後、陳は、日本推理作家協会賞（1970 年）、毎日出版文化賞（1971 年）、読売文学賞（1989 年）、吉川英治文学賞（1992 年）など多くの文化賞を受賞した。そして、作家としての業績を認められ、日本芸術院賞（1995 年）を受賞した。陳は、日本を代表する作家の一人である。

　台湾植民地出身者である陳は、戦前は日本国籍が与えられ、戦後は中華民国国籍に変更された。陳舜臣の自伝エッセイである『道半ば』には、以下のように書かれている。

　　　日清戦争によって、わが台湾人は自分の意思に関わらず、国籍を清国から日本に変更させられた。そして五十年後、太平洋戦争の終結によって、再び国籍を中国にさし戻されることになった。これまた本人の意思に関係なくそうなったのである。　　　　　（陳舜臣 2003: 110）

　確かに、台湾人からすれば、清国の国籍も、日本国籍も、中華民国国籍も本人の意思とは関係なく与えられ、変更させられた。そして、「日中国交正常化」以後、陳は自らの意思で中華人民共和国の国籍を選択し、1990 年にはまたそれを放棄し、日本に帰化した。陳は、中華人民共和国の国籍を取

第Ⅱ部　多文化共生社会の実態と課題

る際に中華民国の国籍は放棄せずにいたようである。つまり、陳の国籍は、「日本→中華民国→中華人民共和国と中華民国→日本と中華民国」のように変化したようである。

陳舜臣は、1946年から1949年まで3年半ほど故郷の台湾に戻ったが、1947年に発生した「二二八事件」を経験して、中華民国政府に失望し、日本に戻った（陳舜臣 2003: 303-304）。陳が神戸に戻ったちょうどその時期、日本華僑社会は中華民国派と中華人民共和国派に分裂するようになった。神戸華僑社会は、中華人民共和国派の勢力が強く、「神戸中華同文学校」も中華人民共和国派の学校であった。陳は、神戸華僑社会に所属しているため、中華人民共和国の影響を強く受け、そのうえ、台湾の中華民国政府に失望したこともあり、中華人民共和国を支持するようになったと思う。台湾出身華僑のなかで知識人は、中華人民共和国を支持する者が多かった。それゆえ、自ら望んで中華人民共和国の国籍を取得したと思われる。

中華民国と中華人民共和国は共に「一つの中国」を主張し、自身のみがその「一つの中国」を代表すると主張してきた。中華民国からすれば、中国大陸も中華民国の領土であり、中華人民共和国は不法政府である。中華人民共和国も同様で、台湾は中華人民共和国の領土であり、中華民国は不法政府である。それゆえ、中華民国と中華人民共和国は互いに相手の国籍を認めず、その国籍は無効だと主張する。中華民国の国籍を所持していても、それは認められていないため、中華人民共和国の国籍を取得することは可能である。陳は、中華人民共和国の国籍を申請する際に、中華民国国籍は離脱しなかったようである。陳が中華民国の国籍を放棄しなかったのは、台湾とのつながりを維持したかったのかもしれない。

1989年に発生した「天安門事件」は、華僑社会に大きな衝撃を与えた。中華人民共和国政府に失望した多くの中華人民共和国の国籍をもつ華僑がそれを放棄し、日本に帰化した（何義麟 2010 参考）。陳も記者会見を開き中華人民共和国政府を批判し、中華人民共和国の国籍を放棄することを宣言した。翌1990年、陳は日本に帰化した。66歳での出来事であった。その時、陳はすで有名作家になっており、文学界における地位を固めていたため、中華人民共和国の国籍のままでも何の障害にもならなかったと思う。中華人民共和

第8章　華僑社会からみる多文化共生社会

国の国籍を放棄したのは、中華人民共和国に対する陳なりの抗議であった。

　陳舜臣とは対照的に、日本華僑のなかでは、時代がどう変化しようと中華民国の国籍をもち続けた者がいる。その代表的な例が王貞治である。1922年、父親の王仕福は浙江省から日本に移住し、1940年に王貞治は東京で生まれた（鈴木1999: 38-40, 48）。王は中国出身の華僑であり、戦後、中華民国の国籍をもち、「日中国交正常化」の際にもその国籍を所持し続けた。日本で生まれたものの、王のルーツは中国大陸にあるが、王は中国の政権である中華人民共和国の国籍を所持したことがない。王の国籍は今も中華民国のままである。

　王は日本のヒーローとして、また「中華民国の棒球王」（棒球は日本語の野球を意味する）として名高い人物である。しかし、王は華僑社会と接点なしに育てられたため、王自身はずっと日本人のつもりでいた。しかし、1957年に王は自分が「中国人」であることを痛烈に意識させられる事件が発生した。1956年、王は早稲田実業高校の一年生の春の選抜大会に出場し、エースで4番としてチームを初優勝に導き、続く夏の甲子園大会ではノーヒットノーランを達成して有名選手となった。1957年春、夏の好成績により、早稲田実業高校は、秋に開催される国体に高校野球の東京代表として出場することになった。しかし、王は「参加資格は日本国籍を有する者に限る」という規定により、出場を禁止された。この時、王は自分が「中国人」であると初めて意識したという（同: 17, 79, 88, 121）。

　高校卒業後、巨人に入団した王は、1961年3月、巨人が米国でキャンプを張る際、駐日中華民国大使館でパスポートを取得した。華僑社会とあまり接点がなかった王にとって、それは単に米国に入国するための選択であった。当時、中華民国は日本と米国と国交を結んでいたため、中華民国のパスポートで入国するしかなかった。しかし、中華民国のパスポートの取得は、王が「二つの中国」のうちの一方を選択したと解釈された。1965年台湾に訪問した際には、蒋介石とも会見した。王は台湾で共産党の中華人民共和国を拒否し、「熱烈に祖国を愛する好青年」として報道された（同: 20, 107-111）。

　1977年の夏の終わり、王は通算ホームラン世界記録756号を目前にしており、日本は「世界本塁打王」の誕生を今か今かと待ち受けていた。この

211

第Ⅱ部　多文化共生社会の実態と課題

時、王は日本球界のヒーローであり、日本華僑社会最大の有名人になっていた。王の756号ホームランが出たのは、9月3日であった。その直前、王をめぐって「二つの中国」の間で綱引きが繰り広げられた。1976年11月、台湾の新竹県に新しい野球場のオープンを控え、台湾の中華棒球協会は、その球場開きの式典に王を招待する予定であった。その球場の名前は、建設計画がもち上がった1974年に「王貞治棒球場」と命名されていたが、1975年蒋介石の死去により「中正棒球場」に変更された。当時、中華民国は、世界における国際的地位が低下していたので、王が球場開きの式典に出席すれば、「自分たちの側の英雄」の訪問を「国」を挙げて歓迎し、大宣伝することは目に見えていた。巨人の親会社の読売新聞社は、中華人民共和国政府を刺激することを危惧し、王の訪問中止の働きかけを行い、訪問の直前に中止となった。1977年8月、今度は中国の「棒球視察団」が来日したが、王はその「棒球視察団」に会うつもりはなかった。しかし、読売グループは、多摩川のジャイアンツ球場で練習を終えて引き上げる王が雨天練習場の見学に向かう「棒球視察団」に遭遇する形で、王を「棒球視察団」に会わせた（同：21-26）。確かに、これらのことは読売グループによって決められたことで、王の意思とは関係なく発した出来事である。しかし、王は常に「二つの中国」の思惑に巻き込まれざるをえなかった。

　1977年、王は「世界本塁打王」になり、9月5日に「国民栄誉賞」を受賞した。この「国民栄誉賞」は、当時の首相の福田赳夫が「国民的ヒーローに何か新しい賞を」と指示を出し、その年、王のために新設されたものであった。「国民栄誉賞」は今も続いているが、歴代の受賞者の中で外国国籍をもつのは、第一回目の王貞治のみである。これは、国体の時とはまったく違う待遇であった。日本の国民ではない王が「国民的ヒーロー」になり、「国民栄誉賞」まで受賞した（同：16-18, 89）。

　それでは、王貞治は何人なのか。日本人なのか、中華民国人なのか。それともそのホームランド（出身地）に基づいて中華人民共和国人なのか。王は日本語しか話せないし、日本の習慣と文化が根付いているため、ことばと文化の面からすると「日本人」である。王自身の感覚でも「日本人」である。しかし、王は法的には日本人ではなく、王が日本人であることを許さない視

212

第 8 章　華僑社会からみる多文化共生社会

線もある。三振が多かった時期、王が打席につくと「チャンコロ、チャンコロ」と野次られ、野球の成績が長嶋より良くても、記者投票で決まる最優秀選手賞に選ばれない経験をせねばならなかった（同：89, 110, 142-143）。

　王はいくら「日本人」であるという感覚をもっていても、それを口に出すのは許されない。だから王は自然に自分は「中国人」だという言い方をする。そして、日本華僑社会も中華民国も王が「日本人」であることを許さない。1966 年、王は新婚旅行で台湾に行った際に、蒋介石とその夫人の宋美齢に会ったが、宋に「君は中国人だろう。どうして中国語ができないのかね」と責められた。そして、祖国はと聞かれると「中国」と答えざるをえない。王は言う、「俺は台湾で生まれたわけじゃないけど、いつの間にかこっちになっちゃったんだよ」（同：107, 116-117, 139）。

　「日中国交正常化」の際に、多くの華僑が帰化し、「中国語を話せる日本人」が誕生したが、王は帰化せずに「日本語しか話せない中国人」のままでいる。王が国籍を変更しなかったのは、「自分が帰化すれば親父は悲しむだろう」という父の王仕福に対する気配りもあった。しかし、1985 年、王仕福は死去し、父親に気を配る必要がなくなったが、王は帰化していない。その理由に関して、王は「華僑や台湾社会を裏切りたくない」という気持ちがあるという（同：135-136）。国民国家の枠組みから考えると、確かに帰化者は、祖国を捨てた「裏切り者」という構図になる。

　王は四人兄弟であるが、その家族は、父親の王仕福以外はみな中華民国の国籍を所持している。父親の王仕福は、中華人民共和国派の華僑総会に登録し、中華民国の国籍を離脱し、中華人民共和国の国籍を取得した。王仕福は「新中国」に対して強い祖国意識をもっていた（同：75）。そのため、王貞治の祖国は中華民国に近く、父親と息子の祖国が一致しないという日本では珍しい現象が生じた。

　王の母親は日本人であるが、日本国籍を放棄し、中華民国の国籍を取得した。王の妻も日本人であるが、同じく中華民国の国籍者となった。日本華僑社会では、一つの家族のなかで日本・中華民国・中華人民共和国などの国籍が混在することは、珍しくない。先述した陳舜臣の家族もそうである。また、国籍が何度も変更された陳舜臣も何人かを決めるのは難しい。

213

第II部　多文化共生社会の実態と課題

　こうした現象は、近年韓国華僑社会でも起きている。韓国に帰化する華僑の増加により、一つの家族のなかで中華民国と韓国の国籍が混在するようになった。また、韓国華僑も日本華僑のように、何人かと決めるのは容易ではない。2004年の研究によると、韓国華僑の若い世代は、両親の世代に比べ韓国人の友人も多く、韓国語も流暢であり、外で自ら華僑であると言わないかぎり、韓国人と区別がつかない。しかし、彼らは韓国化していても、韓国人ではない。彼らは、自らが中国文化をもつ「中国人」であるという意識も同時にもっている。韓国の友人よりは、華僑の友人といるほうが気が楽であり、韓国人よりは華僑を恋愛対象としたいという（李ユンヒ 2004: 25）。このように自分が韓国人と異なる存在であることは自覚している。若い世代の韓国華僑は、自らを「サンドイッチ」のような存在であり、「浮いている」存在であると表現する。彼らは、韓国政府は韓国華僑を難民のように扱い、台湾人は韓国人として認識し、中華人民共和国は台湾僑民として扱っていると感じている（呉ミョンソク 2002: 265-267）。こうした韓国華僑の事情は現在も変わっていない。

　それでは、日本と韓国の華僑は中華民国や中華人民共和国の国民であろうか。中華民国や中華人民共和国は、国籍をもっていても華僑を国民国家を形成する一員とはみなしていない。中華民国や中華人民共和国の国民も日本と韓国の華僑を自分と同じ国民とは思っていない。

　台湾では韓国と同様に兵役が義務づけられているが、その義務を果たさず、台湾で税金を納めてない華僑は、中華民国の国籍をもっていても「真の国民」としてみなされない。1994年から中華民国政府は、来台して高校や大学に進学する華僑学生に戸籍と身分証明書を与える制度を中止した。そして、中華民国の国籍をもっているが戸籍をもっていない国民を「無戸籍国民」と定義した。その規定により、韓国華僑は台湾において「無戸籍国民」となった。「無戸籍国民」に参政権はなく、台湾に入国する際にはビザをもらわなければならない。現在、韓国人が台湾に入国する際、90日間はビザ無しで入国し滞在できる。ところが、韓国華僑が台湾に入国する際には、「国民」であるにもかかわらず、ビザを取らねばならないのである。

　日本と韓国の華僑は、国民国家の狭間にいる存在であるため、こうした苦

214

痛を受け、国民国家の間で苦悩している。

3.「共苦」と多文化共生社会

　多文化主義は、同化主義と異なって、自分と異なる人種・民族・集団の文化を国家や社会に同化させることを目的にせず、自分との違いを認め、受け入れることである。

　かつて日本と韓国は、国籍をもたない外国人である華僑に対して、同化させようともしなかった。外国人が日本と韓国の国民になることさえ許さなかったのである。そして、帰化し国民になれば、日本や韓国の文化に同化させようとした。しかし、「境界者」は、国民国家の形成過程において疎外されてきた国家の狭間に位置し、国境を行き来する存在である。国民と外国人という二択には当てはまらない存在である。日本と韓国の華僑のような「境界者」の存在は、国民国家の発想から抜け出し、弾力性のある自由な考え方を我々に与えてくれるだろう。その柔軟で自由な考え方は、これから多文化共生社会を作っていくうえで非常に重要であると思われる。

　韓国の研究者である白永瑞は、沖縄現代史の研究者である若林千代の思考を応用し、「核心現場」という概念を提示した。若林千代がいう「各自個別でありながらも互いに深く連携し連動する社会、あるいは歴史のなかでひとりひとりが自分と密接な社会にいる糸口を通して、どのように世界意識を探し、それをともに分かち合い、変容させるのかを考えさせる」場所こそ、白永瑞が主張する「核心現場」である。白永瑞は、東アジアで「核心現場」になれる場所として、台湾・沖縄・朝鮮半島を挙げている。こうした場所は、東アジアの秩序の歴史的矛盾が濃縮され、植民と冷戦の二重の影響を受け、空間的に大きく分裂し、葛藤が濃縮された地域であるという（白永瑞 2013: 17, 47）。筆者は、「境界者」である日本と韓国の華僑は東アジアで「核心存在」になると思っている。なぜなら「境界者」は、東アジアの国民国家の矛盾と葛藤が濃縮された存在だからである。

　また、日本と韓国が多文化共生社会を作っていくために、「共苦」という概念も非常に重要である。白永瑞がいうには、共生は他者との違いを認めな

第Ⅱ部　多文化共生社会の実態と課題

がら、その違いの連携を模索する試みである。したがって、共通性のなか
にいながら、その共通性を超える共生的な生き方を求めることが重要である。
すなわち、共通性の矛盾を簡単に否定せず、それを意識しながら生きる態度
である。それゆえ、共生は「共苦」なしには実現不可能である。「共苦」と
は苦痛や辛さを分かち合うことである。互いの違いを排除あるいは同化させ
る閉ざされた共同体ではなく、排除された者に対して責任を負いながら生き、
結社と連帯の原理を多層的・横断的に実現する道を重視することであるとい
う（同：26）。

　2002年4月、韓国の「出入国管理法施行令」が改定され、初めて「永住
資格」が導入された。「永住資格」の導入は、日本に比べると非常に遅い時
期であった。しかし、2005年8月4日に「公職選挙法」が改定され、韓国
内で居住する「永住資格取得日から3年が経過した19歳以上の外国人」に
は、地方選挙に限って選挙権が与えられた[32]。2006年5月31日に実施され
た地方選挙で、「永住資格」を取得した外国人に投票権が与えられた。韓国
史上初めて華僑を含めた外国人が地方選挙に参加した。この地方選挙に参
加できる外国人は、中華民国国籍者6511人、日本国籍者51人など、合計
6579人と華僑が絶対多数を占めていた[33]。

　この地方選挙に対する外国人投票権の導入の発端になったのは、在日韓国
人・朝鮮人の参政権問題をめぐって、韓国政府が日本に圧力をかけるために
始めた制度であった（王恩美 2016: 301-336 参照）。それにもかかわらず、この
地方選挙への参政権付与は、韓国華僑に大きな影響を与えた。韓国華僑は韓
国で初めて自分の存在が受け入れられたと感じた。

　　　100年以上この土地で根を下ろしてきましたが、私たちの親も、私
　　たちもずっと異邦人の扱いをされてきました。初めて投票に参加でき
　　て胸がいっぱいになりました。これで私たちも厳然たる有権者となり、
　　それに見合った待遇を受けることができるでしょうね。……税金も欠
　　かさず払い、ここで生きて3代になりますが、参政権を保障され、今
　　こそ本当に大韓民国の一員になったような気がします[34]。

216

第8章　華僑社会からみる多文化共生社会

　韓国華僑はこの地方選挙に参加することで、初めて韓国の一員となったと感じた。韓国政府が国民のみならず、外国人に参政権を与えたのに対しては、肯定的な評価を与えなければならない。しかし、これは韓国が韓国華僑のような「境界者」の苦痛を分かち合った結果でもなければ、多文化共生社会を目指すための措置でもなかった。韓国が多文化共生社会を作っていくにはまだその道のりは長い。

　今まで我々は、国民国家で生まれ、その国民になるのがごく自然なことであった。しかし、日本と韓国の華僑の経験は、それが決して自然でないことを私たちに教えてくれる。ホームランド（出身地）・祖国・国籍・血統が一致しない「境界者」の苦痛を理解し、分かち合うことは、日本と韓国を多文化共生社会への道に導いてくれるだろう。そのために、日本人と韓国人が陳舜臣・王貞治のような日本の華僑、そして祖国を捨てきれず中華民国の国籍を所持しながら故郷に住む年配の韓国華僑や「サンドイッチ」・「浮いている存在」と感じている若い世代の韓国華僑のような「境界者」の苦悩を理解し、その生き方を尊重する必要があるだろう。

おわりに

　日本と韓国の華僑は、移住してから160年と130年間、日本人と韓国人と共に生きてきた。しかし、彼らは今も境界線の向こうにいる「よそ者」である。彼らは、ホームランド（出身地）・祖国・国籍・血統が一致しない「境界者」であり、国民国家の矛盾と葛藤が凝縮した存在である。彼らは、日本・韓国・中華民国・中華人民共和国の東アジアの国民国家の狭間で生きているため、どの国民国家からも「真の国民」として認められない。「単一民族である」思考が強い日本と韓国では、彼らが帰化しても「真の国民」として認められるのは困難である。

　華僑は、日本と韓国における外国人やマイノリティ集団のなかで、最も早くからそこの国民と共に生きてきた存在なのである。こうした華僑から日本と韓国の多文化共生社会を考えるのは、非常に意味のあることである。華僑

第Ⅱ部　多文化共生社会の実態と課題

はどの外国人やマイノリティ集団よりも長い間日本と韓国の「差別」を受け、それに耐えてきたからである。日本と韓国が目指している多文化共生社会を作っていくためには、こうした最初の「よそ者」の境遇から、日本と韓国の過去を顧み、国家の発想から抜け出し、国家のあり方を考え直す必要がある。国民国家の矛盾と葛藤が凝縮した日本と韓国の華僑のような「境界者」は、国家のあり方を考える際に「核心存在」になると思われる。

　陳舜臣と王貞治は、はたして何人なのだろうか。台湾人なのか、中国人なのか。それとも、日本人なのか。中国人というのは中華民国人なのか、中華人民共和国人なのか。こうした疑問に答えることは容易ではない。そのうえ、その答えは必ずしも一つとは限らない。また、答えがあるとも限らない。そもそも、日本人や韓国人とは何なのか。我々はまず、その質問の答えを見つけることから始める必要がある。白永瑞が言うように、現在我々の社会は、移住者を受け入れるという問題から「韓国人」とは、「日本人」とは何なのかという問題を一緒に話し合う時期に来ているのではないだろうか（白永瑞 2013: 150）。

　多文化共生社会を作っていくためには、まずは「境界者」となった日本と韓国の華僑の苦痛と苦悩を理解することから始めなければならない。そして、その苦痛と苦悩を分かち合う「共苦」の感覚を育てる必要がある。その「共苦」の感覚を育てるためには、日本と韓国の華僑の歴史や生き方が尊重されなければならない。

注

1　本章で使用する中華民国、中華人民共和国、台湾、中国はそれぞれ違う概念をもつ用語である。中華民国と中華人民共和国は、政治的な概念で、国家あるいはその政府を指す。台湾と中国は地理的概念で使用する。
2　自分が「中国文化」をもつ者であるという自覚があり、「中国文化」がアイデンティティ構成の一部となっていれば、「華人意識」をもっているといえる。
3　華僑と華人以外に、華裔という言葉があるが、それは中国人の血統をもっているが、「華人意識」がない者をいう。

218

第 8 章　華僑社会からみる多文化共生社会

4　僑務委員会は、台湾で華僑に関する政策や業務を担当する政府機関である。

5　本章では、韓国、朝鮮南部、朝鮮半島という用語を使用するが、韓国は 1948 年以降の政府やその領土を指す。朝鮮南部は、1945 年 8 月から韓国政府が樹立されるまでの 38 度線以南の地域を指す。朝鮮半島は、主に 1945 年以前の地域を指す際に使用する。

6　何義麟の指摘によると「境界人」という言葉を最初に使ったのは戴國煇である。台湾出身華僑である戴國煇は、台湾出身華僑を「境界人」と名付けたようである（何義麟 2015: 31-32）本章で使用する「境界者」は「境界人」と類似した概念であるが、国境を行き来し、国境を越える存在として、すべての華僑・華人に当てはまる概念として使用する。

7　1945 年以降、台湾から海外に移住した者は「台僑」という言葉を使用する。

8　その内訳は、永住者 22 万 5605 人、日本人の配偶者等 3 万 4010 人、永住者の配偶者等 1 万 1889 人、定住者 2 万 6626 人、特別永住者 1277 人である。「在留外国人統計（旧登録外国人統計）統計表（2015 年 12 月末）」、法務省の統計サイト（URL: 〈http://www.moj.go.jp/housei/toukei/toukei_ichiran_touroku.html〉2016 年 10 月 1 日閲覧）

9　その内訳は、居住 4141 人、同伴 121 人、永住 1 万 3563 人である（韓国法務部 2015: 379）。

10　その内訳は、居住 1 万 6561 人、同伴 1738 人、永住 2 万 3212 人、結婚移民 2 万 5182 人である（韓国法務部 2015: 376-379）。

11　1946 年 1 月 12 日、中華民国の行政院は、台湾人は中華民国の国籍を回復すると公布した。1946 年 6 月 22 日には、「在外台僑国籍処理辦法」を制定し、10 月 12 日には台湾人は 1945 年 10 月 25 日に中華民国の国籍を回復したとみなすと宣告した。日本でも中国駐日代表団（Chinese Misson, 1946-1952）により、「中華民国駐日代表団僑務処辦理旅日僑民登記辦法」が規定され、1946 年 12 月 31 日まで登記した者には、華僑の証明人 2 名に基づき、「華僑臨時登記証」を発給し、国籍証明とすることとなった（湯熙勇 2005: 405-409; 許瓊丰 2005: 89）。

12　「日華平和条約」の第 10 条「この条約の適用上、中華民国の国民には、台湾及び澎湖諸島のすべての住民及び以前にそこの住民であつた者並びにそれらの子孫で、台湾及び澎湖諸島において中華民国が現に施行し、又は今後施行する法令によつて中国の国籍を有するものを含むものとみなす。また、中華民国の法人には、台湾及び澎湖諸島において中華民国が現に施行し、又は今後施行する法令に基いて登録されるすべての法人を含むものとみなす」に基づく。

13　中華民国の「国籍法」によると、20 歳以上の者であり、兵役の服務の完了している者のみが国籍を離脱することができた。しかし、中華民国政府は、1972 年 8 月に日本華僑に対して兵役制限を解除し、9 月には 20 歳以上の制限を解除した。さらに、総統府公報に国籍離脱者の名前、住所などを掲示する規定も免除した（鶴園 2014b:

219

第Ⅱ部　多文化共生社会の実態と課題

33-34)。

14　過放の研究によると、1972年から1981年まで日本の国籍を取得した華僑は
２万1979人であった（過放 1999: 76）。

15　この法律の正式名称は、「ポツダム宣言の受諾に伴い発する命令に関する件に基
づく外務省関係諸命令の措置に関する法律」であるが、名称が長すぎるため、一般
的には「法126号」と称する（何義麟 2014: 54）。

16　1995年台北代表部統計によると、韓国華僑の出身地は、山東省90％、河北省５％、
東北三省（吉林省、遼東省、黒龍江省）２％、江蘇・浙江省２％である。

17　「駐京中国総領事館 劉領事맞어 十日開館式（駐京中国総領事館は劉領事を迎え十
日開館式）」（『東亜日報』1947年2月11日）

18　「新領事 華僑의 歓喜 使館은 十日開館 各地華僑参集華商歓迎準備（新領事、華僑
は歓喜、使館は十日開館 各地華僑参集華商歓迎準備）」（『漢城日報』1947年2月7
日）

19　「華僑連合会」後に「華僑総会」と名前を変更する（盧冠群 1956: 31; 許瓊丰 2009:
103)。

20　「我駐韓使館挙行降旗典礼、使館官員、僑胞、学生二千多人参加典礼、高唱梅花
泣不成声（わが在韓大使館で国旗降納式典を開催、大使館館員・僑胞・学生二千名
余りが参加、梅の花の歌を歌うが涙で声が続かず）」（『韓中日報』1992年8月26日）

21　「울어버린 마지막 하기식, 명동 대만 대사관, 화교들 울분 터뜨려, 목메인 국가 눈
물바다로, 어린 학생들 수기 흔들며 “중화민국 만세”, “망은부의” 한국 규탄, “우리
꼭 돌아온다”（泣いてしまった最後の下旗式、明洞台湾大使館、華僑 鬱憤を噴き出
す、声がつまった国歌　涙の海のように、幼い学生らは手にした国旗を揺らしなが
ら『中華民国万歳』『忘恩負義』と韓国を糾弾、『我々は必ず戻って来る』)」（『朝鮮
日報』1992年8月25日）

22　「중국교포 출입국 절차 불변, 화교 법적지위 종전대로, 국적도 본인의사따라 선택
가능（中国僑胞出入国手続き不便、華僑の地位以前の通り、国籍も本人の意思で選
択可能）」（『朝鮮日報』1992年8月25日）

23　「華僑, 韓-中수교 波長속 어제와 오늘５──불안한 앞날……国籍선택고민（華僑、
韓-中国交の波の中　昨日と今日５──不安な将来……国籍選択に悩む）」（『東亜日
報』1992年8月31日）

24　「외국인의 입국출국과 등록의 관한 법률」제9조, 부칙. 대한민국정부공보처,
『관보』, 1949년11월17일（「外国人の入国出国と登録に関する法律」第9条、附則。
大韓民国政府広報処『官報』1949年11月17日）。

25　1995年12月1日、「出入国管理法施行規則」の改定により、居住許可期間は5年
に延長された。韓国華僑の韓国における居住も非常に不安定であった。韓国華僑は、
韓国で「居住資格（F-2）」で滞在していたが、居住許可期間を1日でも過ぎてし
まうと「不法滞在者」になり、韓国で居住できなくなるおそれがあった。

第8章　華僑社会からみる多文化共生社会

26　中華民国では、1929年の「国籍法」制定以来、二重国籍が認められてきた。

27　「国籍法」（1997年12月13日改定）第12条。

28　「国籍法」（1997年12月13日改定）第5条、第6条参照。

29　金ギホの論文では、「中国僑民協会が創立されてから1年後の2002年に漢城華僑協会の新任役員団は、中国大使館に協会を公式に登録することを決定した」と書いているが、「中国僑民協会」が設立したのは2002年であり、その1年後は2003年に当たる。また、筆者の記憶によると2002年には「漢城華僑協会」は、中華人民共和国に登録していなかったので、「漢城華僑協会」の公式な登録時期を2003年と判断した（金ギホ2005: 56）。

30　韓国法務部（2006: 564）; 韓国法務部（2007: 452）; 韓国法務部（2009: 696）; 韓国法務部（2010: 727）; 韓国法務部（2011: 618）。

31　「包み貿易（보따리무역）」とは、正式な貿易手続きを取らず、外国を頻繁に行き来しながら、品物を手荷物で運んで貿易を行うことを指す。

32　「公職選挙法」（2005年8月4日改定）第15条: 2.「出入国管理法」の第10条（滞留資格）の規定に準じ、永住資格取得後3年が経過した19歳以上の外国人として、第37条1項の選挙人名簿作成基準日の現在、「出入国法」第34条（外国人登録表の作成及び管理）の規定に従い、当年地方自治団体の外国人登録台帳に登録された者。

33　「선거권 받다니 꿈만 같습니다」인터넷『연합뉴스』（「選挙権もらうとは、夢のようだ」『連合ニュース』2006年4月15日）;「화교・19세 등 첫투표 "흥분돼 눈물"」『경향신문』（「華僑・19歳など初投票『興奮で涙』」『京郷新聞』2006年5月31日）。

34　「5・31 지방선거」/ "첫 표권…… 설레고 떨렸지만 뿌듯"」『한국일보』（「5・31地方選挙／『初投票権……どきどきしたが胸がいっぱい』」『韓国日報』2006年6月1日）。

【参考文献】

〔日本語〕

李東俊（2010）『未完の平和――米中和解と朝鮮問題の変容 1969-1975年』法政大学出版局

何義麟（2015）「戦後日本における台湾人華僑の苦悩――国籍問題とそのアイデンティティの変容を中心として」『大原社会問題研究所雑誌』679号（2015年5月）法政大学大原社会問題研究所、21-34頁

過放（1999）『在日華僑のアイデンティティの変容――華僑の多元的共生』東信堂

裴暁蘭（2012）『多文化社会と華僑・華人教育――多文化教育に向けての再構築と課題』青山ライフ出版

許瓊丰（2009）「戦後日本における華僑社会の再編過程に関する研究――在日台湾人と

第Ⅱ部　多文化共生社会の実態と課題

　　神戸華僑社会を中心に」兵庫県立大学経済学研究科博士論文

鈴木洋史（1999）『百年目の帰郷』小学館

戴國煇（1980）「日本華僑への手紙」『華僑——「落葉帰根」から「落地生根」への苦闘
　　と矛盾』研文出版

戴天昭（2001）『台湾戦後国際政治史』行人社

張澤崇（2005）「日本における華僑学校の現状（その1）」『教養諸学研究』第118号、
　　早稲田大学政治経済学部教養諸学研究会、117-146頁

陳舜臣（2003）『道半ば』集英社

鶴園裕基（2014a）「日華断交期における『僑務問題』——分裂国家の外交危機と在外国
　　民」『次世代アジア論集』第7号（2014年3月）早稲田大学アジア研究機構、87-
　　116頁

＿＿.（2014b）「無効化する国籍——日華断交の衝撃と国府の日本華僑統制・保護の変
　　容」『華僑華人研究』第11号（2014年11月）日本華僑華人学会、38-55頁

王恩美（2008）『東アジア現代史のなかの韓国華僑——冷戦体制と「祖国」意識』三元
　　社

〔中国語〕

黄自進訪問、簡佳慧記録（2003）『林金莖先生訪問記録』中央研究院近代史研究所

慮冠群編著（1956）『韓国華僑的経済』海外出版社

華僑史編纂委員会（1958）『華僑志——韓国』華僑史編纂委員会

李正熙（2005）「韓中建交後韓国華僑経済変化」金相郁主編『中韓地域経済発展比較研
　　究』経済科学出版社

許瓊丰（2005）「戦後日本における華僑社会の再編過程に関する研究——在日台湾人と
　　神戸華僑社会を中心に」『人文与社會科学集刊』第17巻第2期、2005年6月

＿＿.（2011）「在日台湾人与戦後日本神戸華僑社会的変遷」『台湾史研究』第18巻第2
　　期、2011年6月

湯熙勇（2005）「恢復国籍的争議——戦後旅外台湾人的復籍問題（1945-47）」『人文与社
　　會科学集刊』第17巻第2期、2005年6月

梁必承・李正熙（2006）『韓国没有中国城的国家——21世紀型中国城的出現背景』清華
　　大学出版社

王恩美（2010）「首爾城中的『法外之地』——以中国人居留地的形成与中国人的行動」
　　『台湾師大歴史学報』第44期、2010年12月

＿＿.（2011）「1971年『中国代表権』問題与韓国政府『中国政策』的転変」『国立政治
　　大学歴史学報』第36期、2011年11月

＿＿.（2012）「華僑学校在韓国的法律地位変化与生存策略〈一九七八至二〇一〇〉」『思
　　与言』第50巻第1期、2012年5月

何義麟（2010）「戦後在日台湾人之処境与認同——以蔡朝炘先生的経歴為中心」『台湾風

物』第 60 巻第 4 期

――.（2012）「戰後初期台湾留日学生的左傾言論及其動向」『台湾史研究』第 19 巻第 2
期、2012 年 6 月

――.（2014）「戰後在日台湾人的国籍転換与居留問題」『師大台湾史学報』第 7 期、
2014 年 12 月

僑務委員会（2015）『中華民国 103 年僑務統計年報』僑務委員会

〔韓国語〕

오명석（2002）「화교 교육과 젊은 세대의 문화적 감성」『당대비평』제 19 호、여름호
（呉ミョンソク「華僑教育と若い世代の文化的感覚」『当代批評』第 19 号、2002
年夏号）

박경태（2003）『국내거주 화교 인권실태조사』성공회대학（朴キョンテ『国内居住華僑
の人権実態調査』聖公会大学、2003 年）

이윤희（2004）「동북아시아 시대 인천 거주 화교의 인권 실태 및 정체성」『담론 201』
제 6 권 2 호（李ユンヒ「東北アジア時代仁川居住華僑の人権の実態とアイデンティ
ティ」『談論 201』第 6 巻第 2 号、2004 年）

김기호（2005）「초국가 시대의 이주민 정체성――한국 화교의 사례 연구」서울대학인류
학대학원석사논문（金ギホ「超国家時代の移住民のアイデンティティ――韓国華
僑の事例研究」ソウル大学人類学大学院修士論文、2005 年）

백영서（2013）『핵심현장에서 동아시아를 다시 묻다――공생사회를 위한 실천과제』창
비（白永瑞『核心現場で東アジアを再び問う――共生社会のための実践課題』創批、
2013 年）

법무부（2006）『출입국관리통계연보 2005』법무부출입국관리국（韓国法務部『出入国
管理統計年報 2005』法務部出入国管理局、2006 年）

법무부（2007, 2009-2011, 2016）『출입국・외국인정책본부 2006、2008-2010、2015』출
입국・외국인정책본부（韓国法務部『出入国・外国人政策本部 2006、2008-2010、
2015』出入国・外国人政策本部、2007、2009-2011、2016 年）

왕언메이（2016）「해방 70 년, 한국화교에 대한 이해」『역사비평』제 115 호（王恩美
「解放 70 年、韓国華僑に対する理解」『歴史批評』第 115 号、2016 年 8 月）

あとがき

　近年、グローバル化の進展にともなって、国境を越えた人の移動が増加し、異なる民族・文化・宗教・価値観等の交錯する場や機会が、欧米社会を中心として増大しつつある。このような状況下で、「差異の尊重」という考えに基づいて、多様な民族・文化・宗教・価値観等の共存を図る理念や方策として注目を浴びているのが、多文化主義である。

　まえがきでも述べたように、多文化主義という用語が出現したのは1960年代に入ってからである。これが1970年代の初頭にカナダとオーストラリアの国策として採用され、その後ヨーロッパをはじめ全世界に徐々に広がっていった。さらに、東西冷戦の溶解後に加速したグローバル化の波は、人々の国際移動を急速に増加させた。そして、各国が保持していた単一文化主義は多文化主義への転換を余儀なくされた。しかし近年、シリアなど中東諸国からヨーロッパに押し寄せた難民や移民に直面して、欧米諸国の多文化主義が揺れ始めている。

　世界で多文化主義の先進国といえば、オーストラリア、カナダ、アメリカなどの移民国家とイギリス、ドイツ、フランスなどの欧州連合（EU）の中心国家であろう。しかし、これらの諸国では、いま難民や移民を拒絶しようとする極右勢力が現われ、自国第一主義ないし「反グローバリズム」の政策が出現している。

　オーストラリアの難民政策は現在世界で最も排他的なものの一つである。オーストラリアでは、2013年7月19日以降に密航船で到着した難民はオーストラリア国内での定住を許されず、パプアニューギニアのマヌス島とナウル共和国に設置されたいわゆる「難民収容センター」に送られている。マヌス島とナウル共和国には、現在2175人の難民が収容されているという。オーストラリアは二つの難民収容センターの運営に年間12億豪ドル（約980億円）を支出している。これは難民申請者1人当たり50万豪ドル（約

4000万円）に相当する。2013年7月、ケビン・ラッド豪首相は、密入国者対策を発表し「オーストラリアは、いまでは安易に移住できる国ではない」と宣言した。現在でもミャンマーの少数民族であるロヒンギャ難民がタイ沖で漂流しているが、2015年4月、トニー・アボット首相はロヒンギャ難民の受け入れを拒否した（「オーストラリア難民『絶望』収容所」『NHK BS1』2016年11月23日放送）。

　アメリカの移民政策も、大統領選挙以来大揺れである。2016年11月の大統領選挙で当選したドナルド・トランプ氏は、立候補表明時からメキシコからの不法移民を「麻薬密売人」「犯罪者で強姦者」と非難し、戦死したイスラーム教徒のアメリカ人兵士の両親に差別的なことばを投げつけた。トランプ氏はメキシコからの移民を繰り返し非難し、メキシコとの国境沿いに壁を建設すると主張してきた。近年（2014年）米国内に暮らしているメキシコからの不法移民は560万人もいるという（『朝日新聞』2016年11月12日）。これらの人々は今後アメリカ社会において「差別」と「排除」の対象になるであろう。アメリカ社会では、人種や民族などエスニック集団間の対立、分断がますます深まるであろう。トランプ氏の「反グローバリズム」「アメリカ第一主義」はいったいどこまで続くであろうか。

　米国で起きた現象は、欧州連合（EU）でも起こっている。2016年6月23日、イギリスでEU離脱是非を問う国民投票が行われ、EUから離脱することが決まった。その背景には、EUの移民政策に対する不信や移民流入問題があった。オーストリアやイタリアにも、国民の不満を追い風に政府とEUに反発する政治勢力が広がり、その是非を問う国民投票が行われた。オーストリアでは、当初は排外的な主張を掲げる自由党のノルベルト・ホーファー氏が優勢と予想され、EU初の極右の国家元首誕生の可能性があると伝えられた。幸いにも、緑の党のアレクサンダー・ファン・デア・ベレン氏が当選した。有権者の多くが「極右」の台頭に危機感を抱いたことがホーファー氏の敗因だったという。しかし、イタリアの憲法改正の是非を問う国民投票では、賛成派のレンツィ首相が主張した憲法改正案が否決された。イタリアの改憲案は上院の権限を縮小して原則下院の承認で政府信任と法案可決を可能にするものであった。レンツィ首相ら賛成派が改革を加速するためにも改憲

が必要と主張する一方、新興政党「五つ星運動」等の反対派が下院や首相の権限が強くなりすぎるとして反発していた。そのため、この選挙は事実上の政権への信任投票となっていた。選挙の結果、レンツィ首相は辞任した。これによって、2018年に予定されている総選挙で「反ユーロ」「反グローバリズム」を掲げる「五つ星運動」が政権を握る可能性が高くなった。フランスやドイツでも、「移民排斥」を煽るポピュリズム政党が支持を広げ、国政選挙で闘う準備をしている。2017年3月にはオランダ議会選挙、4～5月にはフランス大統領選挙、10月頃にはドイツ連邦議会選挙が予定されている。これらの選挙の結果で、右傾化しているEU社会に警鐘を鳴らすのか、それとも排外主義、国粋主義、右派ポピュリズムに傾いていくのか、が決っせられる。

　世界は国境を越えて人やカネ、情報を自在に行き来する「グローバル化」時代になった。しかし、そのグローバリゼーションが逆に貧富の差の拡大や社会福祉の後退、労働条件の悪化などを引き起こす原因にもなったと考える人も少なくない。それらの勢力はグローバリゼーションに対抗する方法論として、「難民・移民」や「イスラーム化」に対する反対を標榜する「反グローバリズム」を掲げる。そこでは、「移民」は、貧困・文化摩擦・犯罪につながる「問題」因子であると表象され、「共生」概念は排除されているのである。

　多文化主義は、グローバル化と一体である。「反グローバリズム」は、多文化主義を否定して以前の「排除主義」「自民族・自文化中心主義」に戻る思考である。この思考が力を得たならば、これまで欧米諸国において「多文化社会に向けて」構築された実績は一気に崩れてくることになるかもしれない。「反グローバリズム」勢力が主張する「多文化主義の失敗」を認めることにもなるかもしれない。「自民族・自文化中心主義」を克服するのは難しいが、やはり文化相対主義に基づく多文化主義を堅持することが、大事であると考える。

　欧米諸国が抱えている問題を考えることは、現在、多文化主義が欧米諸国より遅れている東アジア諸国にとっては「多文化共生社会の実現」に向けた重要な示唆になると考える。韓国では、第7章で述べたように、近年「多文

化家族」を中心に「多文化主義政策」が推進されている。日本でも、国際結婚移住者、永住者、定住者や外国人労働者などが増加し、「多文化共生社会」に向かっている。しかし、東アジア諸国は文化相互主義に基づく対等な関係を築くことができるだろうか。今後、私たちはどのようにして文化相互主義的な共生社会を形成していくことができるだろうか。本書では、このような問題意識を共有し、過去と現在との対話を試みながら、多文化共生の実態を探り、多文化共生社会に向かう道を模索しようと考えた。

　最後に、この共著の誕生過程について略述する。2013 年から 2014 年まで新潟県立大学国際地域学部は、ワンアジア財団の「アジア共同体講座開設大学への研究助成金」を得て「東アジア研究：環日本海地域社会とアジア共同体」という第一次連続講座を開き、その内容を紹介するために『歴史・文化からみる東アジア共同体』（創土社、2015 年 3 月）を刊行した。その後、第二次連続講座を開催し、また 2015 年度から「東アジア共同体」研究と並行して、「多文化共生社会」を主題とする共同研究会を行った。その成果を『多文化共生社会に向けて』（簡易製本、2016 年）というタイトルで冊子を製作した。本書は、その成果をベースに若干の論考を加えて完成したものである。

　連続講座で講義をしていただき、玉稿をお寄せいただきました諸先生、連続講座をご支援いただいた本学国際地域学部の教職員の皆さまに御礼申し上げます。さらに、今回の寄付講座の開設を賜りましたワンアジア財団の佐藤洋治理事長、鄭俊坤首席研究員をはじめとする財団の皆さまにも心から感謝いたします。末筆ながら、明石書店の遠藤隆郎さんにご助力をいただきました。篤く御礼申し上げます。

　　　　　2016 年 12 月 25 日　　　　　　　　　　　　権　　寧俊

【執筆者紹介】

小谷一明（おだに・かずあき）　第2章
新潟県立大学国際地域学部准教授。立教大学大学院文学研究科英米文学専攻博士後期課程単位取得退学。専門：アメリカ文学・環境文学。著書に「脱自然的自然を生きること――阿賀と水俣、アマゾンの環境的交差」『国際地域学入門』（共編著、勉誠出版、2016年）、「林京子インタビュー　文学と核の接触領域」『文学から環境を考える――エコクリティシズムガイドブック』（共編著、勉誠出版、2014年）、「向かい風と返し風――在日歌人李正子の『風』を読む」『「場所」の詩学――環境文学とは何か』（共著、藤原書店、2008年）など。

木佐木哲朗（きさき・てつろう）　第4章
新潟県立大学国際地域学部教授。明治大学大学院政治経済学研究科政治学専攻博士後期課程単位取得退学（政治学修士）。専門：文化人類学。著書に『社会人類学からみた日本――蒲生正男教授追悼論文集』（共著、河出書房新社、1993年）、『社会と象徴――人類学的アプローチ』（共著、岩田書院、1998年）、『変貌する東アジアの家族』（共編著、早稲田大学出版部、2004年）、『歴史・文化からみる東アジア共同体』（共著、創土社、2015年）など。

権　寧俊（クォン・ヨンジュン）　第7章
※編著者紹介欄参照。

後藤岩奈（ごとう・いわな）　第3章
新潟県立大学国際地域学部教授。北九州大学大学院外国語学研究科中国言語文化専攻修士課程修了。文学修士。専門：中国近現代文学。著書に『歴史・文化からみる東アジア共同体』（共著、創土社、2015年）、論文に「胡風と〈民族問題〉をめぐる論争について」『新潟大学言語文化研究』（第8号、2002年）、「蕭紅『呼蘭河伝』について」『国際地域研究論集』（創刊号、2010年）など。

田中　宏（たなか・ひろし）　第6章
一橋大学名誉教授。1937年生まれ。東京外国語大学中国科卒業、一橋大学大学院経済学研究科（修士）修了。アジア学生文化協会勤務、愛知県立大学教授、一橋大学教授、龍谷大学特任教授を歴任。著書に『在日外国人――法の壁、心の溝【第3版】』（岩波新書、2013年）、『未解決の戦後補償――問われる日本の過去と未来』（共著、創史社、2012年）、『戦後責任――アジアのまなざしに応えて』（共著、岩波書店、2014年）など。

波田野節子（はたの・せつこ）　第1章
新潟県立大学名誉教授。1950年新潟市生まれ。青山学院大学文学部日本文学科卒業。新潟県立女子短期大学講師・助教授・教授、新潟県立大学教授を歴任。専攻は朝鮮近代文学。著書に『韓国近代文学研究──李光洙・洪命憙・金東仁』（白帝社、2013年）、『韓国近代作家たちの日本留学』（白帝社、2013年）、『李光洙──韓国近代文学の祖と「親日」の烙印』（中公新書、2015年）など。

堀江　薫（ほりえ・かおる）　第5章
新潟県立大学国際地域学部教授。1979年、東京大学法学部第二類（公法コース）卒業。1988年、専修大学大学院法学研究科修士課程公法学専攻修了（公法学修士）。1996年、同大学院法学研究科博士後期課程憲法学専攻修了：博士・法学（専修大学博法甲第5号）。1998年、県立新潟女子短期大学国際教養学科助教授。2009年より現職。著書に『現代日本の法的論点──国際社会の中で考える』（共著、勁草書房、1994年）、『歴史・文化からみる東アジア共同体』（共著、創土社、2015年）、論文に「国際的環境問題と主権の壁」『憲法問題　9』（三省堂、1998年）など。

王　恩美（ワン・エンメイ）　第8章
国立台湾師範大学東アジア学科副教授。1996年、台湾の国立政治大学歴史学科卒業。2002年、一橋大学大学院言語社会研究科修了。2007年、同大学院で博士学位（学術）を取得。最近の主な関心テーマは、東アジアの冷戦体制における韓国と台湾の外交、韓国と日本を中心にしたマイノリティ研究。著書に『東アジア現代史のなかの韓国華僑──冷戦体制と「祖国」意識』（三元社、2008年）、論文に「1971年『中國代表權』問題與韓國政府『中國政策』的轉變」『國立政治大學歷史學報』（第36期、2011年）、「1970年代中華民國對日僑務政策之變化──以『中日斷交』前後為中心」『國史館館刊』（第48期、2016年）など。

【編著者紹介】

権　寧俊（クォン・ヨンジュン）

新潟県立大学国際地域学部教授。韓国ソウル生まれ。一橋大学大学院言語社会研究科博士課程修了。博士（学術）。専門：東アジア国際関係史、国際社会学。著書に『歴史・文化からみる東アジア共同体』（編著、創土社、2015年）、『中国・朝鮮族と回族の過去と現在──民族としてのアイデンティティの形成をめぐって』（共著、創土社、2014年）、『近現代東アジアと日本──交流・相剋・共同体』（共著、中央大学出版部、2016年）など。

東アジアの多文化共生
──過去／現在との対話からみる共生社会の理念と実態

2017年2月28日　初版第1刷発行

編著者	権　寧俊
発行者	石井　昭男
発行所	株式会社　明石書店

〒101-0021 東京都千代田区外神田 6-9-5
電話 03（5818）1171
FAX 03（5818）1174
振替　00100-7-24505
http://www.akashi.co.jp/

装丁　　　明石書店デザイン室
印刷／製本　モリモト印刷株式会社

（定価はカバーに表示してあります）　　ISBN978-4-7503-4471-3

|JCOPY| 〈（社）出版者著作権管理機構　委託出版物〉

本書の無断複写は著作権法上での例外を除き禁じられています。複写される場合は、そのつど事前に、（社）出版者著作権管理機構（電話 03-3513-6969、FAX 03-3513-6979、e-mail: info@jcopy.or.jp）の許諾を得てください。

外国人の人権へのアプローチ
近藤敦編著
◎2400円

移民政策へのアプローチ ライフサイクルと多文化共生
川村千鶴子、近藤敦、中本博皓編著
◎2800円

多文化共生政策へのアプローチ
近藤敦編著
◎2400円

在日外国人と多文化共生 地域コミュニティの視点から
佐竹眞明編著
◎3200円

対話で育む多文化共生入門
ちがいを楽しみ、ともに生きる社会をめざして
倉八順子著
◎2200円

多文化共生キーワード事典【改訂版】
多文化共生キーワード事典編集委員会編
◎2000円

現代ヨーロッパと移民問題の原点
1970・80年代、開かれたシティズンシップの生成と試練
宮島喬著
◎3200円

移民社会学研究 実態分析と政策提言1987-2016
駒井洋著
◎9200円

マルチ・エスニック・ジャパニーズ ○○系日本人の変革力
移民・ディアスポラ研究5
駒井洋監修 佐々木てる編著
◎2800円

移民政策研究 第8号 特集：岐路に立つ難民保護
移民政策学会編
◎3200円

自治体がひらく日本の移民政策 人口減少時代の多文化共生への挑戦
毛受敏浩編著
◎2400円

難民を知るための基礎知識 政治と人権の葛藤を越えて
滝澤三郎、山田満編著
◎2400円

ヨーロッパにおける移民第二世代の学校適応
スーパー・ダイバーシティへの教育人類学的アプローチ
山本須美子編著
◎3600円

中国帰国者をめぐる包摂と排除の歴史社会学
境界文化の生成とそのポリティクス
南誠著
◎5000円

「満洲移民」の歴史と記憶
開拓団内のライフヒストリーからみるその多声性
趙彦民著
◎6800円

歴史教科書 在日コリアンの歴史【第2版】
在日本大韓民国民団中央民族教育委員会企画
「歴史教科書 在日コリアンの歴史」作成委員会編
◎1400円

〈価格は本体価格です〉